Nach Amerika! Ein Volksbuch

Fünfter Band

Friedrich Gerstäcker

Alpha Editions

This edition published in 2022

ISBN : 9789356789371

Design and Setting By
Alpha Editions
www.alphaedis.com
Email - info@alphaedis.com

Contents

Capitel 1.

Von Hopfgartens Abenteuer.

Fortsetzung.

Ehe Hopfgarten das Haus erreichte, mußte er noch über ein Stück frischgepflügten und aufgeweichten Feldes, in dem er beinah stecken blieb. Dabei lag das kleine Gebäude vor ihm, so still und versteckt unter ein paar hohen düsteren Bäumen, und das Licht, oder Kaminfeuer vielleicht, funkelte so matt und todt zwischen den Spalten der Hütte durch, daß unser Freund, schon ganz in der Nähe des Hauses angelangt, an dem ihn nicht einmal das Knurren eines Hundes begrüßte, unwillkürlich stehen blieb, und nach seinen Pistolen griff, die er hinten in der Rocktasche trug, und von deren Vorhandensein er sich wenigstens überzeugen wollte. Aber lieber Gott, die Rocktasche war vollständig durchgeweicht — das Wasser lief ihm in die Hand als er daran griff, und an ein Losgehn der Waffen, hätte er sie wirklich gebraucht, war kaum zu denken. Aber Zögern half ihm auch Nichts; er war einmal entschlossen hier zu übernachten, und hatte sich bis zum Hause durchgearbeitet, also galt es auch jetzt das einmal Begonnene auszuführen. So seine wollene Decke, die er so gut das gehn wollte als Mantel gebraucht, von dem rechten Arm zurückwerfend, denselben frei zu bekommen, überkletterte er jetzt die Fenz noch einmal, nächst zum Hause, durchschritt den kleinen offenen Hofraum, der beide von einander trennte, und klopfte im nächsten Augenblick an die niedere Thür.

Es blieb todtenstill im Haus — nur war es ihm als ob er das dumpfe Knurren eines großen Hundes höre, das einem fernen Donner nicht unähnlich klang — er horchte eine halbe Minute etwa, und als dann noch Alles ruhig blieb, klopfte er wieder, und zwar stärker als das erste Mal.

Ein Hund schlug jetzt drinnen mit lauter Stimme an, und er hörte gleich darauf zu seiner großen Genugthuung Schritte, die sich der Thüre näherten und davor stehen blieben.

»Wer ist draußen?« fragte eine, wie es dem Fremden fast schien, vorsichtig gedämpfte Mannesstimme in schlechtem, vielleicht jüdischem Englisch — »Bist Du's Benjamin?«

»Ein Fremder ist's« rief aber der Deutsche, durch etwaiges Zögern den Mann da drinnen nicht vielleicht unnöthiger Weise mistrauisch zu machen — »ein Passagier der hier vorbeigehenden Postkutsche, die ein Rad zerbrochen hat und nicht mehr fortkann, und der nur für die Nacht

Unterkommen zu finden wünscht — nur Schutz gegen das furchtbare Wetter draußen.«

»Seid Ihr allein?« frug die Stimme wieder — »ruhig Nero, ruhig mein Hund — was hast Du zu knurren, wenn ich Dir Nichts sage?«

»Ganz allein, aber naß wie eine Katze.«

»Wär' ein Kunststück heute trocken zu bleiben,« sagte die Stimme wieder, während oben und unten von der Thüre Riegel zurückgeschoben wurden, und diese sich dann langsam und vorsichtig öffnete. »Kommt herein,« sagte dabei der Mann — »der Hund thut Nichts, wenn ich bei Euch bin — braucht ihn nicht zu fürchten — Gott der Gerechte, ist das ein Wetter draußen — kommt zum Feuer und trocknet Euch.«

Er ging dem Fremden voran zum Kamin, störte die fast ausgebrannten Kohlen wieder auf, und warf ein paar frische Stücken Holz darauf, die Flamme heller auflodern zu machen. Von der Seite warf er dabei manchen verstohlenen Blick nach dem späten Gast, dessen Gesicht er in der Dunkelheit der Hütte bis jetzt noch nicht hatte erkennen können, und als das Feuer brannte, drehte er sich nach ihm um, bat ihn auf dem einzigen Stuhl, der am Kamin stand, Platz zu nehmen, und ging dann zu dem Reisesack, den er aufhob, einen Augenblick wie in der Hand wog, und dann ebenfalls zum Kamin trug, damit er, wie er meinte, trocken würde.

»Ihr werdet auch noch hungrig sein,« sagte er dabei, »Gottes Wunder ist das ein Vergnügen in solcher Nacht, mit solchem Fuhrwerk auf der Landstraße zu liegen, für solchen feinen und wahrscheinlich auch reichen Herrn; aber ich bring Euch gleich etwas zu essen.«

Hieran verhinderte ihn aber Hopfgarten; nur wenn er vielleicht ein Stück trocken Brod und einen Schluck Brandy hätte, möchte er ihn darum bitten; das sei vollkommen genug bis morgen früh, und er bedürfe nach der gehabten ungewohnten Anstrengung mehr der Ruhe, als irgend einer Nahrung.

Der Mann (und der Indiana-Farmer hatte ganz recht, es war jedenfalls ein Jude seinem ganzen Aussehn und Wesen nach), ging jetzt daran den Tisch, der mitten in der Hütte stand, für seinen Gast herzurichten; von einem an der Wand befestigten Bret nahm er ein kleines altes Stück Wachstuch, das er mit dem Ellbogen von alten Fettflecken oder Staub reinigte, breitete es dann auf den Tisch, legte einen halben Laib Waizenbrod daneben, nahm ein Messer aus der Schieblade, das er in das Brod hineinstieß, und ging dann zu einem kleinen Eckschrank, aus dem er eine grüne bauchige Flasche und und ein großes Glas herausholte. Hierauf füllte er einen kleinen eisernen Kessel mit Wasser, stellte ihn auf die Kohlen, und verließ auf kurze Zeit das Haus.

Hopfgarten behielt indessen Zeit sich in der niederen räucherigen Hütte etwas mehr umzuschauen, in der es ihm, er wußte eigentlich selber nicht weshalb, noch gar nicht so recht behaglich werden wollte. Wie unwillkürlich lief ihm dabei ein Schauer über den Leib — das mußte die Nässe und Kälte sein, die das Feuer aus ihm heraustrieb — und er sah sich wie scheu in dem engen Raum um, ja bereute fast in solcher Nacht ein solches Gebäu leichtsinnig betreten zu haben.

Und was für ein mächtiger Hund das war, der unfern des Kamins lag, und ihn mit den kleinen tückischen Augen so still und aufmerksam anstarrte; wie er den breiten schweren Kopf so klug und lauernd auf seinen Tatzen liegen hatte, und keinen Blick dabei von dem Fremden wandte, mit dem er noch keineswegs wußte woran er war. Die Augen des Hundes hatten ordentlich etwas Unheimliches. Und wie schwarz geräuchert die Mauern aussahen, glänzend von Fett und Ruß, und mit kleinen Schränken und Kasten ringsum die dunkle Wand umstellt, bis dort — Hopfgarten konnte einen leisen Schrei der Überraschung kaum unterdrücken, als sein Blick in diesem Moment auf die Gestalt einer alten, Mumienartigen Frau fiel, die sich aus der dunklen Ecke, in der sie gesessen und möglicher Weise geschlafen, langsam und hoch aufrichtete, und auf ihn zu, zum Feuer kam.

Es war der Typus des Häßlichen, Abscheulichen, dieß alte Weib mit den ihr wirr über die Stirn und Schläfe hängenden eisgrauen Haaren, den eingefallenen Wangen, hohlliegenden stieren Augen, und dem nackten braunen, runzeligen Hals, den Körper in einen alten Mantel fröstelnd eingehüllt, und die dürren knochigen Hände gegen das Feuer vorgestreckt.

Einen so wohlthuenden, beruhigenden Eindruck das Bild einer freundlichen Matrone auf uns macht, die über die Stürme des Lebens hinaus, mit klarer Ruhe im Blick den Frieden ihres Herzens wiederspiegelt, mag sie in einer Tracht dann auftreten wie sie will, so zurückstoßend wirkt die Gestalt einer alten Frau in Schmutz und Lumpen auch auf uns, deren Scheitel die Jahre gebleicht, und Nichts von der Ruhe, nichts von dem Frieden darauf zurückgelassen haben, die dem Alter gehören.

Hopfgarten trat unwillkürlich einen Schritt zurück, der Alten Raum zu geben, aber wie er sich nur regte, und Miene machte das Kamin zu verlassen, knurrte der Hund, und als er sich etwas erschreckt nach diesem umwandte, leuchteten ihm dessen kleine Augen so drohend, so zornfunkelnd entgegen, daß er regungslos auf seinem Platze stehen blieb, die Bestie nicht unnöthiger Weise böse zu machen.

»Schöne Situation das« murmelte er dabei vor sich hin — »sitze hier drin wie die Rose zwischen den Dornen; hm hm hm Hopfgarten, ich glaube Du bist da in eins von Deinen ersehnten Abenteuern hineingerathen — wenn sie nur nicht gleich mit dem letzten anfangen.«

Die Frau, die sich jetzt dicht zu dem hellauflodernden Feuer gedrängt hatte, und die zitternden, ausgespreizten Finger darüber hielt, drehte den von der Flamme zurückgebogenen Kopf nach ihm um, sah ihm eine Weile stier in die Augen, und flüsterte dann, wie es ihm vorkam einige ängstlich rasche Worte, aber in einer Sprache von der er keine Sylbe verstand.

»Jetzt werd' ichs bereuen können, daß ich das Hebräische in meiner Jugend vernachlässigt habe« dachte Hopfgarten und sah die Alte dabei überrascht und neugierig an, aus ihren Blicken vielleicht zu errathen was sie meine. Wieder flüsterte die ihm, scheu dabei den Kopf nach der Thür werfend, etwas zu, und deutete dabei zugleich nach dem Tisch hinüber.

»Ja, ich begreife aber nicht — «

»Bst,« sagte die Alte rasch und bestürzt, und hob warnend den Finger; in dem Augenblick aber ging die Thür wieder auf, und der zurückkehrende Mann sah kaum die Alte am Feuer, neben seinem Gast, als er auf sie zuging und ihr mit barscher Stimme einige Worte in derselben fremden Sprache zurief. Die Frau kroch scheu in sich zusammen, wickelte den alten Mantel fester um sich her, und glitt auf ihr Lager, das in der dunklen Ecke nächst dem Kamine gemacht schien, zurück. Der Mann aber sagte freundlich zu dem Fremden:

»Kehrt Euch nicht an die Alte; sie ist still und gutmüthig, nur h i e r ,« setzte er leiser, mit dem Finger auf die eigene Stirn deutend hinzu, »nicht ganz richtig. Wenn wir allein sind laß ich sie ruhig gehn, nur wenn Fremde zu mir kommen, was freilich selten genug geschieht, muß sie in ihrer Ecke bleiben und darf mir sie nicht stören. Aber hier,« setzte er lauter hinzu, »ist wenigstens ein Imbiß für Euch. Da ist ein Stück Brod und Käse, den ich neulich von Vincennes mitgebracht, und ein guter Brandy, der Euch wahrscheinlich mehr noth thut als alles Andere; das Wasser wird auch jetzt heiß sein — ja es kocht sogar schon — und ich mach' Euch indessen einen Grog zurecht. Setzt Euch nur zum Tisch und langt zu.«

Hopfgarten war wirklich durch die ungewohnte Anstrengung nicht allein flau geworden, sondern hatte sogar eine Art Heißhunger bekommen, dem er etwas bieten mußte. Nur der Hund war ihm im Wege, der ihn noch immer lauernd und tückisch anschaute. Was that überhaupt der Köter hier im Haus?

»Der Hund thut Euch Nichts,« sagte der Alte ruhig, »er ist nur Fremde nicht gewohnt.«

»Wenn ich mich aber gerührt hätte, wie Ihr draußen wart, wär' er mir auf den Leib gesprungen,« sagte Hopfgarten mürrisch.

»S' ist ein alter Hund,« lächelte der Alte, »und hat keinen Zahn mehr im Maul, thut auch nur manchmal so als ob er böse wäre. Die Zeiten sind vorbei wo er Leute gebissen hat, und Ihr könnt zu ihm gehn und ihn streicheln, er wird es sich ruhig gefallen lassen.«

Hierzu bezeigte der Deutsche übrigens keine rechte Lust, folgte aber der wiederholten Einladung, am Tische Platz zu nehmen, und schnitt sich ein tüchtiges Stück Brod und Käse ab, während der alte Jude mit dem Glas zum Feuer niederkauerte, aus einem Papier etwas hineinschüttete, und dann Wasser darauf goß.

»So,« sagte er, als er es zum Tisch zurückbrachte und es dem Gast vorsetzte, »nun thut Euch selber so viel Brandy zu als Ihr mögt, macht den Grog aber ein wenig scharf, es wird Eueren Gliedern wohl thun, und böse Folgen von solchem Nachtmarsch abhalten.«

»Was habt Ihr da im Glase, Freund?« sagte Hopfgarten, dieses gegen den Schein des Feuers haltend.

»Zucker und Wasser — der Zucker ist gut, und nimmt dem Brandy die Schärfe.«

»Ich trinke nicht gern Zucker,« sagte der Deutsche, den ein eigens wunderliches Mistrauen beschlich, »wenn es Euch recht ist, misch ich mir den Trank selber.«

»Nicht gern Zucker? — ist es doch das Beste dran,« sagte der Alte, »kostet's nur erst, es wird Euch schon schmecken.«

Hopfgarten beharrte übrigens darauf, den Satz fortzugießen, und stand dann selber auf, schwenkte das Glas mit heißem Wasser aus, füllte von diesem wieder ein, und goß sich dann Brandy aus der Flasche zu.

»Mehr, Freund, mehr,« mahnte ihn der Alte, »das ist nicht halb genug, und nähme Euch nicht einmal das Frösteln vom Leib — noch mehr — lieber Gott, meine Alte da trinkt stärkeren Grog, wenn ich's ihr gebe.«

»Ich danke, ich danke,« rief aber Hopfgarten, die Flasche abwehrend, aus der ihm der Alte, als er sie hingestellt, noch selber anfing nachzugießen; »ich bin starke Getränke nicht gewohnt, und bekomme danach am andern Morgen Kopfschmerzen.«

»Für m o r g e n steh' ich Euch,« lachte der Alte in sich hinein, »d e r Brandy ist vortrefflich und macht Niemandem Kopfschmerzen.«

Den Deutschen überlief es wirklich jetzt mit einem eigenen unbehaglichen Frösteln, das er freilich immer noch den nassen Kleidern zuschrieb, der Brandy schmeckte aber gut, und nach kurzer Prüfung und mit einem raschen Entschluß trank er den Inhalt auf einen Zug hinab — ha wie das brannte.

»Aber nun legt Euch auch schlafen,« mahnte der Alte, während er Brod und Brandy wieder vom Tisch abräumte, und an seine Stelle brachte, »es ist spät in der Nacht, und auf den Trunk werdet Ihr, trotz des harten Lagers das ich Euch bieten kann, gut ruhen. Hier am Feuer wird der beste Platz für Euch sein; ehe wir uns hinlegen werf ich dann noch ein paar Stücken auf, und bis die niedergebrannt sind liegt Ihr ohnedieß warm. Die Nächte werden jetzt schon recht frisch, ja kalt.«

Hopfgarten, froh endlich seine todtmüden Glieder einmal wieder ausstrecken zu können, legte seinen Reisesack, der am Feuer indeß schon etwas abgetrocknet war, so hin, daß er ihn zum Kopfkissen gebrauchen konnte, und der Alte hatte ihm eine wollene Decke und ein Schaaffell zum Lager gebracht, wobei er bedauerte ihm nicht mehr Bettzeug bieten zu können, da er selber seit gestern noch Besuch bekommen. »Aber ich bring' Euch noch 'was die Füße warm zu halten,« setzte er hinzu, »das ist die Hauptsache, und gegen Morgen werdet Ihr schon fühlen wie wohl das thut.« Er nahm dabei einen alten leinenen Sack, der hinter dem Stuhl am Feuer gelegen und, wie es Hopfgarten vorkam, eine Menge dunkler Flecken trug, ihn dann aber zu den Füßen des sich eben auf seinem etwas harten Lager behaglich ausstreckenden Gastes öffnend, forderte er diesen auf dahinein seine Füße zu stecken.

»Dahinein in den Sack?« —rief Hopfgarten erstaunt — »weshalb?«

»Ihr sollt einmal sehn wie warm Euch das die Füße hält.«

»Ich will ihn lieber darüber decken; das ist eben so gut.«

»Nicht halb so gut, nicht um hundert Procent,« rief der Alte, und versuchte den Mund des geöffneten Sacks selber um die Füße zu bringen, die Hopfgarten aber zurückzog, und sich jetzt auf das Entschiedenste weigerte der Aufforderung Folge zu leisten. Es war ihm ein gar so unheimliches Gefühl seine Füße in einem Sack zu wissen, dessen er sich in der Dunkelheit, wenn er hätte rasch aufspringen wollen, gar nicht so schnell entledigen konnte.

Auch das Drängen des finster aussehenden Mannes beunruhigte ihn — was zum Henker, lag dem Burschen so sehr daran, seine Füße in den engen Sack hinein zu bekommen? — Wie der Jude übrigens sah daß sein Gast sich dem Verlangen unter keiner Bedingung fügen wollte, ließ er nach mit Drängen, und legte ihm nur den Sack noch auf die Füße drauf, schürte das Feuer, sah nach der Thür und ging dann nicht etwa selber zu Bett, sondern setzte sich am Kamin in den niederen Rohrstuhl, legte das eine Bein über das andere und faltete die Hände um das rechte, aufgehobene Knie und starrte nachdenkend in die Flamme.

Hopfgarten schloß die Augen und versuchte zu schlafen, aber — es ging nicht; das Feuer brannte nach und nach nieder und er konnte die noch immer am Kamin sitzende Gestalt nicht mehr ordentlich erkennen, aber er f ü h l t e daß ihre Blicke auf ihm hafteten, und daß jede seiner Bewegungen, daß jeder Athemzug beobachtet, belauscht wurde — weshalb? — Er lag noch eine halbe Stunde, und es wurde ihm sonderbar unbehaglich zu Muthe — und der Geschmack den er dabei im Munde hatte — der mußte von dem Brandy herrühren — wie eigenthümlich metallisch das schmeckte — und im Kopf fing es ihm an zu drehen und zu arbeiten — wie schwer und bleiern seine Augenlider wurden. Er fühlte noch einmal neben sich, wo seine Pistolen lagen, aber er hatte selber kein Vertrauen zu ihnen — sie waren naß geworden und hätten jedenfalls versagt. Wenn er sie nur vorher in Stand gesetzt — er hatte kein Mistrauen zeigen wollen und würde jetzt doch Gott weiß was darum gegeben haben, nicht so überrücksichtsvoll gewesen zu sein.

Und was hinderte ihn daran selbst jetzt noch aufzuspringen und das Versäumte nachzuholen? dem Gerüsteten, mit der Waffe Versehenen würde der Mann, was auch sonst seine Absicht gewesen, nicht gewagt haben entgegen zu treten. Er wollte aufstehn, aber er vermochte es nicht mehr — die Glieder versagten ihm den Dienst, über seine Augen legte es sich wie ein Schleier und er fühlte wie sich der Schlaf — ein gewaltsamer, nicht zurückzudrängender Schlaf — seiner bemächtigte.

Wie lange er sich in einem solchen Halbtraum befand wußte er nicht, wohl aber daß er gegen diese unnatürliche Ruhe mit allen Kräften seiner Seele ankämpfte, und ihr doch am Ende erlegen wäre, wenn nicht, vielleicht gerade zur rechten Zeit, ein Geräusch von außen, ihm geholfen hätte sie zu bewältigen.

Der Jude, der im Stuhl am Feuer saß, regte sich leise und geräuschlos nur, es ist wahr, aber er bewegte sich doch, hob sich langsam empor, und stand jetzt, das Gesicht noch immer dem Fremden zugewandt, mit dem Rücken nach den kaum noch glimmenden Kohlen hin, vor dem Kamin. Wieder schloß Hopfgarten die Augen, und suchte das fatale Bild, das ihm die dunkle Gestalt heraufbeschwor, von sich zu schütteln, als er die leisen, schleichenden Schritte des Mannes auf dem Boden f ü h l t e — fühlte wie er sich ihm mehr und mehr näherte — und als er die Augen nur halb und vorsichtig öffnete, dem dunklen Gesellen nicht zu verrathen daß er wache, sah er wie dieser, nur wenige Schritte von seinem Lager entfernt, mit halb vorgebeugtem Oberkörper lauschend stand, und jedenfalls auf seine Athemzüge horchte.

Was hatte er im Sinn — was wollte er von ihm? — sollte er aufspringen, und dem Mann, falls er zum Angriff auf ihn fertig stand, im Einzelkampf begegnen? — aber der Hund dann, der noch immer im Zimmer lag. Und hatte der Jude auch wirklich eine feindselige Absicht gegen ihn? — war es nicht vielleicht Zufall — Sorge selbst um seinen Schlaf, die ihn an des Fremden Lager führte. Hopfgarten beschloß das zu ergründen, selbst auf die Gefahr hin den Burschen muthwilliger Weise zu einem Angriff auf sich zu treiben; er war a u c h kräftig, und noch in den besten Jahren, und trug der finstere Gesell da Böses gegen ihn im Schilde, ei so mochte er auch auf einen Widerstand gefaßt sein, den er sich vielleicht nicht so warm gedacht oder für möglich gehalten. So also den Mann glauben zu machen daß er wirklich sanft und fest eingeschlafen sei, damit er endlich einmal mit seinen Absichten herauskäme, fing er an laut und regelmäßig zu athmen, und blinzte jetzt nur unter den halb geschlossenen Wimpern nach ihm hinüber.

Der Jude blieb indessen noch eine Weile, halb nach ihm hingebeugt, stehn, als ob er sich erst selber von der Wahrheit dieses scheinbaren Schlafes überzeugen wolle; dann aber, als ihm jeder Zweifel genommen sein mochte, schlich er wieder leise zum Kamin zurück, warf einen Spahn auf die jetzt nur matt glimmenden Kohlen, der bald zu einer kleinen aber hell knisternden Flamme aufloderte, ging dann in die entgegengesetzte Ecke der Hütte, wo Geschirr und andere Sachen standen, und nahm dort — Hopfgarten fühlte wie ihm das Blut einen Augenblick in den Adern stockte, und dann eiseskalt den Rücken hinabrieselte — ein langes blitzendes Messer von der Wand, dessen Schneide er flüchtig mit dem Daumen prüfte, während sein Auge die Entfernung zwischen sich und seinem Opfer abzumessen schien.

Hopfgarten war nichts weniger als feige, ein gewisser kecker Muth — selbst wenn wir ihn Übermuth nennen wollten — hatte ihn sogar das Erleben gefährlicher Abenteuer herbeiwünschen, wenn auch nicht aufsuchen lassen, denn daß er den Mississippi auf dessen Dampfbooten nur befuhr um mit einem platzenden Kessel in die Luft zu fliegen, war jedenfalls mehr eine unschuldige Prahlerei als wirklicher Ernst gewesen; hier aber fühlte er doch wie er der jedenfalls b e r e c h n e t e n Bosheit eines solchen Räubers gegenüber in eine Falle gegangen sei, aus der ein Entkommen, wenn nicht unmöglich, doch unwahrscheinlich war. Nichts destoweniger beschloß er sein Leben so theuer als möglich zu verkaufen. Er wußte wie wenig er sich auf seine Pistolen verlassen konnte, deren Versagen ihn ganz in die Hand des Mörders gegeben hätte, griff deßhalb rasch, und so wenig als möglich die Decke über sich bewegend, den Angriff des Feindes nicht zu beschleunigen, in seine Tasche, nahm dort den Genickfänger (sein Bowiemesser hatte er im Koffer zurückgelassen) vor, klappte ihn leise und geräuschlos auf und in die Feder, und den linken Arm dann über die Brust ziehend, einen erst dorthin geführten Stoß rasch pariren zu können, hielt er das kleine aber haarscharfe Messer, das doch wenigstens eine fünf Zoll lange Klinge führte, fest in der Faust, und erwartete mit zusammengebissenen Zähnen aber fester Entschlossenheit den Angriff.

Sein Herz schlug dabei so laut und heftig daß er zu fürchten anfing die kleine lauernde Gestalt des Juden m ü s s e das hören, wie er aber diesen jetzt langsam, mit vorsichtig zurückgezogenem Stahl gegen sich anschleichen sah, ja den Fuß des Mörders schon an dem seinen fühlte, als sich dieser über ihn hinbog, und mit dem linken, ausgestreckten Arm nach der Wand fühlte, sich jedenfalls dort zu stützen und seinem Stoß mehr Sicherheit zu geben, war auch fast jede Angst, die ihn bis dahin wohl noch bedrückt, verschwunden.

Es ist eine allbekannte und oft geprüfte Wahrheit, daß eine Gefahr wirklich nur so lange existirt als sie d r o h t, und die Hälfte, ja mehr ihrer Schrecken verloren hat, wenn sie, selbst mit voller, ungeschwächter Kraft, über uns hereinbricht.

Nur der Schiffer auf leckem Fahrzeug ringt verzweifelnd die Hände und sinkt in die Knie, oder starrt in dumpfem Schweigen rath- und thatlos hinaus auf die ihn umtobende See — der S c h i f f b r ü c h i g e , dem das Meer schon sein Fahrzeug zertrümmert, während die Wogen mit den zerrissenen Planken spielen, sucht sich schwimmend, und mit zum Äußersten entschlossenen Arm die Wogen theilend, treibende Bruchstücke seines Schiffs zusammen, baut sich, mit der Fluth dabei kämpfend, ein kleines Floß, und schwimmt dann keck und trotzig auf dem weiten Meer umher, von der stürmischen See an die Küste geworfen, oder von einem zufällig in Sicht kommenden Schiff aufgelesen und gerettet zu werden.

So war es mit Hopfgarten; wie auch ängstliche Gefühle, er mochte dagegen ankämpfen wie er wollte, ihm die Brust beengten, als er die jetzt vor ihm aufsteigende Gefahr näher und näher rücken fühlte, so schwand jeder andere Gedanke in seiner Brust als er den Stahl darauf gezückt wußte, und nur der einzige, der der Selbstvertheidigung, lebte noch in ihm. Der erste Stoß wurde jedenfalls nach seinem Herz geführt, aber der rasch aufschlagende Arm mit der wollenen Decke, die ihm allein schon Schutz gewährte, konnte den leicht zur Seite werfen und unschädlich machen; die aufwärts gehaltene eigene Klinge hatte er dann im Nu auch selbst befreit, und dem bübischen Verräther ein- oder zweimal in die Rippen gestoßen, ehe dieser im Stande war sich von dem ersten Schreck zu erholen, oder gar den Hund hätte rufen können. Den weit schwächeren Mann konnte er dann schon leicht bewältigen, und die Bestie — ei zum Teufel, wenn er erst auf den Füßen stand wollte er sich die wohl auch vom Leibe halten.

Capitel 1.
Click to ENLARGE

Aber was zögerte der Alte so lang? — den linken Fuß hatte er vorgesetzt — den linken Arm gegen die Wand gestemmt, und ganz über ihn gebeugt hob er noch immer nicht den rechten Arm zum Stoß — w a g t e er es nicht? — Hopfgarten biß die Zähne fester und trotziger aufeinander, und sehnte sich jetzt fast nach dem Augenblick, der ihn zu eigenem Handeln rufen würde, als sich der dunkle Körper des Juden wieder zurückbog — die Hand mit dem Messer hob sich n i c h t, und der Mann, auch die linke jetzt wieder zurückziehend, hielt in der rechten — Hopfgarten wußte nicht ob er wache oder träume — dasselbe Brod, das er ihm vorher schon hingelegt — trat wieder zum Kamin, schnitt sich mit dem langen furchtbaren Messer ein großes Stück ab, legte das übrige indessen auf den Kaminsims, warf noch einige Kienspähne auf die Gluth, daß sie hoch aufloderten und ein helles

Licht im Gemach verbreiteten, und fing dann — keinen Blick mehr nach dem Fremden hinüberwerfend — ruhig an zu essen.

Hopfgarten holte tief Athem — es war als ob ihm ein großer Stein von der Brust fortgewälzt worden, und wie im Traum doch lag er eine ganze Weile, noch nicht im Stande, dieß völlige Gefühl der Sicherheit von der Gefahr so ganz zu trennen, in der er sich vor wenigen Secunden ja geglaubt. Aber jetzt schämte er sich vor dem Manne, der ihn so gastfrei aufgenommen und dem er, wenn auch nur noch erst in Gedanken, doch so schwarzes Unrecht angethan — ja er hätte jetzt lieber aufspringen und ihm frei und offen die Wahrheit bekennen, wie ihn um Verzeihung bitten mögen — und wäre dann ausgelacht worden. — Nein das ging nicht an; aber einen Beweis wollte er sich selber geben daß er einsähe wie Unrecht er gehabt — sich selber gegenüber etwas thun, das seinem in so schändlichen Verdacht gehaltenen Wirth dem eigenen Gewissen gegenüber sein Unrecht eingestand. Zuerst klappte er das Messer also ganz leise wieder zu und schob es in die Tasche zurück, und dann, wie aus tiefem Schlaf erwachend — diese kleine Täuschung konnte er sich nicht versagen — richtete er sich empor, warf die Decke zurück, nahm den Sack, öffnete ihn und schob seine Füße, so weit er sie bringen konnte, hinein.

»Aha?« sagte sein Wirth, der, als er das Geräusch hörte, langsam den Kopf nach ihm wandte, »hatt' ich recht? — die Füße fangen Einem gewöhnlich Nachts an zu frieren, wenn sie den Tag über naß waren; der Sack wird sie schon warm halten.«

»Ich denke auch — es ist doch wohl so besser,« sagte Hopfgarten beschämt, warf sich dann wieder zurück auf sein eben nicht besonders weiches Kopfkissen, zog die Decke bis zum Kinn hinauf, und war in wenigen Minuten sanft und süß eingeschlafen.

Als er am anderen Morgen erwachte stand die Sonne schon hoch am Himmel, und auf dem Tische dampfte ein delikat duftendes Frühstück, während ein ihm ganz gut bekanntes Gesicht, das einem wunderhübschen jungen Mädchen gehörte, in dem gestern Abend ihm so wüst und öde vorgekommenen Hause schaffte und ordnete.

»Ja wie ist mir denn?« sagte er, sich auf seinem Lager in die Höhe richtend und sich die Augen reibend, »sind Sie denn nicht — «

»Wahrhaftig Herr von Hopfgarten!« rief das junge Mädchen in deutscher Sprache überrascht aus, als sie ihm in's Gesicht sah, und ihn erkannte, »aber wie kommen Sie h i e r her — «

»Ja aber ich weiß immer noch nicht?« —

»Sie kennen mich nicht mehr?« lächelte die Kleine, »ich bin Rebecca Rechheimer, aus dem Zwischendeck der Haidschnucke, und der alte Mann ist mein Onkel, dem wir unsere Ankunft meldeten, und der mich hat zu sich kommen lassen ihm die Wirthschaft zu führen. Erst gestern Abend hat mich sein Sohn von Vincennes, wohin ich von New-Orleans aus mit dem Dampfboot gefahren bin, hierher gebracht; aber ich hatte keine Ahnung daß der Fremde, der noch so spät in der Nacht gekommen, ein so guter Bekannter wäre.«

Der alte Mann, mit dem seine Nichte nur Deutsch sprach, und der es auch verstand und ihr gebrochen darauf antwortete — er lebte seit zwanzig Jahren zwischen Amerikanern — kam jetzt auch herbei und begrüßte seinen Gast freundlich. — Hopfgarten hatte kaum das Herz ihm in's Auge zu sehn — er mußte sich dann mit zum Frühstück niedersetzen, an dem der Sohn des Alten, ein junger hübscher Bursche von vielleicht vierundzwanzig Jahren, ebenfalls Theil nahm, und erfuhr nun daß dieser auf seinem kleinen Krämerwagen noch heute Morgen nach Vincennes zurückfahre, wohin ihm, wenn er das wünsche, mit Vergnügen ein Platz zu Diensten stehe. Hopfgarten nahm das mit Freuden an und konnte dann in Vincennes die nächste Cincinnati Post erwarten, seine Reise durch die Prairieen von Illinois nach St. Louis hin mit mehr Bequemlichkeit fortzusetzen.

Als der kleine Wagen endlich vorfuhr verlangte Hopfgarten zu wissen was er schuldig sei, der Alte war aber unter keiner Bedingung zu bewegen auch nur einen rothen Cent für Mahl oder Nachtlager anzunehmen — Beides sei spärlich genug gewesen, meinte er, und Hopfgarten lag jetzt das Bekenntniß seines schändlichen Mistrauens wieder auf der Zunge — aber er schluckte es nochmals hinunter, und dankte nur mit herzlichem Händedruck dem alten, bei Tag gar nicht so übel aussehenden Burschen.

Gerade als sie abfahren wollten kroch die alte Frau aus ihrem Winkel vor, und nickte ihnen freundlich aber mit etwas stumpfsinnigem Lächeln nach, und Rebecca stand in der Thür und winkte ihnen ein Lebewohl und eine glückliche Fahrt durch den Wald zu.

Der Weg war grundschlecht, bei hellem Tag konnten sie jedoch die schlimmsten Plätze leicht umgehn. Noch waren sie übrigens keine fünf Miles gefahren, und eben erst in Sicht des nächsten Gasthauses, das die Postpassagiere am letzten Abend erreichen wollten, als sie den zusammengebrochenen Postwagen mitten in der Straße liegen fanden, und Hopfgarten dankte seinem Gott die Gastfreundschaft des alten Juden in Anspruch genommen zu haben; er hatte es nicht bereut.

Ob sie gleich auf dem jetzt weit besser werdenden Wege sehr scharf gefahren, erreichten sie doch erst ziemlich spät in der Nacht das, schon am Rand der Prairie, wenn auch noch östlich vom Wabasch gelegene Vincennes, wo der junge Mann seinen Begleiter einlud bei ihm abzusteigen, und so lange bei ihm zu bleiben als es ihm gefiele. Der Reisende lehnte das aber freundlich dankend ab; er wollte die Gastfreundschaft der Leute nicht misbrauchen, wo er ein gutes, oder doch wenigstens ein mittelmäßiges Wirthshaus haben konnte, noch dazu da er die Sitten und Gebräuche der Amerikaner hier ganz im Inneren des Landes jedenfalls in einem Hotel besser zu beobachten im Stande war, als in dem Privathaus eines Landsmanns.

Im Wabasch Hotel, wohin ihn der junge Mann daher, als dem besten der Stadt, jetzt fuhr, war noch Licht; wie aber der Wagen vor der Thür hielt, kamen nicht etwa geschäftige Kellner gesprungen dem Fremden sein Gepäck abzunehmen, und ihm die Bequemlichkeiten anzuweisen deren er bedurfte oder die er verlangte, und für die er Willens war zu bezahlen. Niemand bekümmerte sich um ihn, und er durfte seinen Reisesack und seine Decke selber in die Hand nehmen und damit in das *bar-* oder Schenkzimmer kommen, wo ein schläfriger Bursche, mit einem halbgefüllten Glas Brandy hinter der Bar stand, und eben zu überlegen schien ob er das für sich eingeschenkte Glas auch austrinken, oder vielleicht wieder in die Flasche zurückschütten solle. Als der Fremde übrigens auf ihn zukam, entschloß er sich doch zu dem ersteren, und hob das Glas.

Hopfgarten trat an den Schenkstand hinan und frug, schon etwas an den indolenten Charakter dieser Art Leute gewöhnt, ob er die Nacht da ein Bett, oder noch besser ein kleines Zimmer für sich bekommen könne. Der *barkeeper* hörte ihm, das Glas bis beinah an die Lippen gebracht, ruhig zu, trank dann langsam, erst einen kleinen Schluck, wie um die Güte des »Stoffes« zu prüfen, dann einen größeren, und dann den Rest durch ein plötzliches Überstürzen des Gefäßes, spühlte dieses in einem unter dem Tisch stehenden Kübel aus, trocknete es ab und sagte, während er es mit der Flasche wieder an seinen Platz stellte:

»Ich denke so.«

»Es freut mich ungemein Ihren Gedanken begegnet zu sein,« lächelte Hopfgarten, den die Ruhe des Burschen amüsirte, »würden Sie dann wohl auch so freundlich sein diesen Reisesack und diese Decke auf jenen mir zu bestimmenden Platz zu spediren und indessen Sorge zu tragen, daß ich vor allen Dingen ein eben solches Glas Brandy, wie Sie gerade eingegossen, und etwas Warmes zu essen bekommen könnte?«

Die ironische Höflichkeit, mit der diese Worte gesprochen wurden, machte jedenfalls einen größeren Eindruck auf den jungen Burschen — der den Fremden ganz erstaunt ansah und nicht recht wußte woran er mit ihm war — als es irgend etwas anderes gemacht haben konnte; er setzte ihm wenigstens die Flasche wie ein reines Glas rasch auf den Schenktisch, sich selber zu bedienen, nahm dann, mit weit mehr Bereitwilligkeit als er bis dahin gezeigt, die Sachen in Empfang, und wieß den Fremden an »zum Feuer zu gehn« bis er Essen für ihn bestellt haben würde.

Dem Rathe folgend schritt Hopfgarten gegen das ziemlich breite Kamin, in dem ein lustiges Feuer loderte, und an dem drei oder vier andere Fremde, oder Insassen des Hauses, Platz genommen hatten. Nur der Eine von ihnen war jedenfalls auch ein Reisender, denn er trug, was Hopfgarten im Vorübergehn flüchtig bemerkte, die bunten Kamaschen, die nur aus einem Stück um den unteren Theil des Beines geschlagenen wollenen Zeugs bestehn, und die der Deutsche schon mehrfach im Inneren des Landes an Reitern bemerkt hatte.

Mit einem freundlichen »Guten Abend«, der von den am Kamin Sitzenden, und ihm bereitwillig Platz Machenden, höflich erwiedert wurde, trat der Deutsche zur Flamme, über der er sich erst — ein höchst wohlthuendes Gefühl wenn Einen fröstelt — das Innere der Hände wärmte, und wandte sich dann zu den übrigen Zimmergenossen, wenigstens erst einmal zu sehn mit wem er zusammen war, als er auch in demselben Augenblick einen lauten Ausruf des Staunens nicht unterdrücken konnte, denn vor ihm saß — derselbe Mann mit den wollenen Kamaschen, aber gar nicht auf ihn achtend und ruhig nachdenkend in's Feuer sehend — H e n k e l.

»Herr Henkel!« rief er ganz überrascht aus, indem er ihm die Hand entgegenstreckte, »wie, in aller Welt, kommen S i e hierher?«

Der also Angeredete, ohne selber im Mindesten das Erstaunen des Fremden zu theilen, sah erst seinen Nachbar, und dann den Sprecher an, dessen auf ihm haftender Blick aber nicht misverstanden werden konnte, und erwiederte dann ruhig, ohne jedoch die dargebotene Hand anzunehmen, in Englischer Sprache:

»Sie irren sich wahrscheinlich in der Person, mein Herr, und halten mich für Jemand der ich nicht bin; ich wenigstens habe nicht das Vergnügen Sie zu kennen.«

»Mich nicht kennen?« rief Hopfgarten jetzt im höchsten Erstaunen aus, indem er nach seitwärts einen Schritt von dem Feuer zurücktrat, dessen Schein voll auf den Mann fallen zu lassen, »ich bitte Sie um tausend Gottes Willen — «

»Wenn mein Bruder nicht gerade jetzt, und schon seit längerer Zeit in Europa wäre,« lächelte dieser da, »so würde ich jedenfalls glauben daß Sie mich für ihn hielten, was mir auch fast der ausgesprochene Name beweisen will — kommen Sie von Europa?«

»Herr Du mein Gott,« rief aber Hopfgarten, sich mit beiden Händen an die Stirn fühlend, aber jetzt auch in Englischer Sprache, die der Fremde immer noch beibehielt, »wach' ich denn oder träum' ich — wenn Sie nicht Henkel wären, hätten Sie einen Doppelgänger, der Ihnen in Ansehn, Größe, Gestalt, Sprache, Haltung auch auf das tz gliche — wie heißen Sie denn?«

»Soldegg!« sagte der Fremde ruhig.

»S o l d e g g ?« rief Hopfgarten auf's Neue erstaunt aus, »in Europa Henkel und in Amerika Soldegg? — derselbe Name stand unter dem Brief.«

Der Fremde eröthete leicht, sagte aber noch immer ruhig lächelnd:

»Ich sehe schon wie es ist — Sie kennen meinen Zwillingsbruder, der jetzt in Deutschland lebt, und halten mich für den.«

»Sie haben einen Zwillingsbruder?«

»Allerdings — ist das etwas so Außergewöhnliches? wir Beide sind, wie Sie sich wohl denken können, schon sehr oft verwechselt worden.«

»Aber er hat nie ein Wort davon erwähnt — «

»Also Sie kennen ihn?«

»Ich bin mit ihm über See nach New-Orleans gekommen.«

»Er ist zurück?« rief der für Henkel gehaltene Mann, von seinem Stuhle aufspringend; »davon weiß ich ja keine Sylbe.«

»Seit Anfang Oktober — aber — wenn Sie denn wirklich nicht der Henkel sind, und ich gebe Ihnen mein Wort darauf, ich hätte mir noch vor ein paar Minuten ruhig den Kopf darauf abschneiden lassen, dann lösen Sie mir wenigstens ein Räthsel, und sagen mir was der Name Soldegg bedeutet?«

»Das ist einfach gelöst,« lachte der junge Mann, und Hopfgarten hätte jetzt wieder seine Seligkeit zum Pfande setzen wollen daß er seinen Reisegefährten, und nicht dessen Zwillingsbruder vor sich habe, wäre ihm nicht die vollständige Ruhe und Unbefangenheit des Mannes im Wege gewesen. »Der Kaufmann Henkel ist unser Stiefvater; meine Mutter hieß Soldegg von ihrem ersten Mann, unserem Vater; mein Bruder, der mit unserem Stiefvater in dessen Geschäft trat, nahm auch seinen Namen an, und nennt sich nur noch manchmal Henkel Soldegg oder Soldegg Henkel. Ich selber führe nur den Namen Soldegg.«

»Hm, hm, hm,« murmelte Hopfgarten, mit dem Kopf dazu schüttelnd, leise vor sich hin, »wenn man's in einem Buche läse, würde man's nicht glauben. Es ist wahr,« fuhr er dann, zu Soldegg wieder aufschauend und ihn mit den Augen messend, fort, »es liegt etwas in Ihrem ganzen Wesen das Henkel n i c h t hatte. — Sie stehen kräftiger, entschlossener, freier da, möchte ich fast sagen — Henkel hatte mehr etwas Scheues, Gedrücktes, Unsicheres — trug sich auch nicht so g'rade in den Schultern.«

»Läßt sich wohl denken,« lachte der junge Mann, »er ist an Stubensitzen gewöhnt, und hinter riesigen Büchern und dem Schreibtisch groß geworden, i c h dagegen habe ein freies fröhliches Jägerleben im Wald dafür geführt. Er mag reicher bei seiner Beschäftigung geworden sein — aber ich tausche dennoch nicht mit ihm.«

»Sie wissen daß er verheirathet ist?«

»Er schrieb mir einmal daß er heirathen w ü r d e; hat er seine Frau mitgebracht?«

»Nehmen Sie mir's nicht übel,« sagte Hopfgarten, der den Fremden wieder ein paar Secunden stutzig und aufmerksam betrachtet hatte; »aber wenn wir Beide zusammen über d e n Henkel sprechen, kommt es mir bei Gott so vor, als ob wir mit einander Komödie spielten.«

Soldegg lachte.

»Ich habe schon komische Verwechselungen erlebt,« sagte er, »und das einzige Merkmal, an dem uns unsere Freunde unterscheiden konnten, war eine kleine rothe Narbe, die Joseph über dem linken Auge hat, und die m i r fehlt.«

»Ich habe sie nie bemerkt,« sagte Hopfgarten.

»Das glaub' ich, Sie werden ihn früher nie so genau betrachtet haben — wenn Sie ihn jetzt wieder sehn wird das anders sein, aber — sehn Sie ihn wirklich wieder in nächster Zeit?«

»Ich habe einen wichtigen Brief für ihn bei mir,« sagte Hopfgarten, der sein Mistrauen doch noch nicht ganz bewältigen konnte, und dem plötzlich ein Gedanke aufstieg, den fraglichen B r u d e r auf die Probe zu stellen.

»So?« sagte dieser aber vollkommen ruhig, »dann haben Sie wohl Einige von seinen Bekannten im inneren Land gefunden?«

»Einen Mr. Goodly,« sagte Hopfgarten lauernd.

»Kenn' ich nicht,« erwiederte Soldegg kopfschüttelnd, und ohne die geringste Theilnahme zu verrathen, »aber würden Sie die Freundlichkeit haben, auch für mich ein paar Zeilen meinem Bruder übergeben?«

»Recht gern,« sagte Hopfgarten, der doch endlich überzeugt wurde, daß der wirkliche Henkel nie im Stande gewesen wäre diese Rolle so zu spielen, das ganz abgerechnet, daß er nicht den mindesten Grund dazu hatte, »aber mit der Post würde er ihn viel schneller erreichen, denn ich gehe nicht direkt nach New-Orleans zurück.«

»Es wird ihn mehr freuen die Zeilen durch Jemand zu erhalten, der mich persönlich gesprochen hat« sagte Soldegg.

»Das allerdings; wissen Sie seine Adresse?«

»Ich werde den Brief an seine Firma adressiren,« sagte Soldegg — »ist er nicht dort, mag ihn die weiter befördern. Haben Sie aber keine Zeit d i e aufzusuchen,« setzte er nach einigen Augenblicken hinzu — »so öffnen Sie nur den Brief — ich schreibe ihm keine Geheimnisse — und schicken ihn dann durch die Briefpost an das unten angegebene Haus.«

»Ich sehe ihn j e d e n f a l l s« sagte Hopfgarten, »und werde ihn selber übergeben; wann schreiben Sie den Brief?«

»Noch heute Abend — es kann sein, daß ich morgen sehr früh aufbreche.«

Der Barkeeper rief in diesem Augenblick den Fremden zu dem indeß bereiteten Abendbrod, die übrigen Gäste gingen großentheils zu Bett, mit ihnen Soldegg, der, als er an dem Deutschen vorüberging, ihm eine freundliche gute Nacht zurief.

»Soll mich der Böse holen,« murmelte Hopfgarten, als jene das Zimmer verlassen, zwischen den Zähnen und einem eben in Arbeit befindlichen Hühnerbein durch, »wenn mich nicht des Burschen Gesicht und ganzes Wesen auf die Länge der Zeit zur Verzweiflung bringen könnte. Solch eine Ähnlichkeit ist noch gar nicht dagewesen — aber er ist's nicht — wahrhaftig nicht, denn mit dem Brief hab' ich ihm auf den Zahn gefühlt. Wenn d a — 'was nicht richtig war — wenn er nur mit einer Miene gezuckt hätte, dann wußt' ich woran ich war — Sie, Barkeeper« — setzte er dann lauter zu dem besagten Individuum hinzu, das sich eben eifrig damit beschäftigte die wenigen im Zimmer befindlichen Lichter — das eine was auf Herrn von Hopfgartens Tisch stand ausgenommen — auszublasen — »kannten Sie den Herrn mit dem ich vorhin sprach?«

»Den Gentleman mit den Kamaschen?« sagte der Barkeeper, ohne sich weiter nach dem Frager umzusehn.

»Denselben.«

»Nein.«

»Sie wissen nicht wo er herkommt.«

»Nein, glaube von oben.«

»Von Norden?«

»Ja — «

»Und heißt?«

»Wenn ich ihn morgen früh sehe will ich ihn fragen,« sagte der Barkeeper, schob beide Hände in seine Hosentaschen und ging pfeifend zur Thür hinaus.

Als Herr von Hopfgarten am andern Morgen zum Frühstück hinunter kam, übergab ihm der Barkeeper einen Brief, den »*Mr. Soldegg*« für ihn zurückgelassen. Er hatte noch eine Weile auf den Herrn gewartet, da er aber so lange schlief, konnte er nicht länger zögern und war fortgeritten. Die Adresse des Briefes lautete:

Joseph Henkel Esqre. care of Henkel & son 17. Canalstreet New-Orleans.

Capitel 2.

Die Farm in der Wildniß.

Es war Frühling geworden in dem weiten Land; der Wald hatte sich mit frischem saftigen Grün bedeckt, und tausende von Blüthen keimten an den schwellenden Zweigen und füllten die Wildniß mit ihrem süßen Duft. Der Hirsch zog zur Salzlecke Nachts, der Truthahn balzte in den Fichten Hügeln und aus dem gelben Laub hervor, das auf dem Boden wie ein dicker Teppich lagerte, drängten sich Gräser, Kräuter und Blumen heraus, und öffneten schlaftrunken ihre Kelche dem wärmenden Sonnenstrahl.

Wie die Vögel so fröhlich zwitscherten in dem jungen Laub, und die Frösche quakten, und die Heuschrecken mit ihrem wunderlich regelmäßigen Zirpen den Wald belebten; wie das Alles so neu und frisch aussah in der schönen jungen Welt, und der Thau wieder so klar und blitzend an den Halmen perlte. — So neu und frisch — auch das kleine Grab, das dort unter der schlanken Eiche aufgeworfen war, und mit der braunen Erde scharf gegen das gelbe Laub des Bodens, gegen die grünen Büsche abstach, die sich dicht darüber schmiegten.

Unter dem Hügel schlummerte Olnitzki's jüngstes Kind, und die Mutter hatte wochenlang, von der Schwester gepflegt, das Lager hüten müssen, bis sich der Körper wieder von einem hitzigen Fieber, das ihn ergriffen, und den Folgen der schlaflosen kummervollen Nächte die sie durchwachte, nur in etwas erholen konnte.

War ihr da auch seit einigen Tagen gestattet worden das Lager wieder zu verlassen, hatte sie doch noch nicht hinausgedurft in's Freie, zum Grabe des Lieblings, das Amalie jetzt pflegte, und auf das sie d e u t s c h e Blumen säete, das darunter schlummernde Kind lieb und sanft zu betten. Traurige Pflicht für die Blüthen, die sie daheim gehofft hatte an freundlicherer Stelle zu pflanzen und der Schwester, wenn sie in Glück und häuslichem Frieden die Heimath vielleicht vergessen hätte, durch die duftenden Kelche aus der Eltern Garten die Erinnerung an die Jugendzeit zurückzurufen, Guter Gott — gerade d i e Erinnerung war ja Alles was das arme Herz in Schmerz und Leid noch aufrecht erhalten, noch getragen hatte — was wäre sie jetzt gewesen wenn sie die verloren.

Amalie saß neben dem Grab auf einer kleinen Bank, die ihr der Nachbar Jack Owen (der ihnen damals das Kind begraben half, und seine eigene Frau mehre Wochen lang herüber geschickt hatte, ihnen in Allem beizustehn was sie bedurften) aus Zweigen und jungen Stämmen neben dem kleinen Hügel errichtet. Sie war in ein einfach wollenes Kleid, wie es die Frauen der Hinterwäldler trugen, gekleidet, und ihr Haar glatt und schlicht zurückgekämmt und in einen Zopf gebunden. Auch ihre Ohrringe und Ringe hatte sie abgethan, nur an den Wimpern hingen ihr die blitzenden Thränenperlen — ein schöner, aber ach ein schwerer Schmuck. —

Amalie von Seebald war eine Andere geworden, die langen Monate, die sie im Wald hier zugebracht; — nicht ä l t e r etwa durch Gram und Mitgefühl, die Schwester so leiden zu sehn, das weit natürlichere, einfachere Wesen das ihr das wirkliche Leben, das K ä m p f e n mit demselben aufgezwungen, hatte sie eher jünger und kräftiger gemacht, ihrem Auge einen eigenen Glanz, ihrer ganzen Haltung weit mehr elastisches, weit mehr kräftiges gegeben, ihr aber dagegen jenes überspannte Schwärmerische, jenes krankhaft Romantische genommen, das ihre besseren Kräfte bis dahin zurückgedrängt. Sie war aus einem schönen vielleicht, aber nutzlosen Traum erwacht, und fühlte jetzt daß sie einen Z w e c k hatte zu leben, daß sie wirken und nützen konnte in der Welt.

Wirken und Nützen — ja, mit allen ihren Kräften zu der Schwester Heil — aber wie? — w a s konnte sie hier thun, w i e konnte sie hier helfen, wo das Schicksal seine eiserne Hand erbarmungslos auf die geworfenen Würfel gelegt und sie, wie sie der Schwester Leben jetzt erkannt, ja fast nur beten durfte daß Gott sie bald aus der Kette die sie hielt befreien, und neben die Kinder betten möge in den stillen Wald. Sie hatte einen tiefen, traurigen Blick in beider Leben gethan, und keine Hülfe sah sie da — keine Rettung, als den Tod.

In ernstem Sinnen, den Kopf in die Hand gestützt saß sie an dem kleinen Grab — es war jetzt der einzige Platz wo sie sich ungestört ausweinen, und doch der Schwester die Thränen bergen konnte, die ihr das eigene Herz ja nur schwerer gemacht, ohne im Stande zu sein ihre Last zu erleichtern — als sie Schritte im Laub hinter sich hörte, und sich rasch danach umdrehend, ihren alten Führer Jack Owen erkannte der, mit seinem Hund an der Seite, die Büchse auf der Schulter, langsam durch den Wald schlenderte.

Jack Owen war der richtige Typus des ächten, unverfälschten Backwoodsmans; schlank und kräftig gebaut mit eisernen, wetterharten und doch gutmüthigen Zügen, klaren lichtblauen Augen und jener festen entschiedenen Bildung des Mundes, die stets einen entschlossenen Charakter kündet, ging er ganz in die einfache Tracht des Westens gekleidet, mit ledernem ausgefranztem Jagdhemde, nur ohne Leggins, in langen dunkelfarbigen, unten aber durch längeren Gebrauch und die Dornen etwas abgenutzten Hosen, einen alten, sehr mitgenommenen Filzhut auf dem Kopf und die lederne Kugeltasche, an dem das, aus dem Ende eines Hirschgeweihs gebohrte Ladmaaß herunterhing, an der rechten Seite. Auf der Schulter aber ruhte die lange mächtige Amerikanische Büchse mit altem Feuerschloß, schwer von Eisen, und doch nur ein kleines Blei schießend, aber auf sechzig bis hundert Schritt ihr Ziel wohl kaum verfehlend. Die ganze Gestalt hätte malerisch genannt werden können, wäre ihr der alte zerknitterte Filzhut, der den Kopf deckte, und wohl manche Nacht schon als am nächsten Morgen wieder ausgebogenes Kopfkissen gedient hatte, nicht dabei etwas im Wege gewesen. Das Gesicht trug er, wie fast alle Amerikaner, glatt rasirt und wie erdfarben auch seine übrige Kleidung, bis auf die groben Schuh herunter, aussehen mochte, das baumwollene Hemd war schneeweiß, und zeigte vorn offen, die rothe, sonngebräunte Brust.

Der Hund den er mit sich führte, war eine Bastardart von gewöhnlichem Fleischerhund oder *cur*, und der feineren Brakenart, grau und schwarz gestreift, lichtgelbe kleine Flecken über den Augen und, wie schon erwähnt, mit ganz kurz abgeschlagenen Ohren und Schwanz — die beste Schweißhundrace, l a n g s a m auf der Fährte eines angeschossenen, ja selbst gesunden Wildes nachzugehn.

»Guten Tag Miß,« sagte der Mann, in seiner einfach herzlichen Art auf sie zugehend und ihr die Hand reichend und drückend — »w i e d e r am Grab hier und immer so traurig?« setzte er dann mit leiserer, fast vorwurfsvoller und doch so gutmüthiger Stimme hinzu — »es muß Ihnen hier bei uns im Walde gar nicht gefallen, und die Bäume haben sich doch mit ihrem schönsten Schmuck gedeckt. Sehn Sie nur die prachtvollen Dogwoodblüthen an, die wie Schnee auf dem frischen grünen Laube liegen; und wie süß duftet es von den blühenden Weiden herüber, die dort am Bache stehn. Ach im Frühjahr ist's schön hier bei uns, und ich glaube mir würde das Herz brechen, wenn ich einmal fortmüßte aus meinem Wald.«

»Es ist wunderschön hier und der Friede Gottes ruht auf dieser Wildniß,« sagte Amalie mit zitternder Stimme — »sie könnte ein Paradies für die Menschen sein — «

Jack schwieg eine Weile wie verlegen still — er kannte das a b e r das dahinter lag, und wagte doch auch den Punkt nicht direkt zu berühren.

»Ihrer Schwester geht es besser, nicht wahr?« sagte er nach längerer, ihm endlich selber peinlich werdender Pause, seinen Gedanken weiter folgend — »sie ist doch wieder auf?«

»Seit gestern — ja; aber sie darf das Haus noch nicht verlassen.«

»Und Olnitzki ist noch nicht von Little Rock wieder zurück?«

»Nein — wir erwarten ihn schon seit mehren Tagen.«

»Hm — « sagte Jack nach einer Weile, und seinen Rifle mit dem Kolben auf die Erde stoßend, nahm er ihn in die, auf der Brust gekreuzten Arme, sich gewissermaßen daran lehnend — »ich war auch in Little Rock. — «

»Sie — jetzt?« rief Amalie schnell fast erschreckt über den Ton.

»Ja; — ich habe meine Winterbeute, Häute und Fett, was sich so angesammelt hatte, hineingebracht,« sagte der Jäger gleichgültig.

»Und haben Sie Olnitzki dort gesehn?«

»Ich war ein- oder zweimal mit ihm zusammen.«

»Aber was um Gottes Willen macht er da so lang — er weiß daß« — sie schwieg erröthend still und wandte sich von dem Jäger ab, daß er die aufsteigende Thräne in ihrem Auge nicht sehen sollte.

Jack wiegte sich indessen augenscheinlich mit etwas beschäftigt das ihm auf dem Herzen lag, von einem Fuß auf den anderen; er w u ß t e daß die Fremde weinte — er wußte weshalb, und wagte doch nicht, mit dem eigenen Zartgefühl das jenen einfachen Kindern des Waldes eigen ist, das Geheimniß aufzudecken, in fremde Familienangelegenheiten ein fremdes Wort zu reden.

»Er wird wohl heute oder morgen kommen,« sagte er endlich — »seine Geschäfte waren besorgt und — nur ein paar Freunde hatte er dort getroffen, die er lange nicht gesehn — das mag ihn aufgehalten haben.«

»Und seine F r a u ist fast gestorben in der Zeit,« sagte Amalie mit leiser kaum hörbarer Stimme.

Der Jäger erwiederte Nichts darauf, nahm aber seine Büchse auf, öffnete die Zündpfanne und sah nach dem Pulver, schloß sie wieder, ließ das Gewehr auf den Boden zurücksinken, rückte sich den Hut und kämpfte augenscheinlich mit einem Entschluß zu reden, dessen er noch nicht Meister werden konnte. Die Fremde schwieg ebenfalls — schwieg, aber konnte ihren Thränen nicht länger wehren, und mußte das Tuch an die Augen bringen, um sie abzutrocknen.

»Miß Seebald,« sagte der Backwoodsman da, ein Herz fassend, aber immer noch mit schüchterner, zögernder Stimme — »es ist nicht Alles so in der Hütte drüben, wie es sein sollte — hab ich recht?«

»Das weiß Gott,« seufzte das Mädchen, ohne das Antlitz ihm zuzuwenden.

»Miß Seebald,« sagte der Jäger wieder nach einer kleinen Pause, mit augenscheinlicher Überwindung — »es wird für schlechte Sitte bei uns gehalten, die Hütte eines Nachbars zu betreten wenn der Pflock außen vorgeschoben, und der Besitzer nicht zu Hause ist; noch weniger darf man sich in Dinge mischen, die eigentlich nie über die Schwelle hinauskommen sollten — das was zwischen Mann und Frau geschieht — aber — es giebt da eine Grenze — wo — wo ich schon Beispiele weiß — daß Nachbarn eingeschritten sind und« — er holte tief Athem, die Luft ging ihm aus zu dem, was er dem Mädchen sagen wollte — »und die Frau,« setzte er endlich mit einem gewaltsamen Entschluß hinzu, indem er sich halb von ihr abdrehte — »vor den M i s h a n d l u n g e n des Mannes geschützt haben.«

Amalie schaute nicht nach ihm um, was er vielleicht gefürchtet haben mochte, sondern brach in sich zusammen auf der Bank, im stummen furchtbaren Geständniß des Begangenen. Dadurch aber gewann Jack mehr Muth; die Hauptsache war überdieß heraus, das Eis gebrochen, und er setzte mit weit festerer und jetzt recht ernst ja fast drohend klingender Stimme hinzu: »Wir wissen es schon seit einiger Zeit; Frauen haben darin ein weit schärferes Auge als Männer, und meine Alte hat es mir schon vier Wochen vorher, ehe Sie unsere *range* hier betraten, fest versichert d a ß es so wäre, und der Pole sein armes, überdieß kränkliches Weib, die das Herzeleid mit den Kindern so schon zu Boden drücke, w i e d e r — wie das schon einmal vor längerer Zeit geschehn — s c h l a g e. Wir kennen hier im Wald — « fuhr er nach einer kleinen Pause fort — »nichts Feigeres, Niederträchtigeres auf der Welt, als die Mishandlung einer Frau. Wenn das aber schon« — fuhr er wärmer werdend fort — »schändlich und feige und nichtswürdig ist, wo die Frau ihre Eltern in der Nähe, wenigstens im eignen Lande hat, und zu ihnen zurückkehren kann und sich schützen — so ist es noch viel schändlicher, wo die Frau dem Manne gefolgt ist über das Meer herüber — t e u f l i s c h aber,« setzte er mit finsterem Blick hinzu, »wo die Verhältnisse waren, wie Sie mir auf dem Herritt selbst erzählt Miß, daß das Mädchen damals den Fremden liebte, weil sie um s e i n geknechtetes, zu Boden getretenes V a t e r l a n d — und der Mensch hat nichts Heiligeres auf der Welt — trauerte, und die eigene Heimath, das e i g e n e Vaterland verließ, dem verstoßenen Mann zu folgen und ihm Alles zu sein was er daheim verloren. Wir hier« — setzte er ruhiger hinzu — »hätten nie geglaubt, daß die Frau aus so vornehmer Familie sei, wie es jetzt doch wohl scheint, so hat sie gearbeitet, so sich dem Geringsten unterzogen was in ihre Wirthschaft fiel, und gesponnen und gewebt dabei wie unsere Frauen; aber der Mann ging dann nach Little Rock und spielte und trank — kam trunken nach Hause — und schlug sein Weib — — — Ein anderer Nachbar den wir hier früher hatten« — setzte er nach längerem Zögern wieder, und sich wie scheu dabei umsehend hinzu — »ein junger kräftiger Bursch, unverheirathet, dem das junge Weib Leid that, und das Herz immer gleich auf der Zunge lag, setzte den Polen einmal deshalb zur Rede — harte Worte folgten, und wie es bei uns nicht lange bei Worten bleibt — auch Faustschläge. Der Amerikaner war dem Polen in d e r Waffe überlegen, aber der forderte ihn auf die Büchse — unser gewöhnliches Handwerkszeug hier für solche Streitigkeiten auf vierzig Schritt Entfernung.

Ich war selber dabei wie sie es ausmachten — es ging Alles ordentlich zu — wie ich d r e i zählte hoben Beide ihre Büchse, Jim Rileys Gewehr aber — es war ein etwas nasser Tag, — blitzte von der Pfanne, und in demselben Augenblick fuhr ihm auch des Polen Kugel durch die Brust.«

Wieder holte der Mann tief Athem, eine Erinnerung, die ihm wie ein dunkler Schatten vor der Seele aufstieg, niederzukämpfen und fuhr dann, seine Büchse fest und fast krampfhaft fassend, langsam fort.

»Wir begruben Jim zusammen, — der Pole und ich — kein Wort wurde dabei gesprochen, und legten den wackeren Burschen — ein besserer hat nie in Arkansas eine Fährte eingedrückt — in sein enges Grab. — Die Büchse wollte ihm der Pole mit hinein legen, aber ich zerbrach das treulose Eisen an den Baum unter dem er schläft, und warf es auf den Hügel der seine Glieder deckt. Als wir fertig waren reichte mir Olnitzki die Hand, aber ich nahm sie nicht, schulterte mein eignes Gewehr und ließ ihn allein bei dem Grab zurück. Ein recht nachbarliches Verhältniß ist seit der Zeit auch nie wieder zwischen uns aufgekommen, obgleich er mir's nicht offen nachgetragen. Auch gepackt mag ihn die That wohl haben, denn obgleich kein Wort davon in der Range weiter erwähnt wurde, und Jim Rileys Hütte ruhig im Wald verfiel, seine Großmutter und noch kleine Schwester, die jetzt Beide keinen Brodverdiener mehr hatten, zu einem Nachbar gezogen, sein kleines Feld unbemerkt jungen Baumwuchs trieb, ja selbst die Grand Jury, die solche Sachen wenn sie nicht ordentlich betrieben sind, aufzurühren hat, es nicht in der Countysession zur Sprache brachte, ging er doch dadurch etwas in sich und man hörte lange nichts Unrechtes von ihm, bis vor etwa einem Jahr der alte Teufel in ihm wieder ausbrach und — wie er's seitdem getrieben zeigt am Besten das Aussehen der armen Frau. — Mir aber zuckt es Gott ver — mir zuckt es wahrhaftig im rechten Zeigefinger wenn ich das sehn und schweigen muß, und wie ich mich bis jetzt gescheut ein Wort davon zu sagen, so halt' ich es nun für meine Pflicht davon zu reden.«

»Ich war in Little Rock und bin dort Zeuge gewesen wie Olnitzki wieder auf alte Weise wüthet und tobt. — Das was er zum Verkauf mit in die Stadt genommen ist lange verspielt und vertrunken, und als ich den Ort verließ war er schon mehr schuldig, wie er in drei Jahren im Stande ist abzuverdienen. Ich weiß zugleich« — und wieder stockte er, als ob er sich scheue das Wort auszusprechen, aber einmal im Zuge hielt er nicht länger damit zurück — »ich weiß zugleich daß seine Frau daheim am Nothwendigsten Mangel leidet — daß sie, mit Ihrer Hülfe jetzt den Mais auf der eigenen abgenutzten Stahlmühle mahlen muß, nur um zu leben — weiß daß sie gezwungen wurde die wenigen Hühner selbst, die ihr noch geblieben, zu schlachten, weil der Mann zu bequem war hinaus nach Fleisch zu gehn — weiß daß er ihr wieder das Leben schwer macht wie noch nie, und daß Menschennatur so etwas auf die Länge der Zeit nicht aushalten k a n n. Sie aber, die Sie von über dem Wasser drüben herüber gekommen sind, müßten uns hier, die wir uns zu den N a c h b a r n rechnen, für schlimmer halten als Panther und Wolf sind, wenn wir Ihnen nicht wenigstens unsere Hülfe, unseren Schutz anböten, falls Sie beides haben wollten und gebrauchen sollten. Wir können und dürfen uns nicht um das bekümmern was in der eigenen Hütte eines der Unseren vorgeht, findet aber eine Frau daß sie bei ihrem Mann nicht mehr existiren kann, ja daß vielleicht ihr L e b e n bedroht ist am eigenen Heerd, und sie will zu Einem von uns kommen — die n ä c h s t e Hütte die b e s t e n u r . Miß Seebald, und Jack Owen wohnt nur kleine Strecke von hier entfernt — will sie und ihre Schwester das theilen was er und seine Familie haben, dann beim ewigen Gott sollte eine ganze Armee von Polen nicht im Stande sein ihr auch nur ein Haar weiter zu krümmen, ein rauhes Wort zu sagen. Dem Einzelnen gegenüber genügt der einzelne Mann, und rief er das Gesetz zu Hülfe — nichtsnutzige Advokaten und Landhaye — dann haben die Burschen von Arkansas wohl schon früher zusammengestanden, das zu schützen was sie für ihr Recht, was sie für rechtlich hielten.«

Wildes jubelndes Geschrei und Pferdegestampf unterbrach ihn hier und als Beide überrascht dorthin schauten, woher die fremden lustigen Töne schallten, sahen sie durch eine kleine Lichtung die da der Wald macht, Olnitzki, von einem anderen Reiter gefolgt, auf schäumendem Pferde, die Arme wild dabei um den Kopf werfend, heransprengen, und gleich darauf hinter dem Dickicht, das die mit dem Haus in Verbindung stehende Fenz umwucherte, verschwinden.

»Allmächtiger Gott, wie wird das enden,« rief Amalie, die Hände in Todesangst faltend — »in welchem Zustand kehrt der Mann zurück.«

»Der alte Teufel ist wieder ausgebrochen in ihm,« sagte Jack Owen finster, »und ich müßte mich sehr irren, oder Blut allein kann das auf's Neue enden.«

»Meiner Schwester Blut!« rief Amalie verzweifelnd aus.

»Gehen Sie zum Haus zurück,« sagte da Jack Owen, der eine Weile in tiefem Nachdenken gestanden, zu dem Mädchen, »den Mann den er da bei sich hat kenn' ich; es giebt vielleicht keinen größeren Hallunken in den Vereinigten Staaten als ihn, und doch ist es ein halber Landsmann von Ihnen, wenigstens von deutschen Eltern irgendwo in Kentucky oder Tennessee geboren. Etwas Gutes hat den Gesellen auch nicht hergeführt, denn der Boden hier brannte ihm einmal, vor drei Jahren etwa, unter den Füßen, wo nicht viel fehlte daß ihn die Bürger, dem Gesetz zum Trotz das ihn freisprach, wegen Pferdediebstahl und falschem Spiel g e h a n g e n hätten. Seit der Zeit hat er diesen Theil von Arkansas wenigstens gemieden, und erst seit zwei Monaten etwa tauchte er plötzlich wieder auf, ritt erst hindurch, bei alten Bekannten vorsprechend, wahrscheinlich zu sehen welchen Eindruck sein Erscheinen hier wieder machen würde, und trieb sich dann, als er fand daß man die alten Geschichten vergessen, oder sich wenigstens scheute sie wieder aufzurühren, zwischen hier und dem Indianischen Gebiet umher. Er heißt — obgleich er sich schon unter verschiedenen Namen im Lande gezeigt haben soll, Soldegg, und ich möchte Sie von vorn herein vor ihm warnen.«

»Aber was k a n n ich thun?« sagte Amalie in Todesangst — »in solcher Stimmung mit Olnitzki zu sprechen ist nicht möglich, selbst wenn er den Begleiter nicht bei sich hätte.«

»Sie dürfen Ihre Schwester jetzt vor allen Dingen nicht mit den beiden Unholden allein lassen,« sagte Jack — »ich selber will hinüber in die Gründorn Flat gehen, nach einer Kuh zu sehen, die seit acht Tagen nicht zum Melken zu Hause gekommen, und wegen der mich meine Frau schon lange gequält. Ist das geschehen, nehm ich den Rückweg an Ihrem Haus vorbei, und finde dann schon eine Entschuldigung vorzusprechen, zu sehen wie sich Olnitzki beträgt und was der andere Bursche bei ihm will. Der vermuthet überhaupt wohl kaum wie genau ich ihn kenne, und daß ich von seinen Streichen in Illinois, Indiana und Missouri weiß, und wird sich desto rücksichtsloser gehen lassen. B r a u c h e n Sie dann meine Hülfe, so sagen sie es frei heraus, und Jack Owen ist der Mann sein Wort zu halten.«

»Guter Gott, ich habe die Schwester schon lange gebeten den Schritt zu thun, und mit mir nach Deutschland zurückzukehren,« sagte Fräulein von Seebald, die Hände in Gram und Sorge faltend — »aber sie weißt mich auf ihre Pflicht, die sie zwänge bei dem Gatten auszuhalten.«

»Das sieht ihr ähnlich,« sagte Jack, »und soviel mehr Ehre gebührt ihr dafür; ich wäre auch der letzte der ihr zum Gegentheil rathen würde, so lange sie eben aushalten k a n n ; erst wenn d i e Zeit eintritt, und Gott gebe daß es nie geschieht, dann sollen Sie nicht sagen, daß Sie Niemand in der fremden Welt gefunden hätten der sich Ihrer annehme, und Sie gegen Willkür, gegen die das Gesetz Sie nicht schirmen konnte, schützte,« und ohne weiter eine Antwort abzuwarten warf der Jäger seine Büchse über die Schulter, rief durch ein eigenthümliches leises Zischen seinen Hund, und schritt rasch in den Wald hinein; Amalie aber eilte mit schwerem ängstlich klopfenden Herzen zum Haus zurück, von dem ihr schon, als sie noch nicht einmal die Fenz erreicht, wildes Lachen und lautes Jauchzen entgegenschallte. Sie zögerte auch in der That einen Augenblick die Schwelle zu betreten, aber es war auch nur ein Moment, und ihr Herz mit der rechten Hand fast krampfhaft haltend, daß sein Klopfen nicht die Angst verrathe die in ihm zuckte, durcheilte sie die kurze Strecke, die sie noch von der Thüre trennte.

»Hallo Schwägerin!« rief ihr Olnitzki hier, der sie zuerst bemerkte und mit all seinen Kleidern und den beschmutzten Stiefeln halb liegend halb sitzend auf ihrem Bett lehnte, in englischer Sprache entgegen, »nun ist die Familie voll, und wir können kochen und braten — Allons Ihr Weiber, die Töpfe zum Feuer und hier nun aufgetischt; wir haben Hunger wie die Bären, und Durst — heh Soldegg? — Durst wie die Fische. Nun? — was giebts?« — unterbrach er sich aber plötzlich, als er das starre Staunen bemerkte, das Amalie noch auf der Schwelle fesselte, und ihren Blick stier und erschreckt auf seinem Gast haften ließ — »kennen sich die Herrschaften etwa schon? — Mr. Soldegg, Madam, Mr. Soldegg, meine schöne Schwägerin, Amalie von Seebald, die uns das Vergnügen gemacht hat uns hier in unserer ländlichen Einsamkeit zu besuchen.« Er brachte die letzten Worte nur mit schwerer Zunge heraus, richtete sich aber doch gleich selber erstaunt in die Höh, als Amalie, kaum ihren Augen trauend rief »Herr Henkel!« und Soldegg, mit einer lächelnden Verbeugung gegen die Dame, und ihr die Hand entgegenstreckend freundlich sagte:

»Ah Fräulein von Seebald; das ist allerdings ein unerwartetes Vergnügen, auf das ich nicht gerechnet hatte; beim Himmel, die Passagiere der Haidschnucke sind von einem neckischen Geist, wie es scheint, in den wenigen Monaten schon über die ganzen Vereinigten Staaten hinausgestreut, denn überall trifft man sie an, und hat die Freude alte Bekanntschaften zu erneuern!«

»Aber wie um Gotteswillen kommen Sie h i e r h e r, und wo ist Ihre Frau?« rief Fräulein von Seebald, die nach der Schilderung des Jägers, einen furchtbaren Verdacht in sich aufsteigen fühlte — — »man nennt Sie S o l d e g g hier? — «

»Das sind viele Fragen auf einmal« lachte ihr früherer Mitpassagier, »aber ich kann Sie Ihnen leicht beantworten; meine Frau amüsirt sich in New-Orleans, während mich Geschäfte nach dem Norden riefen, und Soldegg ist der Name meiner Mutter — ich habe die Geschichte wahrhaftig schon sehr oft erzählen müssen — nach der ich gezwungen bin mich hier in Amerika, einer Erbschaft wegen, zu nennen.«

»Eure Frau in New-Orleans, Soldegg?« rief aber Olnitzki jetzt vom Bett aus, — »zum Teufel Mann, ich glaubte die wohnte in Missouri, wo ich Euch vor zwei Jahren ja besuchte.«

»Die erste Frau?« sagte Soldegg oder Henkel, ernster werdend, »lieber Gott, Olnitzki, wißt Ihr denn nicht daß die schon seit fast zwei Jahren in ihrem Grabe ruht? Ich habe jetzt in Deutschland zum zweiten Mal geheirathet.«

»Ihr war't in Deutschland, Mensch?« rief Olnitzki rasch wieder emporfahrend, »und davon habt Ihr mir kein einziges Wort gesagt!«

»Wir hatten wichtigere Sachen zusammen abzumachen, heh?« lachte der Mann wieder, mit einem Seitenblick auf den Polen, »aber mein gnädiges Fräulein,« setzte er mit eigenem Humor und einem komischen Achselzucken hinzu — »ich würde Ihnen mit Freuden einen Stuhl bringen, wenn — «

»Stühle da wären« — lachte Olnitzki hell auf — »Hahahaha unsere Wirthschaft ist noch nicht eingerichtet — wir leben noch in den Flitterwochen, aber in unserer nächsten Wohnung soll das besser werden. — Dort wollen wir uns standesgemäß etabliren. Hurrah Soldegg — reicht mir einmal die Flasche da vom Tisch — Texas soll leben!«

»Ist ein vortrefflicher Staat,« sagte der junge Mann, seinem Wunsch willfahrend, »gutes Land und herrliche Jagd.«

»Ach trink nicht mehr, Olnitzki,« bat da mit leiser schüchterner Stimme die Frau, die zitternd in Angst und Jammer während dem Gespräch an ihrem Bett gestanden, und sich halb darauf gestützt hatte, »Du weißt ja es bekommt Dir nicht, und morgen — «

»Gieb Frieden, Unke«, brummte der halb Trunkene, nach langem Zuge tief aufseufzend die Flasche von den Lippen nehmend — »ärgerts Dich schon, mich einmal wieder fidel zu sehn, nach langer Zeit? marsch mit Euch — fort — richtet das Essen her; zum Teufel wie oft soll ich's Euch sagen?« rief er, die Flasche dabei ärgerlich neben sich auf das Bett stoßend, und einen wilden zornigen Blick der Frau hinüberschleudernd — »wird's bald, daß ich das Feuer da im Kamin auflodern und den Kessel darüber hängen, die Kanne daran stehen sehe? — glaubt Ihr wenn Leute acht Stunden lang, wie wir, in gestrecktem Galopp auf den Pferden hängen, nicht nachher ihr Mittagsbrod verlangen, wie sich's gehört?«

»Ja, und ich fürchte, Ihr habt mir das Pferd zu Schanden geritten, Olnitzki«, sagte Soldegg — wie wir ihn doch jetzt nennen müssen — »es ist zu zart für solch schweren Körper und den scharfen Ritt.«

»N o c h ist's mein,« brummte der Pole, mit finster zusammengezogenen Brauen zwischen den Zähnen durch, einen eben nicht freundlichen Blick nach dem Redenden schießend, »das war abgemacht.«

»Allerdings,« sagte Soldegg einlenkend; »Ihr seid in Euerem vollen Rechte, und die Bemerkung galt dem nicht; aber wir müssen den Damen doch ein wenig an die Hand gehen, Holz zu holen und das Essen zu besorgen; wir sind einmal im Wald und führen Jägers Leben.«

»Ah bah!« rief der Pole, sich wieder zurück auf das Kissen werfend, »in Texas wird's die erste Zeit noch schlimmer gehn, und ein Bischen Vorbereitung dazu kann gar Nichts schaden.«

»In Texas?« sagte die Frau, der das Wort schon vorher schwer auf das Herz gefallen war, erschreckt — »in Texas, Olnitzki? — was um Gottes Willen meinst Du damit?«

»Wirst's schon erfahren Täubchen,« lachte der Pole — »und hilf Deiner Schwester jetzt Holz hereinschaffen von draußen, daß Soldegg das nicht allein zu thun braucht — er möchte sich die zarten Hände schmutzig, oder was noch schlimmer wäre r a u h machen, nicht wahr Soldegg? beim Kartenspielen braucht man feine Fingerspitzen?«

»Was wollen Sie damit sagen, Olnitzki?« frug der Fremde der den Rückklotz im Kamin mit einem dort liegenden Schüreisen vorgehoben hatte, während Amalie den kleinen Korb aufgriff und das Haus verließ, indem er sich hoch und finster aufrichtete, »ich hoffe nicht daß Sie mir falsches Spiel vorwerfen.«

»Falsches Spiel — hahaha,« rief der Pole, verächtlich die geleerte Flasche von sich werfend, »die ganze Welt ist ein falsches Spiel, — wir sind die Karten, die stechen und gestochen werden, auf die man setzt und gewinnt und — verliert. Heute ist der Trumpf und morgen der — heute hat der Bube Glück, morgen die Dame, hahahahahaha — eine wilde, tolle, verrückte Welt!«

»Die nur die vortreffliche Eigenschaft hat,« lachte Soldegg, »daß sie rund ist; eine Kugel auf der die Glücksgöttin steht und dreht, und sind wir heute unten, wissen wir daß wir doch einmal wieder hinaufkommen m ü s s e n . Aber ich werde meiner alten Reisegefährtin helfen noch ein paar große Stücken Holz zum Feuer zu bringen, wir bekommen heute sonst wirklich Nichts zu essen,« und ein paar waschlederne Handschuh aus der Tasche nehmend, zog er diese an und schritt, das Haus verlassend, über den kleinen Hofplatz hinüber, wo Fräulein von Seebald eben beschäftigt war Spähne zusammenzusuchen.

»Olnitzki, was um des Heilands Willen sollen die dunklen Worte,« bat aber die Frau indessen in Todesangst, »es ist irgend etwas Entsetzliches vorgefallen; das Du mir noch verschweigst, und Deine Reden künden Schlimmeres.«

Die Frau war ein paar Schritte auf ihn zu getreten, und stand jetzt, den zitternden Körper an dem Tisch stützend, mit bleichen eingefallenen Wangen, die Augen bittend und angstvoll auf ihn geheftet, ihm gegenüber. Zu viel des Jammers hatte sie die letzte Zeit durchlebt, und der Körper begann unter der überbürdeten Last zusammenzubrechen in Gram und Noth.

»Dunkle Worte,« murmelte der Mann ärgerlich, »hab' ich d u n k l e Worte gesprochen? — so war's nicht gemeint, ich wollte deutlich sein — ich habe Haus und Feld verkauft, und morgen magst Du, was Du an Kleidern und Geschirr hast — der ganze Bettel geht auf den kleinen Karren — zusammenpacken und Dich dann oben d'rauf setzen — wir gehn nach Texas.«

»Nach Texas?« rief die Frau entsetzt — » i c h ? — j e t z t ? wo ich kaum im Stande bin die Stube entlang zu kriechen, fort in die Welt? dieß Haus — so ärmlich es ist, doch unsere Heimath — das Grab meiner Kinder verlassen — weiter — nur immer weiter in die Wildniß zu ziehn in Noth und Elend? Nie — nie Olnitzki, so wahr mir Gott helfe, folg' ich Dir dahin.«

»D u folgst mir nicht?« rief da der, von dem übermäßigen Genuß des starken Trankes überdieß Betäubte, wild von seinem Lager und auf die ihn zitternd erwartende Gattin zuspringend, »D u hast einen Willen, Weib, das an meine Sohlen geheftet mir überall im Wege war, wo ich die Arme frei gebrauchen könnte? — aber ich weiß schon wo der Wind her weht — die Mamsell Schwester, die aus den Wolken hier hereingeschneit, und die Du Dir zu Hülfe gerufen wider Deinen Mann, hat Dich so keck gemacht — D u willst nicht?« wiederholte er sie mit einem verächtlichen Blicke messend, »Ding Du, das sich mit einem Willen brüstet.«

»Olnitzki,« sagte da die Frau, durch die verächtliche Behandlung des Trunkenen in ihrem krankhaften Zustand mehr gereizt, als sie es durch die härtesten Worte vielleicht geworden, »ich habe ertragen, was ein Mensch ertragen kann — geduldet, was zu dulden möglich ist, und den festen Willen dabei, mit Dir auszuharren in Freud und Leid, wie ich Dir bis jetzt gefolgt bin, was auch daraus kommen möge — aber das was Du jetzt von mir forderst übersteigt meine Kräfte. Ich w e i ß was mir d o r t bevorstände — ich habe es hier schon einmal durchgemacht — ich weiß daß ich es nicht ertragen würde und sage es Dir hier jetzt frei und offen — nach Texas — in die Wildniß — fort von den Gräbern meiner Kinder, einem neuen furchtbaren Leben entgegen folg ich Dir n i c h t . «

»Folgst Du mir n i c h t ? — und l e i d e n , d u l d e n ?« zischte der Mann verächtlich zwischen den Zähnen durch, »zu was seid Ihr da? — fort mit Dir — hinaus, daß ich Dich nicht mehr sehe; Dein Anblick vergiftet mir den schönen Tag.«

»So tödte mich — morde mich wie Du Dein Kind gemordet,« rief die Frau, der fieberhafte Röthe über die Wangen lief, während sie den fast durchsichtig weißen, von hellblauen, peinlich klar hervortretenden Adern durchzogenen Arm gegen den Gatten drohend ausstreckte.

»*She devil!*« knirschte der Bube zwischen den Zähnen durch, und die schwache Gestalt des Weibes mit seiner Faust packend, warf er sie zurück daß sie gegen den massiven Bettpfosten anstieß, und mit einem lauten Aufschrei zusammenbrach.

»Wie gefällt Ihnen das Landleben, Fräulein von Seebald,« sagte Soldegg, als er sie draußen an dem Holzplatz einholte, wo abgehauene Stücken und Klötze wild zerstreut umherlagen, »sehr romantisch, wie?«

Amalie erröthete bis in den Nacken hinab — sie fühlte den Spott, der in den Worten lag, den sie in früheren Tagen auch vielleicht verdient, der aber auch jetzt dafür um so herzloser von des Mannes Lippen klang. Keine Zeit war jedoch in diesem Augenblick für Empfindelei — irgend etwas mußte in der Stadt vorgefallen sein, das Olnitzki, und durch ihn die Schwester, traf, und das von dem Mann vielleicht zu erfahren, blieben ihr nur die wenigen Minuten, die sie allein hier mit ihm war. Ohne deshalb auf seine Frage zu antworten sagte sie rasch:

»Sie kommen mit Olnitzki jetzt von Little Rock?«

»Jetzt? — ja,« sagte Soldegg, »und freue mich wahrhaftig aufrichtig eine alte Reisegefährtin hier ganz unerwarter Weise gefunden zu haben; apropos — hahahaha — Sie hätten vor ein paar Monaten dabei sein sollen, wie ich Herrn von Hopfgarten in einem kleinen Städtchen in Indiana traf — hahahaha — ich muß jetzt noch lachen, es war zu komisch — «

»War er schon vorher in solcher Stimmung?« frug Amalie, die kaum verstand was er erzählte.

»Hopfgarten? — Gott bewahre,« lachte Soldegg wieder, ihre Frage misverstehend — »ernsthaft wie ein Quäker kam er Abends, naß und ausgehungert in ein Wirthshaus, in dem ich am Feuer saß und redete mich als seinen Reisegefährten Henkel an.«

»Sie verstehn mich nicht — «

»Sie hätten dabei sein sollen was er für ein Gesicht machte, als ich mich zum Spaß für meinen Zwillingsbruder ausgab — es war göttlich.«

»Aber ich spreche von Olnitzki!«

»Von Olnitzki? — was von dem? — er hat sich einen Rausch angetrunken,« sagte Soldegg gleichgültig, sehr vorsichtig dabei eins der Stück Hickoryholzes aufnehmend und in seinen linken Arm legend. »Lieber Himmel die Leute wollen Alle spielen, aber nicht verlieren, und wenn ihnen das auch einmal passirt, verlieren sie gleich den Kopf dazu; schreien und toben und verschwemmen sich das kleine Bischen Verstand, das ihnen noch geblieben, in Whiskey — das Albernste was der Mensch überhaupt auf der Welt thun kann.«

»Olnitzki hat gespielt, ich weiß es — ich dachte mir es wenigstens,« lenkte sie ein, »aber um was?«

»Um was?« lachte Soldegg, sich das Stück Holz auf die Schulter hebend und nach dem Hause umdrehend, »um was man gewöhnlich spielt, um Geld, und als das fort war um Schweine, und dann um Rinder, dann um Pferde, und wie das Alles fort war, um Äcker und Haus.«

»Heiland der Welt — und hat — «

»Verloren natürlich,« sagte Soldegg, gleichgültig zurück gegen das Haus zuschreitend, als ein gellender Schrei von dorther tönte. »Hallo,« rief er, einen Augenblick halten bleibend und dort hinüberhorchend, »was ist das?« Aber schon flog Amalie an ihm vorbei der Thüre zu, und während er ihr langsamer und kopfschüttelnd folgte, murmelte er leise vor sich hin: »der tolle Bursche wird noch irgend ein Unheil anrichten mit seinem verdammten Whiskeytrinken. Daß doch, sonst ganz vernünftige Leute albern genug sind, eines so erbärmlichen Gaumenkitzels wegen ein Vieh aus sich zu machen, und sich den Händen ihrer Nebenmenschen willig zu überliefern. S'ist, das wenigste zu sagen, dumm.«

Damit trat er in das Haus und trug das Holz, ohne sich weiter um das was im Innern vorging anscheinend zu bekümmern, an's Kamin.

»Was um Gottes, Jesu Willen ist geschehn, Sidonie,« rief Amalie, neben ihr kniend und die sich eben wieder Aufrichtende unterstützend, »Du blutest am Schlaf — wer hat — «

»Ich bin gefallen,« murmelte leise die Frau, »und habe — und habe mir wahrscheinlich an der scharfen Bettecke hier weh gethan — es ist Nichts — es wird gleich vorüber gehn — ängstige Dich nicht meinethalben, Amalie.«

»Zu viel — zu viel!« rief aber die Schwester, jetzt in Thränen ausbrechend, während sie neben der Unglücklichen knieen blieb und sie mit ihren Armen umschlang; »nein, nein Du darfst nicht hier bleiben, ich nehme Dich fort von hier mit mir — zurück zu Vater und Mutter — zurück zu M e n s c h e n. Er hat Dich elend genug gemacht, das weiß ja Gott — er soll Dich nicht auch noch morden.«

»Fräulein Schwägerin!« fuhr da Olnitzki, der mit untergeschlagenen Armen und fest und finster zusammengezogenen Brauen am Kamin stand, drohend gegen das Mädchen auf, »ich bitte Sie zu überlegen was Sie sprechen, und v e r b i t t e mir jedes Wort, das mich oder mein Weib betrifft, und einer Einmischung gleicht in unser Leben. Ich will Ihnen übrigens auch beiläufig bemerken,« fuhr er mit tückischem Lächeln fort, »daß wir Sie morgen auf kurze Zeit im alleinigen Besitz des Hauses lassen, dessen künftigen Eigenthümer ich Ihnen das Vergnügen habe hier in Herrn Soldegg vorzustellen.«

»Lieber Olnitzki, die Sache hat aber gar keine so entsetzliche Eile,« fiel ihm hier Soldegg, der sein Holz in das Kamin geworfen, und sich jetzt die Handschuh abklopfte, in die Rede; »ich bin nur mit herübergekommen die Pferde abzuholen; selbst die Kühe können Sie noch ein, zwei Monat ruhig hier behalten. Alles andere findet sich dann später.«

»Was um Gottes Willen bedeutet das?« rief die Frau jetzt, der die Schwester ein Tuch um die Schläfe gebunden hatte, das vorquellende Blut zu stillen.

»Er hat Alles verspielt was er sein nennt auf der Welt,« rief Amalie, in der Angst um die Schwester alles Andere, jede Gefahr der sie sich selber dabei aussetzte, vergessend, »ein B e t t l e r, will er Dich fortschleppen weiter in den Wald.«

»Thut mir unendlich leid zu hören,« sagte in diesem Augenblick die ruhige ernste Stimme Jack Owens, der, auf seine Büchse gestützt, in der Thüre stand, ohne jedoch die Schwelle zu betreten, »guten Abend mitsammen — wie geht's Olnitzki, wieder von Little Rock zurück?«

»Kommt herein!« rief Olnitzki, eben nicht besonders guter Laune, aber vielleicht froh in diesem Augenblick das Gespräch abgebrochen zu sehn. — Was geschehen war ließ sich doch nicht gut lange verheimlichen, und in den nächsten Tagen mußten es die Nachbarn überdieß erfahren, Zum Henker mit ihnen, sie waren ihm so nie grün gewesen, wenigstens nicht seit der Geschichte mit Jim Riley, und er hatte sich lange mit der Idee herumgetragen, wenn auch nicht Arkansas, doch diese Gegend jedenfalls zu verlassen — wer konnte ihn daran hindern?

»Guten Tag mitsammen« sagte Jack Owen, der seine Büchse draußen am Eingang hingestellt, indem er auf die direkte Einladung hin in die Thüre trat und den Platz flüchtig, aber mit forschendem Blick überflog — »hallo Missis Olnitzki, Sie sehn heute kränker aus als gestern, und B l u t an der Stirn? ei ei, was haben Sie gemacht?«

»Setzt Euch Jack« rief Olnitzki dazwischen — »zum Teufel noch einmal, zwei Weiber im Haus statt einer, und ob wir hier etwas zu essen bekommen können? Bei Gott, Soldegg, wir werden es uns noch selber besorgen müssen.«

»Ah Mr. Soldegg — auch einmal wieder in unserer Range?« sagte der Jäger den Fremden mit einem aufmerksamen Blick von unten bis oben musternd — »es ging einmal ein dumpfes Gerücht hier, Sie wären über dem Wasser drüben — aber was haben nur die Frauen, Olnitzki — ist etwas geschehn?«

Amalie, die bei Jack Owens Eintritt Sidonie umfaßt und zum Bett geführt hatte, lehnte ihren Kopf an ihre Schulter und flüsterte ihr rasch und leise, tröstende Worte ins Ohr, die aber die Thränen der armen Frau nur stärker fließen machten.

»Nichts — Unsinn,« brummte Olnitzki finster — »die Weiber können bei jedem Quark das Flennen, ihren alten Erbfehler nicht lassen. Jetzt aber hab' ichs satt, fort von meinem Weib!« rief er plötzlich, um den Tisch herum und auf Amalie zugehend — »ich will das Aufhetzen in meinem eigenen Haus nicht länger dulden, fort von ihr sag ich, oder ich brauche mein Hausrecht. Tod und Teufel, ist mir nicht seit ich fort bin, ein ordentliches Weiberregiment hier aufgewachsen.«

»Zurück von mir,« rief aber Amalie von Seebald und entriß ihm mit zornfunkelnden Augen den Arm, den er gefaßt hatte, sie von der Gattin Bett zu führen, »und hiemit erkläre ich es feierlich, in dieses wackeren Mannes Gegenwart — daß Sie, Graf Olnitzki, die Schwester, die Ihnen in jugendlicher Verblendung, fast ein Kind noch, folgte, elend gemacht haben — bodenlos elend, und daß Sie nicht weiter Gewalt haben dürfen über sie; ihre ältere Schwester bin ich — bin hier an Vaters und Mutters Statt für die Arme, und fordere sie zurück von Ihnen, so lange noch Leben in dem armen, mishandelten Körper ist.«

»Hoho?« rief aber Olnitzki sich jetzt plötzlich, wie der sprungfertige Panther, emporrichtend — »kommt daher der Wind? — abgemachte Sache zwischen Euch, mir das eigene Weib abspenstig zu machen in dem eigenen Haus. Hahahaha Fräulein Schwägerin, Sie haben die Krallen zu früh gezeigt; das hat Ihr Spiel verdorben. Und nun« — schrie er, während Haß und Wuth, von dem vielen genossenen Whiskey zu einer Art Wahnsinn angestachelt, mehr und mehr die Überhand gewann, und die Frau, sich auf ihrem Lager selbst emporrichtend mit gefalteten Händen ihn bittend anschaute — »hat das ein Ende was mich hier geärgert und gequält, und in die Stadt getrieben, dort in Wein und Brandy meinen Grimm zu ersäufen, und mit Kartenspiel die Zeit zu tödten. — Hinaus aus meinem Haus, Schlange Sie, die ich hier freundlich aufgenommen, und die mir die Frau gegen mich gehetzt von dem Moment an wo sie meine Schwelle betreten. D a ist der Bettel den Sie mitgebracht — da — da und da!« lachte er mit einem fast thierischen

Aufschrei, indem er das Service, und was sonst von den Geschenken auf einem neben ihm an der Wand befestigten Brete stand, herunterriß, und der entsetzt zurück Springenden in Trümmern vor die Füße schleuderte.

»Aber Olnitzki« rief selbst Soldegg erschreckt und mahnend — »was machen Sie — besinnen Sie sich doch!«

»Besinnen? — zum Teufel auch, meine Geduld ist fort,« schrie der Rasende — »da — und da und da, sind Eure Lumpen, ich w i l l von Euch nichts mehr von drüben her — ich b r a u c h' Euch nicht und Gnad' Euch Gott, wenn ich je wieder Eine von Euch treffe, w e r es sei, der auch nur frägt wie es uns geht hier, was wir treiben, was thun. Und hier — nun was soll das Mr. Owen, glauben Sie, daß ich etwa gerade in einer Stimmung bin auf einen Nachbar besondere Rücksicht zu nehmen?«

»Ich erkenne die Stimmung recht gut in der Ihr seid, Olnitzki,« sagte Jack Owen, der indeß des wirklich gefährdeten Mädchens Hand ergriffen und sie hinter sich geschoben hatte, sie mit dem eigenen Körper zu decken — »Ihr habt zu viel getrunken und wißt eben nicht was Ihr thut; ob Ihr Rücksicht auf Euere Nachbarn dabei nehmt, kann mir ziemlich gleich sein; wie weit Ihr da gehn dürft werdet Ihr selber am Besten wissen. Die junge Fremde aber, die Ihr so roh behandelt und förmlich aus der Thür geworfen habt, nehm ich mit mir, in mein eigen Haus und zu meinem Weib, und die arme kranke mishandelte Frau da auf dem Bett, ist uns ebenfalls herzlich willkommen, wenn sie uns begleiten will.«

»Teufel!« schrie Olnitzki bei den Worten in wild auflodernder Wuth nach der in der Ecke stehenden Büchse springend und sie in Anschlag reißend — »wollt Ihr mein Weib verlocken unter dem eigenen Dach? — noch ein Wort hier, und beim ewigen Gott Ihr seid eine Leiche.«

»Schwört nicht bei etwas, Olnitzki, von dem Ihr doch nichts wißt,« sagte Jack vollkommen ruhig, »daß Ihr mich nicht einschüchtern könnt, solltet Ihr lange wissen — übrigens sprechen wir über die Sache noch, und jetzt *good bye* — wenn wir uns wieder sehen, werdet Ihr hoffentlich ruhiger und vernünftiger sein.«

»Ich kann die Schwester nicht — nicht so verlassen,« klagte Amalie.

»Der Mensch kann Alles was er muß,« sagte aber Jack ruhig, und ohne weiteres ihren Arm ergreifend, an dem er sie mit sich hinaus in's Freie führte und dort seine Büchse aufgreifend, schulterte er diese und schritt, den Arm des Mädchens aber immer noch nicht loslassend, mit ihr den schmalen Reitweg entlang in den Wald.

Als die Beiden das Haus verließen lag Sidonie bewußtlos, in Ohnmacht hingesunken, auf ihrem Bett, Soldegg lehnte mit verschränkten Armen, und eben nicht erfreut Zeuge und gleichsam Mithandelnder des ganzen Auftritts zu sein, am Kamin, und Olnitzki, auf dem sein halb zürnender, halb verächtlicher Blick kalt und höhnisch haftete, stand noch inmitten des kleinen mit den zertrümmerten Fragmenten vergoldeten Porcellains und gestickter Sachen überstreuten Raums, die Büchse mit eisernen Fingern fest gepackt, und wie unschlüssig, ob er die Waffe gebrauchen solle oder nicht.

Am nächsten Morgen um elf Uhr etwa, verließ ein kleiner, mit einem Pferd bespannter Karren »Olnitzkis Farm«. Der Pole steckte den Pflock von Außen vor die Thür und schlug ihn mit der Axt, die er dann wieder in den Karren legte fest, schulterte seine Büchse und stand dann, des Begleiters harrend, der vier wackere Pferde die Olnitzki selbst gezogen, immer zwei und zwei zusammenkoppelte, und dann den eigenen Rappen bestieg. Das Pferd, das Olnitzki gestern geritten, war heute mit den Thieren zusammengekoppelt, die Soldegg an der Leine führte; ein junges braunes Pferd hatte er in den kleinen Wagen gespannt, auf dem, unter dem darüber gespannten aber vorn etwas zurückgeschlagenen Leinen ein weicher Sitz von den Betten für die Frau hergerichtet worden.

»Hast Du Alles Sidonie?« sagte Olnitzki, der heute bleich und angegriffen aussah, aber die Worte wenigstens nicht unfreundlich an die Frau richtete, »und kann ich fortfahren?«

»Olnitzki, ich beschwöre Dich bei Allem was Dir heilig ist, laß mich nicht ohne Abschied von der Schwester ziehn — raube mir nicht, wenn ich Dir denn in die Wildniß folgen m u ß, den letzten Trost — Du bringst mich doch nicht hin, und wirst mich schon unterwegs begraben müssen — oh daß ich bei meinen Kindern schlafen könnte.«

»Du denkst Dir die Sache viel schlimmer als sie ist, liebes Kind,« sagte der Mann finster — »Deine Schwester hat Dir den Unsinn wahrscheinlich eingeblasen; aber nach Jack Owens Haus, wo sie jetzt wohl steckt, könnt' ich nicht einmal mit dem Karren hinüber, selbst wenn ich wollte — es führt kein Fuhrweg hin, und — ich will auch nicht. Sie hat keinen Frieden in unser Haus gebracht und wir brauchen sie nicht zwischen uns. Nun Soldegg, zum Henker, seid Ihr denn endlich mit Eueren Thieren fertig? Ihr geht so ungeschickt damit um, als ob ihr im Leben noch mit keinem Pferdefleisch zu thun gehabt.«

»Hol der Böse die Bestien!« zischte Soldegg zwischen den zusammengebissenen Zähnen durch, indem er sich mit dem eigenen Thier zwischen den noch scheuenden und zurückschreckenden Pferden herumtummelte — »wenn ich sie nur erst in der breiten Straße habe will ich sie schon kriegen. So, das wird's thun. Fahrt nur voran, Olnitzki, die Pferde folgen dann leichter; seid Ihr in Ordnung?«

»In Ordnung!« wiederholte der Pole finster, noch einen Blick auf den Platz, der seine Heimath gewesen, zurückwerfend, und dann entschlossen sich zum Gehen wendend — »Komm Brauner, zieh — wir haben einen langen Weg vor uns, und je eher wir damit fertig werden, desto besser!«

Ein leiser Schlag brachte das Pferd zum Anziehn und Olnitzki sprang ihm vor, und schritt in dem schmalen Pfad, während das treue Thier ihm in den Fährten folgte, rasch voran. Er hatte den linken Arm, dessen Hand sein Kinn stützte, über den Büchsenkolben geworfen, und blickte in düsterem Schweigen vor sich nieder. Die zusammengekoppelten Pferde folgten auch in der That besser, als der Wagen erst einmal in Gang war, und der kleine Zug hatte eben die Gründornflat durchschnitten und auf dem höheren Land einen etwas besseren, wenigstens breiteren Weg erreicht, als Olnitzkis Pferd laut aufwieherte und der Pole emporschauend, überrascht fünf oder sechs Männer — Nachbarn von sich aus der nächsten Gegend — erkannte, die ihre Pferde am Zügel, auf ihre Büchsen gelehnt, gerade auf der Straße standen, die er passiren wollte, und ihn fast zu erwarten schienen.

Olnitzki stutzte einen Augenblick, und seine linke Hand umspannte fest den Kolben des schweren Rifles, während sein Auge rasch und forschend die Gruppe überflog — aber es war auch nur ein Moment; ein trotziges wildes Lächeln zuckte um seine Lippen und seinen Weg verfolgend, als ob die Männer eben nicht darauf ständen und ihn versperrten, schritt er rasch weiter und gerade auf sie zu bis er, ihnen fast gegenüber, durch ein lautes aber entschiedenes »Halt!« des alten Rosemore, in seiner Bahn gehemmt wurde.

Der alte Mann stand mitten im Weg, aber in keiner drohenden Stellung, nur auf seine lange Büchse gelehnt, den Zügel des eigenen Pferdes um den linken Arm, wie er da gerade abgestiegen, und neben ihm Bill Jones sein Schwiegersohn mit noch zwei oder drei andern Männern aus der Nachbarschaft. Nur Jack Owen war seitwärts, etwa zehn Schritt vom Wagen getreten, seine Büchse auf der Schulter, die rechte Hand in die Seite und auf das Heft des langen Bowiemessers gestützt, das er dort trug.

»Nun was soll das?« rief aber Olnitzki jetzt seine Büchse herunternehmend und den Kolben auf den weichen Boden stoßend; »für einen Scherz bin ich nicht aufgelegt, und im Ernst möcht ich den sehen, der mir ein Halt entgegenrufen dürfte. Was wollt Ihr von mir? — kurz, denn ich habe weder Zeit noch Lust mit Euch hier zu plaudern.«

»Wir denken nicht daran, E u c h aufzuhalten, Olnitzki,« nahm der alte Rosemore ruhig das Wort, »Ihr seid nie ein besonderer Nachbar gewesen, und alter Zeiten gedenken könnte uns gerade nicht freundlicher gegen Euch stimmen. Geht mit Gott, und möge Euch in einem andern Staate das werden, was Ihr bei uns nicht gefunden; aber — es hat Jemand um Hülfe bei uns nachgesucht, dem wir sie nicht verweigern können — eine F r a u — Eures Weibes Schwester hat das bestätigt was wir von Euch schon von früher wissen — daß Ihr Euere Frau mishandelt — und was mehr ist, daß Ihr die Todtkranke und durch das Hinscheiden ihres jüngsten Kindes so schon schwer geprüfte Mutter mit Gewalt von hier fort, und ohne Mittel sie zu erhalten, in eine Wildniß schleppen wollt, und da glaubten wir denn in unserem schwachen Verstand daß wir das, wenn sich die Sache wirklich so verhält, nicht dulden dürften.«

»Nicht d u l d e n dürften?« lachte Olnitzki höhnisch auf — »könnt Ihr es hindern?«

»Wir könnten es wenigstens versuchen,« sagte der alte Mann ruhig; »aber die Frau hat das zu bestimmen.«

»Wir wollen auch gar nicht mit Euch unterhandeln, Olnitzki,« mischte sich jetzt Owen mit eben keinem freundlichen Blick auf den Polen, in das Gespräch — »Missiß Olnitzki wird uns vielleicht sagen ob sie gern mit auf dem Karren nach Texas fährt, der sie in ihrem Zustand kaum lebendig nach Little Rock bringen wird, oder ob sie es vorzieht unseren Schutz anzurufen.«

Sidonie, die in dumpfer Verzweiflung, ihrer Schwäche sich bewußt und erneute Mishandlungen des rohen Menschen fürchtend, ihr Schicksal entschieden geglaubt hatte, ja schon in einer Art unheimlicher Freude zu hoffen anfing, der Hand die, so kalt und erbarmungslos in ihr Leben gegriffen, bald durch den willkommenen Tod entrissen zu werden, sah hier wieder, kaum ihren Ohren trauend, eine Hoffnung aufleuchten. Hülfe zeigte sich ihr, wo sie an keine mehr geglaubt, das Bild ihrer glücklichen Heimath, der sie zurückgegeben werden sollte, tauchte plötzlich, wo Alles Nacht und Grauen gewesen, vor ihrem Auge lichtumflossen auf, und die langen Haare in scheuer Angst aus der fieberheißen Stirn werfend — halb erhoben in dem kleinen Karren und den einen, fast fleischlosen, durchsichtigen Arm den Männern entgegenstreckend, rief sie mit lauter zitternder Stimme:

»Rettet mich — rettet mich vor i h m !«

»Wahnsinniges Weib!« schrie der Pole, die Büchse im Anschlag emporreißend, und während er sie mit der Linken halb schußgerecht und fertig hielt, mit der rechten des Pferdes Zügel fassend »aber Dein Jammern hilft Dir Nichts, und der Bande zum T r o t z schlepp ich Dich mit mir. Z u r ü c k da aus dem Weg,« donnerte er jetzt mit der vollen Kraft seiner

Stimme dem Alten entgegen, »oder bei Höll' und Teufel schwör' ich's Euch, der Erste der mir nur eines Auges Zucken noch den Weg vertritt, ist eine Leiche!«

»Wenn Ihr die Büchse gegen einen von uns hebt, seid Ihr ein Kind des Todes,« rief da Jack Owen, die eigene Waffe im Anschlag emporwerfend.

»Gut daß D u mich mahnst!« schrie da Olnitzki, in blinder auflodernder Wuth kaum mehr wissend was er that, »Du wenigstens gehst da voran,« und mit dem Lauf emporfahrend zuckte auch schon in dem nämlichen Augenblick der scharfe Strahl aus dem Rohr, und die Kugel schlitzte Jack Owens linken Backen. —

Seite 67.

Capitel 2.
Click to ENLARGE

»Jim Riley läßt dich grüßen,« sprach da der Jäger kalt und ruhig, und wie Olnitzki, die Büchse in die linke Hand fassend, blitzesschnell mit der Rechten ein Pistol aus dem Gürtel riß, hob sich das lange Rohr empor und mit dem Knall fast, brach der Pole, mitten durch die Brust geschossen, in seiner Fährte zusammen. Der Jäger aber, ohne auch nur einen Blick weiter auf die Leiche zu werfen, stieß seine Büchse auf den Boden nieder, nahm aus der Tasche den Krätzer und wischte sie aus — wie nach jedem Schuß — that frisches Pulver ein und fettete das Pflaster aus einem kleinen, dafür mit Talg gefüllten Loch im Kolben, setzte die Kugel langsam und vorsichtig auf, bis der Ladstock zweimal sprang, und die Büchse, nachdem er auch Pulver auf die Pfanne geschüttet und diese wieder geschlossen, über die Schulter werfend, griff er das Pferd am Zügel, winkte einen anderen Nachbar, Sam Houston, herbei und lenkte mit diesem den Karren seitab in den Wald, der eigenen Heimath zu.

Still und in düsterem Schweigen starrten indeß die anderen Männer auf die noch zuckende Leiche — kein Wort wurde gesprochen, kein Laut gehört und Soldegg, der ein ziemlich unfreiwilliger Zeuge des ganzen Vorgangs gewesen, ritt die wenigen Schritte noch hinan, bis sich die Pferde scheuten vor dem frischen Blut.

»Böse Geschichte das Gentlemen,« sagte er ruhig dabei, während er die Thiere einer kleinen Blöße im Wald zulenkte, den Platz zu umreiten — »sehr böse Geschichte das, und wird den Advokaten im Little Rock wieder haarscharfe Arbeit geben. Apropos, da der frühere Besitzer des Platzes dahinten jetzt nicht blos v e r reist sondern auch a b gereist ist, wäre es vielleicht eben so gut Ihnen gleich hier zusammen die Nachricht zu geben, daß i c h jetzt der Eigenthümer bin, und in diesen Tagen Jemanden herüberschicken werde das Vieh nach Little Rock zu treiben oder, wenn sich hier passende Käufer finden sollten, es gleich an Ort und Stelle zu verauktioniren. Guten Morgen, Gentlemen, d ü r f t e ich Sie wohl ersuchen Mister — wie ist doch gleich Ihr Name? da vorne ein klein wenig nur aus dem Weg zu treten; die Pferde sind noch jung und scheuen gern, und könnten einander schlagen.«

Die Männer von Arkansas hatten indessen, ernst und schweigend auf ihre Büchsen gelehnt, den Körper des Getödteten angeschaut, und nur manchmal einen eben nicht freundlichen Blick nach dem Sprecher geworfen, von dem sie wußten wie genau er im Zusammenhang mit der entwickelten Catastrophe stand, aber Niemand unterbrach ihn in seiner Rede, noch schien sich weiter Jemand um ihn kümmern zu wollen, bis er die direkte Aufforderung machte ihm Raum zu geben. Da war es wieder der alte Rosemore der, ohne seine Stellung im mindesten zu verändern, nur den Kopf zu dem Reiter aufhebend, sagte:

»Mr. Soldegg, es fällt uns nicht ein Ihrer Abreise etwas in den Weg zu legen, so wenig wie wir den unglücklichen Mann da verhindern wollten seine eigene Bahn zu gehen; soweit das also Sie und Ihr Eigenthum, das Pferd auf dem Sie reiten, und auf dem Sie in die *range* gekommen sind, betrifft, haben wir nicht das Mindeste dagegen, verzichten sogar auf das Vergnügen Sie je wieder bei uns zu sehen — nur das Eigenthum der F r a u darf ohne ihren Willen nicht fortgeführt werden; lassen Sie also die Pferde los und ziehen Sie mit Gott.«

»Die Pferde sind m e i n ,« rief Soldegg trotzig, »und mehr als das, Olnitzkis Schweine, Kühe, sein Land, sein Haus, Alles ist mein, und die Papiere die mir das bestätigen trage ich in meinem Taschenbuch.«

»Hat er das Alles Euch v e r k a u f t ?« sagte Rosemore ruhig. —

»Was kümmert Euch das w i e ; wenn Ihr die Thatsache wißt,« sagte Soldegg finster.

»Und was hat Olnitzki dafür an Werth bekommen?« frug Rosemore wieder, ohne eine Miene seines starren Antlitzes zu verziehen.

»Und wenn er's mir g e s c h e n k t hätte, und wenn ich's im S p i e l von ihm gewonnen oder in einer Wette — kümmert das E u c h ?«

»Nicht, so lang' er lebte, allerdings; er konnte da über s e i n Eigenthum verfügen, wenns wirklich s e i n war und nicht der Frau gehörte, wie er wollte; aber Gott hat ihn abgefordert, und das was er hinterlassen gehört seinem W e i b . Beweißt uns daß das Ganze im e h r l i c h e n Kauf auf Euch übergegangen, und zieht in Frieden, hat es Olnitzki aber, wir wir Grund haben zu vermuthen, im Trunk und seiner Sinne nicht mächtig, verspielt, so mußte e r auch dann, so lang' er lebte, dafür einstehn, — aber nicht sein Weib, nicht E u c h gegenüber Soldegg, von dem es schon überdieß unklug war, Euch in einem s o l c h e n Geschäft h i e r wieder einzufinden. — Gut — gut — wir wollen Nichts über vergangene Zeiten reden,« sagte er ruhig und mit der rechten Hand, ohne den Arm von dem Büchsenlauf zu nehmen, langsam abwehrend, — »es ist vorbei, aber die Pferde hier, Soldegg, oder die Schweine und Kühe auf der Farm, wie die Farm selber, was sie nun eben werth ist, gehört der F r a u , und bis Ihr uns eben nicht Beweise bringt daß Ihr die Sachen rechtlich erworben, gehören sie eben ihr — und sollen ihr bleiben,« setzte er fest und bestimmt hinzu — »so wahr ich Rosemore heiße.«

»Ich lasse die Pferde hier nicht zurück,« sagte Soldegg finster, »außer Ihr nehmt sie mir mit Gewalt, und nach dem was hier vorgegangen, kann ich mich nicht der Überzahl der mit Büchsen bewaffneten Männer widersetzen.«

»Nennt's wie Ihr wollt; der Leute hier bedürfte es aber nicht,« sagte der Alte ruhig, »ein Einziger wäre da schon genug; laßt nur die Pferde, die nicht Euch gehören, los.«

»So protestire ich hiermit feierlich gegen ein solch gewaltthätiges Verfahren,« rief Soldegg die Leine die er in der Hand hielt von sich werfend und den eigenen Zügel fester packend, — »protestire gegen solche Willkür, die in Mord ausartet wo sie ein Hinderniß findet, und werde die Sache den Gerichten in Little Rock übergeben.«

»Thut das,« sagte der alte Rosemore mit einem verächtlichen Lächeln, »schickt uns die Advokaten in den Wald, und sie mögen sehen was sie ausrichten. Und was den M o r d betrifft, wie Ihr ihn zu nennen beliebt, so müssen wir abwarten wie wir ihn verantworten können; bei uns im Wald wehrt sich eben der Angegriffene seiner Haut, und schon nach dem Schuß, selbst wenn die Kugel nicht in einem halben Zoll an des Bedrohten Leben vorübergegangen wäre, hatte Jack Owen das R e c h t, den Burschen über den Haufen zu schießen. Doch Ihr wißt das besser als ich es Euch sagen könnte, und nun Herr Soldegg,« sagte er seinem Schwiegersohn dabei mit einer Bewegung des Kopfes winkend dem Manne freie Bahn zu lassen, »ziehen Sie in Frieden.«

Soldegg, mit der Rechten fast unwillkürlich in die Brust, nach einer dort wahrscheinlich verborgenen Waffe fühlend, zügelte das tanzende Pferd noch mit der Linken scharf zurück; es war, als ob er sich nicht gutwillig fügen, noch etwas sagen wolle, und die finster zusammengezogenen Brauen verriethen das eben als nichts Freundliches; dann aber plötzlich sich eines Anderen besinnend, ließ er den Zügel des Thieres frei, drückte ihm den linken, mit einem Sporn bewehrten Hacken in die Seite, und sprengte rasch und ohne Gruß mitten durch die ihm Raum gebenden Männer hin, den Pfad entlang, der in die Little Rock County Straße führte.

Capitel 3.

Vater und Sohn.

Es war Frühling um New-Orleans — draußen im Walde blühten die Magnolien in voller Pracht, die China-Bäume streuten ein Meer von Wohlgeruch aus ihren Lilla-Blumen um sich her, in den Büschen und Zweigen der Niederungen flötete der Mockingbird[1] sein leise klagendes melodisches Lied, und aus dem wehenden grauen Moos der Bäume, das fahlgrau und fast winterlich die mächtigen Stämme der Pecan und Cypressen umweht hatte, quollen die jungen Maigrünen Knospen zu Tag, und streckten thaublitzend der freundlichen Sonne die schwellenden Lippen entgegen.

Oh wie die Weiden am Ufer so süß dufteten, und das Schilf im Busch so junge kräftige Schößlinge trieb, wie das in den Zweigen und Wipfeln der Bäume an zu leben, zu zwitschern und zu flattern fing — wie lebendig es auf den Flüssen und Seeen wurde, wo die Wandervögel anlangten vom tiefen Süden, und die flugmüden Schwingen streckten und dehnten, am nächsten Morgen in langen geordneten Schwärmen ihren Zug gen Norden weiter fortzusetzen; wie der Himmel sich so blau und durchsichtig wieder über das sonnige Land spannte, und die Luft so warm und lau den Wandervögeln folgte, auch oben im Norden die eisbedeckten Ströme zu befreien, und die weißen Decken von den darunter grünenden Saaten zu streifen.

Es war Frühling u m New-Orleans, aber die Stadt selber merkte freilich Nichts davon — Dampfboote kamen und gingen, Schiffe lichteten und warfen ihre Anker, Schaaren von Menschen landeten und verließen die Levée, Gütermassen wurden ein- und ausgeschifft, und ein Drängen und Treiben war an dem lebendigen Strand wie je; aber was kümmerte die Leute der Frühling, wo er nicht etwa in direkter Verbindung mit ihrer Zucker- und Baumwollenerndte stand; was kümmerte sie das Zwitschern der Vögel draußen und das Knospen und Keimen, was der Duft, der Schmelz der Blüthen. Das Knarren der Winden, die die Güter aus der Dampfer und Schiffe Bauch zu Tage förderten, das war ihr Vogelsang, Frühling und Sommer, Herbst und Winter durch, die Blätter ihrer Contobücher die einzigen auf deren Rauschen sie achteten; das Sonnenlicht wurde mit Gleichgültigkeit, der frischende Regen mit mürrischem Gesicht oder halb durch die Zähne gemurmeltem Fluch begrüßt, denn er näßte die Salz- und Kaffeesäcke, und that den andern Rohprodukten Schaden — was kümmerte sie die übrige Welt.

Und welch ein Leben an der Levée herrschte — siebenzehn Schiffe mit Auswanderern von Deutschland und Irland waren in der vorigen, dreiundzwanzig mit derselben Fracht in dieser Woche angekommen; Schaaren von Einwanderern hatte ebenfalls der vorige Monat gebracht, von denen die größte Zahl nicht einmal Geld genug mehr besaß, die Dampfboot-Passage zu zahlen und weiter in's Innere zu gehn, und zu Hunderten lagen sie jetzt bei ihrem Gepäck auf der Levée umher, in Noth und Elend das Leben der Frauen und Kinder fristend, während die Männer mit triefender Stirn, immer und immer vergebens, nach Arbeit in der Stadt umherliefen. Selbst die Agenten für Dampfboote und Wirthshäuser, die Aasgeier der menschlichen Gesellschaft, wandten sich in Ekel von ihnen ab, und das Amerika, nach dem sie die Arme hoffend und sehnend ausgebreitet, das ihre Träume erfüllt, und sie Gefahren und Mühen des langen, langen Wegs getrost und freudig ertragen ließ, hatte jetzt weder eine Brodrinde für sie, die Hungrigen zu sättigen, noch ein freundliches Wort, die Verzweifelnden aufzurichten. Die Ballen und Säcke zählten die, geschäftig an ihnen auf- und abeilenden Amerikaner, ihre Notizbücher und Bleistifte in der Hand, schützten sie gegen Nässe wenn es regnete, und bewahrten sie vor Schaden; so ein Sack kostete aber auch so und so viel Dollar, und war so gut wie baar Geld — um die Unglücklichen kümmerte sich kein Mensch — sie konnten verderben wo sie lagen — die nächsten Schiffe brachten mehr der Art, und das Land im Innern, zu dem man sie brauchte es zu bebauen, es der Wildniß zu entreißen, zu dem diese Leute ihre braven Herzen, ihre kräftigen Arme, ihren Schweiß herübergebracht — lieber Gott, das lag eben im Westen und ging sie Nichts an. Wenn irgend Jemand ein Interesse dabei hatte war es der Staat, und da sich der nicht darum kümmerte, was hatte der Einzelne damit zu thun — Allen hätten sie doch nicht helfen können.

Und der Staat? — die Regierung der Vereinigten Staaten von Nord-Amerika? — Vor funfzig Jahren wohnten westlich von den Alleghanie-Bergen noch nicht 300,000 Menschen, das Land war größtentheils noch eine Wildniß, vom Bär, Panther und Büffel und dem wilderen Indianer bewohnt, jetzt umschließt dieser selbe Raum eine Bevölkerung von über zwölf Millionen; der Handel des Mississippi-Thales wird zu dem Werth von 439 Millionen Dollar gerechnet, das Land hat zehn- und hundertfachen Werth gewonnen, Städte sind seit der Zeit an den äußersten Grenzen der Wildniß aufgesprungen, die jetzt den Centralpunkt blühender, reicher Distrikte bilden und ihre Einwohnerzahl nach hundert Tausenden zählen; so weit das Auge reicht decken blühende fruchtschwere Felder den Boden, Straßen und Eisenbahnen durchziehen das Land, unzählige Dampfboote schießen auf den Wassern hin, die sonst nur das Canoe des Wilden trugen, und seinen Schlachtschrei und den Lockruf wilden Geflügels hörten; Schulen und Universitäten stehen da, wo in jener Zeit noch der Bär sein Lager hatte, und der Wolf die Mitternachtsstunde heulte, und wem verdankt das weite Reich solch riesigen Umschwung? wem anders als den wackeren Einwanderern, die mit ihrem Schweiß die Felder gedüngt, mit ihrer Hände Fleiß geschaffen haben was da fertig liegt. Und d a s Land ist erst im Wachsen, denn so Unglaubliches die kurze Zeit geleistet, so viel mehr bleibt noch zu thun, so viel größere Strecken liegen noch in Wald und Sumpf und Wüste, und harren der fleißigen Hände, die sie in's Leben rufen sollen.

Die Vereinigten Staaten kennen den Nutzen dabei, den sie allein von der Einwanderung erwarten dürfen, sie wissen wie gerade der arme Bauer, der mittellos und auf seiner Hände Arbeit angewiesen dieses Land betritt, das Werkzeug ist den Boden zu verwerthen; sie erkennen und fühlen auch die Pflicht, die Wohlfahrt derer zu überwachen, deren Kinder einst den Kern des Landes bilden sollen, das beweißt z. B. das Schifffahrtsgesetz das sie gegeben, willkürlichen Überladungen gewissenloser Rheder zu wehren; aber nur erst ein einziger Schritt war das in dem was ihre Pflicht ist gegen die Tausende, nur ein Eingeständniß der übernommenen, die Menschen, die sich ihnen vertrauend genaht und ihnen Alles bringen was sie das Ihre nennen, die Schaaren, die sie zu Vorfechtern der Cultur gebrauchen, und die das weite Land mit ihrem Schweiße, wie oft mit ihren Leibern düngen sollen, nicht erst verkümmern, moralisch untergehen zu lassen gleich bei der ersten Landung.

Die Art selbst, wie sie betrügerischen Agenten, gewissenlosen Schuften a l l e r Nationen — denn jede findet da Geyer unter ihren Landsleuten, die auf sie lauern — ganz freien Spielraum läßt die Unglücklichen auszusaugen, die vielleicht noch bei dem ersten Betreten des Landes so viel hatten irgend einen Zielpunkt im Innern zu erreichen, und hier und da gerupft so viele Federn lassen bis sie nicht mehr fliegen können; die Art wie sie diese armen Unglücklichen, die der Sprache und den Sitten fremd ihre Ufer betreten, preisgiebt jedem Betrug, jeder Hinterlist, macht sie zu halben Mitschuldigen an Allem was geschieht, und zieht verdienten Fluch auf ihre Häupter herab, von Tausenden.

Hier ist freilich nicht der Platz das w i e zu besprechen, das diesen Übeln steuern könnte; aber der Weg, wenigstens einem Theil solchen Unheils vorzubeugen, ist in New-York z. B. in den letzten Jahren auch in New-Orleans, von der »deutschen Gesellschaft« angebahnt, die das begonnen was der Staat versäumt, und w e i l er es versäumte; aber nur Privatleute sind es bis jetzt, die von Mitleid für so viele Unglückliche getrieben ihre Zeit und ihr Geld opferten; der Staat sieht ruhig zu, hält Agenten, die für die verschiedenen S t a a t e n Land verkaufen dürfen und glaubt damit Alles gethan zu haben. Wie auf eine nackte Sandbank hinausgeworfen findet der arme Einwanderer sich inmitten einer unermeßlich reichen und zahlreichen Bevölkerung, in dem Drängen und Treiben einer Christlichen Stadt, der Noth, ja dem Hungertode preisgegeben, wenn er sich eben nicht selber retten — helfen kann.

Das bedeutsame *Help yourself*[2] der Union hat dabei Ähnlichkeit mit dem Rufe »Schwimm!« ein vortreffliches Wort für den der es kann, und wer's n i c h t kann sinkt eben unter, mit dem besten Willen.

Wie das drängte und trieb an der Levée hin, wie die leeren Karren, von halbtrunkenen Irländern in vollem Galopp die Straße niedergetrieben, mitten hinein in die Menschenmassen jagten, und aufluden bis in die späte Nacht hinein von dem Riesenhaufen aufgestapelter Waaren, der sich meilenweit den Strom entlang hinstreckt, und diese doch nicht weniger wurden; wie sich Lastträger und Arbeiter, Krämer, Makler und Agenten, Buchhalter und Handlungsdiener, Obst- und Blumenverkäufer, Milch-, Kaffee- und Kuchenmädchen, Matrosen und Neger wild und bunt durcheinander mischten, Jeder ein Ziel vor Augen, in Beschäftigung oder Erholung, Alle dort auf- und niederwogend, rasch und geschäftig oder lachend, singend und plaudernd — nur die Einwanderer saßen still und stumm dabei auf ihren Kisten und Koffern, in der fremden, auffälligen Tracht, mit den bleichen Gesichtern und tief liegenden stieren Augen; nur an ihnen wogte das rauschende Leben vorbei, wie der munter plätschernde Bach den Kieselblock in seinem Wege trifft und umspühlt, und weiter strömt seinen wilden fröhlichen Weg.

»Wo die Leute nur Alle zu Mittag essen,« sagte der eine Mann, der ein kleines, in Lumpen eingewickeltes Kind auf dem Arme trug und ein anderes, kaum größeres an der Hand führte, zu seinem Weib, das fröstelnd in ein altes Tuch geschlagen in der heißen Sonne saß und den schmerzenden Kopf in die Hand stützte, »und wie die Häuser da alle so kalt und großartig stehn und uns anstarren mit den gläsernen Augen als ob sie fragen wollten wo gehört I h r denn hin. S' ist doch ein eigenes Gefühl so g a r keinen Platz auf der weiten Gottes Welt zu haben wo man zu Hause ist, und wo Nachts das Bett steht. Wie sie gestern Abend überall die Thüren zumachten und die Lichter auslöschten, und wir draußen bleiben mußten unter freiem Himmel, war es mir g'rad wieder zu Muthe wie daheim, als ich den Kirchweg hinunter aus unserem Dorfe auf nimmer Wiederkehren ging.«

»Wo begraben sie denn hier die Leute wenn sie sterben?« frug die Frau mit zitternder, noch immer fröstelnder Stimme, »oder werfen sie Einen hier auch in's Wasser wie draußen auf dem Meer?«

Der Mann schwieg, setzte sich wieder auf seine Kiste nieder, und hielt beide Kinder vor sich auf den Knieen; er fing an abzustumpfen gegen das Elend um ihn her — und es war nur E i n e r von vielen Tausenden.

Über Mittagszeit wurde es stiller auf der Levée — wie ein ebbender Strom drängten die Menschenmassen von dem Ufer fort — die Menge theilte sich — in die Straßen hinauf, auf die Boote selbst zog sich da Trupp nach Trupp, bis fast nur die einzelnen Wachen bei den Gütern blieben. Aber am Ufer hin, auf ihrem Gepäck, oder dem Ballast auch ruhend der in der Sonne glühte, lagen die Deutschen und Iren, an Stücken Schiffszwieback kauend, oder muldigem »Lootsenbrod«, das sie sich um ein paar Cent im »*store*« gekauft, den nagenden Hunger zu stillen. Das schmutzige Mississippi-Wasser, milchwarm im Sommer doch jetzt noch ziemlich kühl von den weiter oben treibenden Eisschollen, war ihre Labung dabei, und die Kinder — ach wie oft auch die Eltern — schauten dann wohl sehnsüchtig nach den Körben hinüber, die junge Negermädchen am Ufer auf und abtrugen, als Mittagsmahl für Manchen, den Pflicht oder Geschäft an die Levée bannte durch die Mittagszeit. Den Fremden boten sie die Waare nicht einmal mehr an — »*no money, no cakey*« lachten die munteren Dinger und schritten singend weiter, und den Kindern lief das Wasser im Mund zusammen bei dem leckeren Anblick, den sie freilich nicht greifen durften, und der ihnen das trockene harte Brod um so viel trockner, so viel härter schmecken ließ.

Ei wie das drängte und lief und mit den Tellern klapperte in den Boardinghäusern von New-Orleans; was sie für Geschäfte machten die »armen Wirthe« die sich für das Wohl ihrer Landsleute, dem eigenen Ausdruck nach, nur aufgeopfert. Wie in einem Bienenstock kamen und gingen die Gäste, im Flug förmlich die Speisen hinterschlingend, nicht zu viel Zeit auf solche Nebensachen zu verwenden.

Und in den deutschen Häusern — lieber Gott, bis unter die Decke, auf der Flur, und auf dem Hof selbst unter freiem Himmel, standen die Kisten aufgestapelt, und im innern Raum saßen sie festgedrängt Mann an Mann bei Tisch, im engen heißen Zimmer, ihr Brod im Schweiße ihres Angesichts zu verzehren.

Auch in dem »deutschen Vaterland« waren die Räume bis unter das Dach, die Tische gefüllt, soviel wie Stühle daran stehen wollten — freilich nur für solche, »die Geld hatten,« wie der alte Hamann meinte. Der ging aber jetzt immer kopfschüttelnd im Hause herum, und jammerte und klagte mehr als je, daß ihn seine Landsleute, die er gefüttert und verpflegt, rein ruinirten. — Aber er konnte auch Nichts weiter für sie thun — so gern er selbst es wollte — die Zeiten waren zu schlecht, die Leute w o l l t e n nicht zahlen, und was sollte da am Ende aus einem armen Boardinghauswirthe werden?

Sein Sohn war auch wieder von Arkansas zurückgekommen, und wenn er auch nicht gerade so brillante Geschäfte gemacht, wie sein Vater mit dem Waarentransport vielleicht erwartet, schien er doch, seit ein paar Wochen wenigstens, und nachdem er etwa vierzehn Tage wieder im Haus gewesen, den alten Trotzkopf abgelegt und keinen solchen Widerwillen mehr vor der Wirthschaft selber zu haben, der er sich zu des Vaters inniger Freude thätig annahm — wenn dieser auch freilich die Hauptgeschäfte noch selber besorgen mußte.

Auch mit seiner jungen Wirthschafterin hatte der alte Hamann einen vortrefflichen Fund gethan, und Hedwig seine Erwartungen in jeder Hinsicht so weit übertroffen, daß er wirklich manchmal gewaltsam an sich halten mußte, sie nicht laut zu loben; das hätte sie nämlich leicht zu dem Verlangen einer Gehaltserhöhung locken können, die er wenigstens nicht selber leichtsinnig herbeiführen wollte. In dem Theil der Wirthschaft, welchem sie, bei dem sich mehr und mehr ausbreitenden Geschäft, vorstand, war auch Nichts zu wünschen übrig, und eine Sauberkeit herrschte in Wäsche und Geschirr, in Tisch- und Bettzeug, die ihn mit den wenigen Mitteln in Erstaunen setzte, und da erhielt, wo früher die Hälfte in Schmutz verdorben und untergegangen war.

Hedwig arbeitete vom frühen Morgen bis in die späte Nacht; überwachte die Beschäftigung der andern weiblichen Dienstleute, und schaffte selber mit einer Thätigkeit, die Herr Hamann wohl mit innigem Vergnügen, aber auch mit dem festen Bewußtsein sah, daß die Sache nicht lange so fortdauern würde. Deutsche Dienstmädchen werden von Amerikanern und Deutschen immer gesucht, so lange sie eben frisch von Deutschland kommen, sind sie aber erst einmal eine Weile im Lande, lernen sie die Verhältnisse näher kennen, und sehen sie besonders, wie es Andere ihres Gleichen machen, dann arten sie auch fast immer aus, verlangen höhern Lohn, machen sich ihre Arbeit leicht, fangen sich an zu putzen und ihren Dienst zu wechseln, und haben sich damit, wie sie meinen, amerikanisirt. Hedwig dachte aber nicht an etwas derartiges; glücklich in dem Bewußtsein sich jetzt nicht allein ihr Brod verdienen, sondern auch das unglückliche Opfer des Mannes, der sie selber, durch ihren armen Bruder so elend gemacht, unterstützen zu können, war ihr ganzes Streben nur darauf gerichtet, ihre Pflicht zu erfüllen. Diese Thätigkeit, mit einer, schon nach den ersten Wochen erlangten, fast selbstständigen Stellung in dem Hause, gab ihr eine unendliche Ruhe und Zuversicht, ja fast eine Heiterkeit, die das arme Kind in ihrem ganzen Leben noch nicht gekannt.

Nur eines lag ihr dabei schwer auf der Seele, ja füllte ihre Augen oft mit Thränen, und ihr Herz mit der Furcht, doch diesen Platz nicht lange behaupten zu können, und wieder in die Welt hinaus zu müssen, die sie eigentlich noch gar nicht kannte, und die sie wieder und wieder kalt zurückgestoßen hatte.

Es war das Leben und Treiben ihres Brodherrn selber, wie dessen Gehülfen, des Ausschenkers, den armen Auswanderern gegenüber, die Zufall oder Noth in ihren Bereich warf, und denen sie — es konnte ihr das bald nicht mehr entgehen — abpreßten was ihnen abzupressen war, um sie nachher von Allem entblößt auf die Straße zu werfen. Fortwährend mit den Unglücklichen in nächster Berührung, hörte sie täglich deren, meist nur immer schüchtern laut werdende Klagen, sah, wie sie Schritt für Schritt dem Verderben entgegengingen, und konnte doch nur so selten helfen.

Das Bettzeug des ganzen Boardingshauses bestand einzig und allein aus Wäsche, die von den Unglücklichen in Versatz genommen, und selten oder nie wieder an sie ausgeliefert wurde; ein Nähmädchen, das ebenfalls ihre ärmliche Kost hier abverdienen mußte, war Tag um Tag beschäftigt die alten Zeichen auszutrennen, und die Bett- und Tischtücher und Hemden neu zu marken. Die Küche wurde tagelang mit alten Auswandererkisten geheizt, und Jimmy der Barkeeper that dabei mit allen nur erdenklichen Listen sein Möglichstes, die Männer, die sich regelmäßig und halbverzweifelt die Abende in dem Schenkzimmer umhertrieben, zum Trinken zu verlocken, wobei er nie versäumte mitzuzechen. Wenn er sich dann auch nur ein paar Tropfen in's Glas goß, denn e r mußte wenigstens nüchtern bleiben, wurde das den armen Teufeln, die so schon nicht wußten, wie sie die Ihrigen unterbringen und vor Mangel schützen sollten, doch immer für voll angerechnet, und wie die Rechnungen dadurch aufliefen, verringerte sich die Möglichkeit für die Fremden, sie zu der bestimmten Zeit zahlen zu können, wo ihre Sachen dann dem Hause verfallen waren.

Dabei hatte Herr Hamann, von Herrn Messerschmidt und vielleicht noch von manchen anderen eben solchen Agenten unterstützt, eine Art Landagentur, wie auch selber eine Strecke Wald in der Nähe von New-Orleans, worauf fortwährend Leute arbeiteten, für die er nie einen Cent baar Geld bezahlte. Viele Amerikaner in den nördlichen Staaten standen zugleich mit ihm in Verbindung, denen er gegen eine gute Provision Pachter oder Käufer hinaufschickte, und von ihm empfohlen, »der ja das Land in dem er so viele Jahre wohnte, genau kennen mußte« und nicht wissend wohin sich zu wenden, lief Mancher, der noch ein paar Thaler und eine Menge kluger Vorsätze mitgebracht, nur zu willig in die leicht gelegte Schlinge. Wie es ihnen da später ging, ob sie zu spät einsahen, daß sie ihr gutes Geld an ein Experiment weggeworfen, und nun als Tagelöhner wieder beginnen mußten, wo sie, wenn sie ihr Geld im Anfang zu Rathe gehalten, später mit erst gesammelter Erfahrung nach eigenem Urtheil hätten etwas erwerben können; ob ihre Familien, trotz allem Fleiß, trotz aller Sparsamkeit in Noth und Mangel geriethen, was kümmerte das i h n; er zog von dem einem Theil seine Provisionen und brachte durch den anderen, mit nur sehr geringen Auslagen, sein eigenes Land zu einem weit höheren Werth in den Markt. Die Einwanderer betrachtete er ja überdieß nur als H a n d w e r k s z e u g, seine eigenen Zwecke zu erreichen, Handwerkszeug das noch den ungemeinen Vortheil hatte, daß er es, wenn abgenutzt, nie brauchte schärfen zu lassen, da jede Woche fast neues von Europa kam.

Hedwig sah und durchschaute Vieles, schon nach kurzer Zeit ihres Aufenthaltes in dem Haus, aber was konnte das arme, mit den inneren

Verhältnissen des Landes überdieß ganz unbekannte Mädchen dagegen thun? Sie vermochte den Unglücklichen, denen sie nicht zu helfen wußte, nicht einmal zu rathen, und mußte, obwohl ihr das Herz dabei blutete, geschehen lassen, was eben geschah.

Das war Amerika? lieber Gott, sie hatte sich das Land anders gedacht, und wenn sie wohl auch fühlte, daß sie h i e r nur die schwärzeste Seite des Ganzen kennen lernte, jammerte sie doch das Elend so vieler Tausende.

Manche Thräne weinte sie im Stillen den Unglücklichen, aber sie selber schaffte und arbeitete dabei, und half auch, wo sie konnte, mit manchem, freilich heimlich den Kindern und kranken Frauen gereichten Labsal, und mehr noch oft mit freundlichem Wort und Trost für die, die einsam und verlassen, des Trost's so sehr bedürftig, in der Fremde standen.

Eine furchtbare Zeit verlebte indessen Clara Henkel in dem kleinen heißen Hinterstübchen des »deutschen Vaterlands«, wo sie, nach Hedwigs Probewoche, von dieser einquartirt, und die erste Zeit, ehe sie sich vollständig erholt, noch von dem jungen Mädchen gepflegt wurde, wie es nur deren, den Tag über fast ganz in Anspruch genommene Zeit erlaubte. Von einem hitzigen Fieber, die ersten Tage nachdem sie Amerikanischen Grund und Boden betreten, erfaßt, und auf ihr Lager geworfen, hatte die Unglückliche viele Tage mit dem Tode gekämpft, und doch ihn herbeigesehnt, sie von ihrem Elend zu befreien. Hedwig war in der Zeit nur von ihrem Lager gekommen einen Arzt zu suchen; so viel Mühe sie sich aber auch gegeben ihren jungen Reisegefährten Donner aufzufinden, zu dem sie, was seine Kunst betraf, an Bord der Haidschnucke so viel Vertrauen gefaßt, war es ihr doch nicht möglich, und sie zuletzt gezwungen gewesen einen Amerikanischen Arzt zu nehmen. Glücklicher Weise kam sie zu einem geschickten und wackeren Mann, der die Krankheit richtig erkannte und faßte, und die Leidende nicht mit dem, bei Amerikanischen Ärzten so häufig alleinigen Heilmittel — dem Calomel — noch mehr angriff, als es die Krankheit selbst vielleicht gethan; aber der Amerikanische Arzt forderte auch Amerikanische Preise für seine Kur, und das Wenige an Geld, was Clara fast nur zufällig in ihrem Koffer gehabt (denn Alles was sie sonst an werthvollen Sachen besaß, hatte Henkel in dem kleinen, ihr gehörenden Lederkoffer mit an Land genommen) ging mit der Zahlung des Arztes und der Hotelkost auf. Da war es, wo Hedwig, als die Genesende ihr ganzes Herz öffnete, ihr Alles klagte und gestand, das ganze Geheimniß ihres Elends enthüllte, zu eigenem Handeln aufgerufen, jetzt aber auch vielleicht zum ersten Mal selber den ganzen Jammer ihres armen Bruders ahnend, aus dem Kind, in wenig Stunden zur Jungfrau reifte. Nicht mehr mit furchtsamer Scheu abhängig und unentschlossen stand sie da; Clara war ihr auch nicht mehr die Herrin, deren selbst freundliches Wesen nie das Gefühl der Niedrigkeit bei ihr im Stande gewesen zu bannen; sie war ihr S c h w e s t e r , war ihr g l e i c h geworden, und nicht etwa zu ihr dabei hinabgestiegen, sondern zu sich hinauf hatte sie das arme bis dahin so verlassene Mädchen gezogen. Wie sie mit dem thränenfeuchten Antlitz an ihrer Schulter lag und sie umschlungen hielt, und ganz den eignen Schmerz vergessend, sie ihre »arme, arme Hedwig« nannte, da drang mit dem bitteren Gefühl vergangnen Leids ein eigen ruhiges Bewußtsein in ihre Brust. Das Schwerste war geschehn und überstanden, viel leichter ließ sich jetzt das Andere tragen.

Aber auch Clara selber mußte handeln um sich aus dieser Lage, in der sie nun doch einmal nicht bleiben konnte, zu befreien. In ihrem unschuldigen Herzen hatte sie dabei keine Ahnung von der ausgedehnten Niederträchtigkeit des Mannes, in dessen Hand sie am Altar die ihre gelegt; noch war ihr nicht einmal der Gedanke aufgestiegen, daß auch sein ganzer ihr erzählter Lebenslauf, daß seine Familie ein Märchen, und er so wenig mit dem reichen Kaufmann Henkel verwandt als dessen Sohn und Compagnon sei; ja trotz alle den Beweisen, die sie gegen ihn hatte, trotzdem, daß er s i e s e l b s t beraubt und ihr sogar das genommen, was sie wenigstens jetzt in den Stand gesetzt hätte nach Europa zurückzukehren, f ü r c h t e t e sie seine Wiederkehr, fürchtete, daß sie von seiner Familie aufgesucht und zurückgefordert werden könne und wagte nicht, selbst als sie sich erholt, die Schwelle des Hauses zu überschreiten, daß ihre Spur hierher nicht aufgefunden würde.

Auch einen langen Kampf kostete es sie, nach Haus zu schreiben, dem Vater zu gestehn, was geschehn — wie elend sie geworden. Großer Gott, ihre armen Eltern; was mußten sie leiden, wenn sie des Kindes Schicksal, das sie in Glück und Wonne glaubten, erführen, und die M i s h a n d e l t e zu Hause holen sollten, wo sie die junge reiche Frau in Wohlleben schwelgend dachten. Aber was blieb ihr anders übrig, als ein solcher Schritt, denn wie sie im Anfang entschlossen gewesen, gleich mit dem nächsten Schiff die Heimfahrt anzutreten, hatte ihre Krankheit sie daran verhindert, und als das wenige Geld für Arzt und Kost darauf gegangen, blieb nicht genug Passage zu bezahlen. Auch hätte sie nicht so unvorbereitet des Vaters Haus betreten mögen — oh ihr schauderte selbst jetzt vor dem Schritt. — Und wie die Nachbarinnen flüstern und lachen würden über die »heimgeschickte r e i c h e Amerikanerin«; wie sie ihr erst das vermeintliche Glück misgönnt, so war ihr jetzt ihr Spott und Hohn gewiß.

Sie schrieb den Brief — mußte sie nicht auch des armen Loßenwerders Ehre retten, der an der Kirchhofsmauer verachtet und ungerecht verdächtigt schlief? lieber Gott, es war das Wenigste was sie thun konnte, den Schatten des moralisch und physisch Gemordeten zu versöhnen. Daß ihr Vater dann weiter auch für die Schwester sorgen würde, die mit dem Bruder ja die einzige Stütze verloren hatte in der weiten Welt, konnte sie ruhig dem guten treuen Herzen desselben überlassen.

Das Geld, das er ihr schicken würde, die Heimfahrt für sich und Hedwig zu bestreiten, hatte sie ihn gebeten, unter Hedwigs Namen, *poste restante*, nach New-Orleans zu adressiren; die Zeit war aber noch zu kurz, schon Antwort zu erwarten, die, ihrer Berechnung nach, erst etwa in zwei bis drei Wochen eintreffen konnte.

Es mochte elf Uhr Morgens sein, und Hedwig war in dem großen Speisezimmer des »deutschen Vaterlands« ruhig beschäftigt den Tisch für das Mittagsessen zu decken und herzurichten. Das Tischtuch lag schneeweiß darauf ausgebreitet, und eines der Hausmädchen hatte eben die nöthigen Teller hereingebracht und auf den Nebentisch gestellt. Diese ordnete Hedwig jetzt, mit den dazu gehörigen Messern und Gabeln, und rückte die Stühle für die erwarteten Gäste, von denen aber, der Amerikanischen Sitte nach, keiner das Zimmer betrat, ehe nicht die zweite Glocke, als Zeichen daß aufgetragen, geläutet worden.

Nur Jimmy, der Barkeeper, der im Schenkzimmer um diese Zeit gerade nichts zu thun zu haben schien, hatte sich sehr behaglich und in voller Ruhe auf einen der kleinen noch leeren Ecktische gesetzt, schlenkerte dort mit den Beinen, revidirte seine Fingergelenke, und starrte dabei mit hochheraufgezogenen Brauen und immer stierer werdenden Augen nach dem jungen Mädchen hinüber, das, seiner wenig achtend, was ihm oblag ruhig besorgte. Sie konnte den Menschen nicht leiden und es war ihr schon fatal nur in seiner Nähe zu sein; in ihrer Gutmüthigkeit mochte sie ihn aber auch nicht kränken, und war wenigstens, wo sie mit ihm unmittelbar zu thun hatte, wie gegen alle andere Menschen, freundlich und artig.

Jimmy — Niemand im Haus kannte einen weiteren Namen von ihm — hatte aber darüber andere Ansichten. Von seiner Unwiderstehlichkeit fest überzeugt, war ihm der Fleiß und das anstellige Wesen des jungen, überdieß wunderhübschen Mädchens keineswegs entgangen, und sich selber an den Punkt angelangt glaubend, wo er ebenfalls daran denken könne einen eigenen Heerd zu gründen, fing es ihm an einzuleuchten, daß er hier einen passenden Gegenstand für sein Haus — und nebenbei dann auch für sein Herz — gefunden haben möchte. Noch nie war ihm aber das Mädchen wirklich so hübsch und verlockend erschienen wie gerade heute, und indem sich über sein Gesicht ein breites, ihm eigenthümliches Schmunzeln zog, in dem das Weiße seiner Augen vollständig sichtbar wurde, sagte er plötzlich:

»Mamsell Hedwig!«

»Herr Jimmy?« antwortete das junge Mädchen, ohne von ihrer Arbeit aufzusehn, und mit dem Überwischen der einzelnen Teller noch beschäftigt.

»Verdammt gute Zeiten jetzt in New-Orleans,« sagte Jimmy.

»G u t e Zeiten?« seufzte Hedwig — »lieber Gott, die armen Menschen füllen die Wirthshäuser und selbst Straßen, und können nicht Arbeit finden für sich oder die ihrigen — ich habe nie geglaubt, daß es so viel Elend in Amerika gäbe.«

»Bah, Unsinn!« sagte aber Jimmy auf seinem Sitz zurückrückend und sich einen Stuhl zwischen die Füße nehmend, mit dem er balancirte, »füllen die Wirthshäuser — d a s ist die Hauptsache — famose Zeiten für Boardinghäuser — waren nie besser.«

Hedwig schwieg und arbeitete ruhig weiter, Jimmy aber, dessen Gedanken jetzt eine bestimmte Bahn bekommen hatten, fuhr halb mit sich selber, halb zu dem Mädchen redend fort:

»Wenn jetzt Jemand irgendwo an einer passenden Stelle ein passendes Boarding und Lodginghaus anlegte, und Jemand die Sache aus dem Grunde verstünde — wenn Jemand gute Spirituosen, daß heißt b i l l i g e, dabei hielte, und mit seinen Leuten umzuspringen wüßte — wenn Jemand dann eine passende Frau hätte, die ihm die Wirthschaft ordentlich führen, das Tisch- und Bettwesen besorgen, und den Leuten in der Küche auf die Hände sehen könnte, und Jemand wäre dann ein hübscher, passender Kerl und« — Jimmy schwieg einen Augenblick, und knackte seinen Zeigefinger zu gleicher Zeit so scharf und laut, daß es ordentlich klang als ob er ihn sich abgebrochen hätte, und selbst Hedwig, die kaum gehört was er sagte, rasch und erschreckt nach ihm umschaute. Aber sie mußte lachen, wie sie ihn ansah, denn auf dem Tisch, mit den hochgezogenen Brauen und dem klugen bedenklichen Gesicht, das er machte, indeß er, den Stuhl jetzt allein zwischen den Füßen hin und herschlenkernd, seine Finger in altgewohnter Weise mishandelte, sah der Bursche wirklich komisch aus. Das freundliche Lächeln in Hedwigs Zügen brachte aber auch in den seinigen eine merkwürdige Veränderung hervor, und seine Lippen wieder, wie er das ebenfalls zu Zeiten an sich hatte, nach vorn durch einen plötzlichen Ruck zu einer Spitze ausstoßend, schloß und öffnete er die Augen ein paar Mal, ließ den Stuhl dann zwischen seinen Füßen herausfallen, sprang vom Tisch hinunter und ging, die Hände plötzlich in beide Hosentaschen schiebend — er war, wie gewöhnlich, in Hemdsärmeln — auf Hedwig zu. Diese sah ihn allerdings etwas erstaunt sich nähern, hatte aber ihre Arbeit schon wieder aufgegriffen, die darin bestand, von dem nächsten kleinen Seitentisch dortstehende Wassergläser zu nehmen, auszuwischen und eines neben jedes Gedeck zu setzen. Sie war dabei gezwungen nach und nach um den ganzen Tisch zu gehn, und Jimmy folgte ihr dort herum, seine Unterhaltung wieder aufnehmend.

»Jemand könnte schmähliches Geld dabei verdienen, Mamsell Hedwig,« fuhr er fort, die linke Hand an ihrem Platz lassend, und mit der rechten dem jungen Mädchen eines der Gläser zum Abwischen reichend.

»Womit Herr Jimmy?«

»Nun mit einem Boarding und Lodginghaus.«

»Ja, aber warum fängt es da Jemand nicht an?« lächelte Hedwig, der doch nicht entgehen konnte, daß der junge Mann sich selber mit dem Jemand verstand, wenn sie auch noch keine Ahnung von den weiteren Consequenzen hatte. Jimmy aber, der sich mit der höchst unbegründeten Hoffnung schmeichelte, das junge Mädchen komme ihm auf halbem Wege entgegen, vergaß auf einmal das Gläserreichen, fing wieder an mit seinen Fingern zu knacken und sagte, halb bedenklich halb verschämt:

»Ja wenn Jemand wüßte, daß Jemand wollte — «

»Wollte? — was?« frug Hedwig.

»Jemandes Frau werden!« sagte Jimmy, indem er, seine halbe Werbung dabei zu illustriren, den rechten Arm um die Hüfte der eben wieder an ihm vorbeigehenden Hedwig legte.

Das junge Mädchen zuckte vor der Berührung zurück und sah den, wenn nicht frechen, doch jedenfalls höchst zuversichtlichen Burschen mit einem so ernst zurückweisenden Blicke an, daß jeder Andere an Jimmys Stelle auch jeden weiteren Versuch in Verzweiflung aufgegeben haben würde. Jimmy jedoch war weit davon entfernt eine wirkliche Zurückweisung, seiner Persönlichkeit gegenüber, auch nur für möglich zu halten, und einmal s o weit gegangen, glaubte er die Sache gleich, mit einem Kuß vielleicht, zu einem allerseits zufriedenstellenden Ende zu bringen. Die Gelegenheit war jedenfalls günstig, Niemand in der Nähe, und ehe Hedwig nur eine Ahnung von dem beabsichtigten Vorhaben hatte, schlang der unverschämte Gesell seinen rechten Arm um sie, drückte mit der linken Hand rasch dabei ihr Kinn empor, und wollte eben seinen dicken schwülstigen Mund auf die zarten Lippen des Mädchens pressen, als deren kleine aber kräftige und eben so schnell geballte Faust ihn dermaßen in's Gesicht traf, daß er in Schmerz und Schreck losließ und zurückfuhr, und in gleicher Zeit auch das warme Blut an seiner Nase niedertropfen fühlte.

In demselben Augenblick fast ging die Thür auf, und ein Deutscher, der dort einige Wochen im Haus gewohnt und sich jetzt von Herrn Hamann einen Hausplatz in einer irgendwo in Ohio liegenden Stadt gekauft hatte, trat rasch herein. Er schien reisefertig und wollte auch in der That, ehe er an Bord des Dampfers ging, nur noch eine kleine Rechnung zahlen, die in der »bar« für ihn aufgeschrieben stand.

»Haben Sie sich gestoßen, Herr Jimmy?« frug der Mann freundlich, als er eben sah wie der Barkeeper sein vorn in der Weste steckendes Taschentuch herausgenommen hatte und einzelne Blutflecke damit aus dem Gesichte wischte.

»Jes — ein Bischen« sagte Jimmy, mit einem eben nicht liebevollen Blick nach Hedwig hinüber, die schon wieder mit den Gläsern beschäftigt war — »an der — Tischdecke da drüben.«

»Zu schnell gebückt, nicht wahr? — ja das thut schändlich weh; da hab ich mich auch neulich bös getroffen; sehn Sie mal hier, da müssen Sie noch die Narbe erkennen können.«

»Ja wohl,« sagte Jimmy, über das Taschentuch weg, nach Hedwig hinüber sehend, die jedoch nicht weiter auf ihn achtete.

»Aber ich muß fort, Herr Jimmy,« sagte der Mann, »und wollte ihnen nur noch erst die Kleinigkeit zahlen, die ich hier unten schuldig bin, — mein Boarding und Lodging ist schon abgemacht.«

»Ja so,« sagte Jimmy, der sein Taschentuch wieder in die Weste zurückschob, sich aber immer noch dann und wann an die Nase fühlte, dann seine Finger besah, und dem Mädchen aber, um ihr zu beweisen, daß er sich Nichts aus ihr mache, jetzt den Rücken zudrehte — »apropos, wie ist es denn mit unserem Handel; wollen Sie die Büchse nicht mitnehmen? — ich habe sie besonders für Sie in Stand setzen lassen.«

»Ja ich habe freilich kein Gewehr, weiß aber auch nicht ob ich in Ohio viel damit anfangen kann,« meinte der Mann.

»In Ohio?« wiederholte Jimmy auf's Äußerste erstaunt, »na das wäre mir aber lieb — in Ohio Nichts mit einer Büchse anfangen? — Sie wollen wohl die Bären mit dem Regenschirm schießen?«

»Ja aber Bären giebts doch dort nicht mehr?«

»So? — auch keine Indianer, wie? — wenn sie Jemandem nur erst einmal die Schweine wegholen, wird er's schon merken.«

»Hm — und Sie meinen wirklich, daß ich sie dort brauchen könnte?«

»Ich meine, daß Jemand o h n e Gewehr da eben ungefähr so dran wäre, als wenn Jemand ins Feld ohne Pflug ginge.«

»Und wie war der genaueste Preis?«

»Sechzehn Dollar hat sie mich selber gekostet, und einen Dollar habe ich jetzt dem Büchsenmacher für Reinemachen und in Stand setzen bezahlt.«

»Das ist viel Geld, und die paar Dollar die ich noch habe werde ich überdieß nothwendig genug brauchen. Donnerwetter wenn ich nur daran vorher gedacht hätte; in Deutschland konnte ich so ein Ding für fünf Thaler kaufen.«

»Ja das glaub' ich, in Deutschland; hier sind wir aber in Amerika.«

Jimmy hatte indessen das Schenkzimmer geöffnet und war mit dem Mann, mit dem er drin den Handel um das Gewehr abschloß, hineingegangen, als ein anderer Mann vorn eintrat, und Herrn Hamann zu sprechen wünschte. Herr Hamann, der in der Stadt etwas zu besorgen gehabt, und jetzt ebenfalls gerade zu Hause kam, folgte ihm dicht auf dem Fuße, und frug ihn was er wünsche.

»Sie kennen mich nicht mehr Herr Hamann?« sagte der Mann, der bleich und elend aussah, indem er den Hut abnahm und sich mit dem Tuch den Schweiß von der hohen, und mit spärlichen Haaren besetzten Stirn wischte — »hab' ich mich gar so sehr verändert in den dreiviertel Jahren?«

»Ach Herr Dings da — na wie heißen Sie doch gleich?« —

»Mollwich — «

»Ach ja wohl, ganz recht, Herr Mollwich; aber bitte, kommen Sie mit in's Eßzimmer,« setzte er dann hinzu, als er den anderen Mann, mit dem er ebenfalls eine Landangelegenheit gehabt, noch mit dem Barkeeper beschäftigt sah, und vielleicht seine guten Gründe hatte, beide Geschäfte nicht zusammen zu besprechen — »Bitte treten Sie da hinein; — nun Bäcker, reisefertig?« redete er dann im Vorübergehn den Andern an, indem er ihm die Hand reichte.

»Ja wohl Herr Hamann — will mir eben hier noch eine Büchse aufschwatzen lassen.«

»Werden sie hoffentlich gut gebrauchen können. Was haben S i e denn wieder mit Ihrer Nase gemacht, Jimmy?«

»Gestoßen« sagte dieser, kurz angebunden.

»Sie rennen auch überall gegen; wenn der Schädel nicht so dick wäre, hätten Sie ihn schon lange eingestoßen.«

»Werde wohl mit meiner eigenen Nase machen können was ich will,« brummte Jimmy, eben nicht in bester Laune, halblaut vor sich hin.

»Nun adieu Bäcker,« sagte Herr Hamann, wieder zu diesem gewandt, »viel Glück im Lande oben, und auf der Jagd.«

»Na ja, nun kauft man sich ein Gewehr und bekommt auch noch gleich Glück dazu gewünscht; nachher freuts Einen aber,« sagte der Mann, halb lachend halb ärgerlich. —

»Ach ja so, einem Jäger darf man ja kein Glück wünschen,« sagte Herr Hamann.

»S'ist nur gut, daß es Ihnen noch zur rechten Zeit einfällt,« brummte Bäcker, während der Wirth mit dem andern Deutschen, ohne weitere Notiz von ihm zu nehmen, in das Speisezimmer trat.

»Nun wie gehn die Geschäfte Herr Mollwich — schon einen hübschen Viehstand? — Land urbar gemacht, Felder bestellt — ?«

»Haben Sie meine Briefe nicht bekommen?« frug der Deutsche, ohne auf die an ihn gerichteten Fragen weiter einzugehen.

»Ihre Briefe? — keinen einzigen,« sagte Herr Hamann erstaunt, »was haben Sie mir denn geschrieben?«

»Weiter Nichts,« meinte Mollwich mit bitterem, verbissenem Ton, »als daß der Landdeed, den ich von Ihnen bekommen, und nach dem ich den Military Grant[3] nur gleich in Besitz nehmen konnte, wenn nicht falsch, doch schon lange von Jemand Anderem besiedelt und besetzt war. Mit Gewalt ließ sich dagegen Nichts ausrichten, und ein deutscher Advokat, dem ich unglücklicher Weise in die Hände fiel, und der merkte, daß ich ein paar Thaler Geld im Vermögen hatte, beschwatzte mich einen Proceß anzufangen, wonach ich es dann endlich, nachdem ich die Sporteln zehn und zehn Dollarweis bezahlt, schwarz auf weiß bekam, daß der jetzige Besitzer jenes *military grants* in seinem vollen Rechte sei, und ich meinen Proceß verloren habe. Die Gerichte bewiesen mir das durch eine Masse Sachen die ich nicht verstand, aber ihre Geldforderung, d i e machten sie mir begreiflich. Da ich das Geld nicht missen konnte wieder nach New-Orleans zu gehn, s c h r i e b ich ein paar Mal an Sie, mir die Summe, die ich Ihnen für den falschen Grant gegeben, zurück zu zahlen, erhielt aber keine Antwort, und bekam indessen in der sumpfigen Gegend auch noch obendrein das Fieber, das mich zwei volle Monat schüttelte, und verhinderte wieder auf das Wasser zu gehn, wo es ja noch immer schlimmer wird. Davon wieder genesen, mußte ich einen Theil meiner Sachen verkaufen, nur die Passage hier herunter zu bezahlen, und stehe jetzt auf Amerikanischem Boden, an Erfahrung allerdings reicher, aber sonst gerade so arm wie Einer jener armen Teufel die an der Levée lagern; und als ich vor 11 Monaten in New-Orleans landete hatte ich ein Vermögen von dreizehnhundert Thalern in der Tasche.«

»Das ist allerdings sehr schlimm,« sagte Herr Hamann, der fortwährend bei der Erzählung des Deutschen den Kopf geschüttelt und mit den Achseln gezuckt hatte, »aber mit Ihren Erfahrungen, und Fleiß und Ausdauer, werden

Sie sich doch schon wieder hinaufarbeiten. Nur den Muth nicht sinken lassen; Amerika ist ein durchaus freies und betriebsames Land, und wer da arbeiten will, der kommt auch durch; das ist mein Sprichwort.«

»Das hoff' ich zu Gott,« sagte der Mann, »und wenn ich nur erst einmal ein klein wenig wieder zu Kräften gekommen bin, werd' ich schon tüchtig zufassen, wenigstens einen Theil des Verlorenen wieder einzubringen. Vor allen Dingen muß ich Sie aber jetzt bitten den Landdeed, den ich — der Himmel weiß es — kein Opfer gescheut habe zu verwerthen, wieder zu nehmen, und mir die vierhundert Dollar zurückzuzahlen, die ich Ihnen dafür gegeben?«

»Ich? — Ihnen vierhundert Dollar für etwas zahlen was Sie, als vollkommen freier Herr Ihrer Handlungen von mir einmal gekauft haben? Das ist auch wohl nur Ihr Scherz, mein guter Herr Mollwich. Ich verkaufe außerdem so viele Deeds, die alle gut sind, daß ich nicht einmal wissen kann ob der gerade, den Sie nicht verwerthen konnten, wirklich derselbe ist, den ich Ihnen gegeben.«

»Seh' ich aus wie ein Spaßvogel,« sagte aber der arme Teufel erschreckt — »und nicht der Deed den Sie mir verkauft haben, sagen Sie? glauben Sie daß ich Sie betrügen würde Herr Hamann?«

»Gott soll mich bewahren das von einem Menschen zu denken,« sagte Herr Hamann rasch und abwehrend, »aber wie käme ich dazu das Geld zu verlieren?«

»Und soll ich Ihnen 400 Dollar für ein Papier zahlen, das ich höchstens zu Fidibus brauchen könnte?« rief der Mann empört.

»Lieber Herr, zu was Sie das Papier brauchen, wenn Sie es einmal gekauft und bezahlt haben,« sagte Herr Hamann froh eine Gelegenheit zu finden ärgerlich zu werden, »kann mir ungeheuer gleichgiltig sein; soviel erinnere ich mir aber noch sehr gut aus jener Zeit — obgleich es lange genug her wäre das auch vergessen zu haben — daß Sie damals bei drei oder vier Menschen genaue Erkundigungen über die Ächtheit des Dokuments eingezogen, und diese Ihnen sämmtlich die Ächtheit desselben versichert haben.«

»Aber wer waren die Männer?« rief Mollwich rasch — »der eine ein gewisser Messerschmidt, über den ich in Missouri oben böse Sachen gehört, und der schon in mehreren Fällen sogar falsches Zeugniß soll abgelegt haben.« —

»Na nu wird mir aber die Sache doch zu bunt,« rief Herr Hamann entrüstet; »jetzt beschuldigen Sie mich wohl am Ende, mir gerade in die Zähne hinein, daß ich falsche Zeugen bestochen hätte, Ihnen das Land aufzuschwatzen? — wissen Sie wohl daß ich Sie dafür hier vor Gericht belangen könnte?«

»Ich beschuldige Sie ja dessen nicht, bester Herr Hamann,« rief der Mann in Verzweiflung, der wohl einsah, daß er auf solche Art Nichts wieder von seinem Gelde herausbekommen würde, »aber ich bitte Sie um Gottes Willen, setzen Sie sich an meine Stelle, und sagen Sie selber was ich thun, was anfangen soll?«

»Arbeiten, lieber Freund, arbeiten,« erwiderte Herr Hamann immer noch heftig.

»Aber der Mensch will doch vor allen Dingen l e b e n .«

»L e b e n , lieber Mann; es ist noch kein Mensch in Amerika verhungert; die Sache kommt Ihnen wahrscheinlich viel schlimmer vor als sie wirklich ist.«

»Sie werden mir zugeben Herr Hamann, daß ich Geld haben muß um meine nächste Kost zu zahlen, bis ich wenigstens Arbeit bekomme — das ganz abgerechnet, daß ich Geld genug mit herübergebracht habe selbstständig hier aufzutreten, und nun wieder zu f r e m d e n   L e u t e n in Arbeit gehen soll?«

»Aber ist das m e i n e Schuld?« frug Herr Hamann scharf.

»Lieber Herr — wir wollen uns nicht um das Vergangene streiten« — sagte der arme Teufel einlenkend; »es war allerdings mehr meine Schuld, wie die eines andern Menschen; ich bin genug gewarnt worden und hätte sollen klüger sein; aber, mein guter Herr Hamann, Sie werden das doch auch einsehen, daß es ungerecht — daß es wenigstens gar zu hart wäre, wenn ich den g a n z e n Verlust allein tragen sollte. Lieber Gott ich wäre ja ein geschlagner, vollkommen ruinirter Mann — und das werden Sie doch gewiß nicht wollen.«

»Ich werde mir gewiß die größte Mühe geben für Ihnen eine passende Beschäftigung zu finden,« sagte Herr Hamann.

»Einen T h e i l des Geldes geben Sie mir doch jedenfalls zurück?«

»Einen Theil des Geldes? aber lieber Freund, Sie reden da gerade, als ob ich die vierhundert Dollar von Ihnen genommen und in die Tasche gesteckt hätte,« sagte Herr Hamann.

»Aber ich habe es doch an Sie bezahlt?«

»An mich b e z a h l t , — recht schön, aber ich habe die Deeds doch nicht haufenweise in meinem Schiebfach liegen, und besorge sie doch nur, wenn ich Jemandem damit einen Dienst erweisen kann, von Anderen, denen ich sie aber so theuer, ja dann und wann noch theurer bezahlen muß;« rief Herr Hamann wieder in Eifer gerathend, »das soll mir aber eine Warnung sein, mich nicht wieder in solche Geschichten einzulassen! mein gutes Herz hat mir da schon manchen bösen Streich gespielt, und man hat doch am Ende nur Ärger und Undank davon.«

»Und können Sie mir's verdenken, daß ich mich über den Verlust beklage?«

»Beklagen? Gott bewahre, aber von m i r sollen Sie nur kein Geld wieder heraus haben wollen.«

»Aber von wem, um des Himmels Willen denn?« rief der Mann händeringend.

»Ich will Ihnen etwas sagen,« meinte Herr Hamann, in einem anscheinenden Anfall von Gutmüthigkeit, der dem Unglücklichen schon wieder einige Hoffnung gab — »ich will mit dem Mann von dem ich den Grant habe — wenn ich ihn noch finden kann, heißt das, denn hier in Amerika bleiben die Leute nicht Jahrelang auf ein und demselben Fleck sitzen — reden, und wenn d e r sich dazu versteht etwas von der Summe wieder herauszugeben, so — «

»Aber lieber Herr Hamann, Sie wissen recht gut daß das nie der Fall sein wird,« sagte Mollwich kleinlaut.

»Nein das weiß ich gerade n i c h t,« sagte Herr Hamann, »aber Sie verlangen doch wahrhaftig nicht, daß ich d e m erst für Sie den Grant bezahle, und Ihnen dann nachher, wenn Ihnen die Sache nach Jahr und Tag nicht mehr convenirt, das für Sie ausgelegte und von Ihnen eben nur wieder erhaltene Geld, noch obendrein dazu bezahlen soll? Das wären schöne Geschäfte.«

»Und bis wann könnte ich da Antwort haben?«

»Ja das bin ich nicht im Stande Ihnen zu sagen; Sie wissen selber wie beschränkt meine Zeit ist; übrigens können Sie — nicht wahr, Sie haben Ihre Sachen bei sich?« —

»Es liegt noch Alles unten an der Dampfbootlandung,« sagte der Mann.

»Nun gut, dann können Sie die so lange zu mir herstellen und hier für drei Dollar die Woche — billiger bekommen Sie es überdieß nirgends — wohnen, und wenn ich etwas Bestimmtes erfahre — «

»Auch das noch, nicht wahr?« — rief aber der Mann jetzt, der zu viel von Amerika gesehen hatte d a r a u f einzugehn; »dadurch würde ich nur hingehalten und käme auf's Neue in Schulden, die ich nachher mit dem l e t z t e n Rest meines Eigenthums bezahlen müßte. Nein, lieber Herr

Hamann, geben Sie mir wenigstens h u n d e r t Dollar von dem an Sie gezahlten Geld; nur e i n hundert Dollar für die v i e r, und ich will fortgehn und zufrieden sein, und keinem Menschen eine Sylbe klagen, ja die gesammelte Erfahrung, wenn auch als theuer, doch nicht als zu theuer erkauft betrachten.«

»Danke Ihnen,« sagte Herr Hamann spöttisch, »Ein Hundert Dollar baar Geld können allerdings schon ein Übriges thun, ich habe sie aber nicht in kleinen Paketen daliegen, sie einzeln aus dem Fenster zu werfen; und wenn Sie überhaupt glauben, daß ich Sie nur in Kost und Logis haben will, um Sie h i n z u h a l t e n und Ihnen Ihre Sachen abzunehmen, so können Sie meinetwegen hingehen, wohin Sie Lust haben; m i c h aber seien Sie so gut und lassen Sie in Zukunft zufrieden, und wenn Sie glauben irgend eine Forderung an mich zu haben, so gehn Sie hin und verklagen Sie mich — ich heiße Hamann, wohne in — Straße Nr. 36 und gehe keinem Menschen aus dem Wege.«

Mollwich wollte wieder einlenken, und vielleicht noch einmal versuchen den Mann in Güte zu bewegen, einen Theil seines Unrechtes, ohne daß er es gerade einzugestehn brauchte, an ihm gut zu machen; Herr Hamann aber verfolgte den gewonnenen Vortheil, spielte den Gekränkten und schändlich Beleidigten, und jagte den armen Teufel, der sein Alles durch ihn verloren, zuletzt auch noch zum Zimmer und Haus hinaus.

Gerade als er dieses verließ, und noch unter der Thür, begegnete ihm der junge Hamann, der durch den Schenkstand durch, ohne den hinter ihm drein Gesichter schneidenden Barkeeper auch nur eines Blicks zu würdigen, den Speisesaal betrat, und hier Hedwig, still mit ihrer Arbeit beschäftigt, und den Vater, im Auf- und Niedergehn die Hände vergnügt zusammenreibend, fand. Mollwich hatte aber so verstört und bleich ausgesehen, daß der junge Mann nicht anders glauben konnte, als es sei etwas mit ihm vorgefallen und den Vater frug, was er gehabt und weshalb der Deutsche — ein alter Bekannter, wenn er nicht irre — in solcher Aufregung das Haus verlassen.

»Aufregung? — der?« lächelte aber Herr Hamann still vor sich hin, »der hätt's auch noch nöthig sich groß aufzuregen.«

»Und was wollte er, Vater?«

»Was er wollte? — was alles derartiges Gesindel von mir will, wenn sie einmal zu mir kommen; G e l d. Weil er sich von Jemandem hat einen verfallenen *military grant* aufbinden lassen kommt er zu mir, und verlangt ich soll ihn ihm abnehmen, dabei wäre 'was zu verdienen.«

»Ich glaubte Du hättest wieder etwas mit dem Mann gehabt,« sagte der Sohn seufzend, drehte sich ab und wollte langsam das Zimmer verlassen, als Hedwig, die mit klopfendem Herzen der ganzen vorigen Verhandlung gelauscht, und nach Allem, was sie von dem alten Hamann wußte, keinen Augenblick mehr zweifelte, wie er selber den Unglücklichen betrogen, und von sich gestoßen, vortrat und mit vor innerer Aufregung hochgefärbten Wangen und zitternder Stimme, aber mit in edler Entrüstung blitzenden Augen ausrief:

»Er h a t etwas mit ihm gehabt Herr Hamann, und der Mann jetzt elend und ruinirt dieß Haus verlassen.«

»Ist die Dirne v e r r ü c k t ?« rief der Alte, sich rasch und erstaunt nach ihr umdrehend, denn Hedwig hatte bis jetzt fast noch nie ein Wort gesprochen, wo sie nicht gefragt worden, oder ihres Geschäftes wegen reden m u ß t e , »w a s ist vorgefallen Mamsell, und was haben Sie sich in Dinge zu mischen, die Sie Nichts angehn, und von denen Sie Nichts verstehn?«

»Ich habe vielleicht Unrecht,« sagte Hedwig, der das aufquellende Blut die Stirn-Adern zu zersprengen drohte, »den Mann, der mir Brod gegeben, eines Fehlers anzuklagen; aber ich will lieber das Brod nicht mehr essen, wenn ich glauben soll, daß es aus den Thränen Unglücklicher gewachsen ist.«

»Sie können h e u t e abziehn, wenn's Ihnen recht ist,« rief der Alte ärgerlich auf sie zugehend; »glauben Sie etwa Mamsell, daß ich mir von meinen D i e n s t b o t e n etwas derartiges gefallen lasse? — marsch fort jetzt in ihre Küche, und wenn die Woche um ist, denn bis so lange müssen Sie bleiben, damit ich mich nach Jemand Anderem umsehen kann, verlassen Sie mein Haus! — Thränen der Unglücklichen — ich will Sie bethränen der Unglücklichen« — und an den Sohn gar nicht mehr denkend, der erstaunt, erschreckt, die halboffene Thüre des Schenkzimmers in der Hand, stehn geblieben war, riß er den andern Ausgang, der in das innere Haus führte, auf, und stürmte, die Thüre wieder hinter sich in's Schloß werfend, daß die Scheiben klirrten, die Treppe hinauf.

Auf dem Schenktisch aber im Barroom saß Jimmy, pfiff aus Leibeskräften den Yankeedoodle, und knackte mit seinen Fingern den Takt dazu.

Franz schloß die Thüre wieder, und dann zu dem noch immer zitternden und erregten Mädchen langsam hintretend, sagte er freundlich:

»Was ist vorgefallen Hedwig — was hat Sie so erregt — was hat mein Vater gethan, daß Sie den Zorn des alten Mannes selbst so weit gereizt haben Ihre Stellung zu gefährden? sprechen Sie offen zu mir; kann ich es ändern, soll es geschehn.«

»Wär' es nicht deshalb gerade Herr Hamann,« sagte aber Hedwig jetzt mit kaum hörbarer zitternder Stimme, während das Blut ihre Wangen verließ und sie todtenbleich färbte, »ich hätte meine Lippen nicht geöffnet; aber zu lange habe ich schweigen müssen, zu viel des Elends hier im Hause mit ansehn, mit erleben, und immer das Bewußtsein dabei mit mir herumtragen müssen, nicht helfen zu können, nicht im Stande zu sein beizuspringen und den Unglücklichen die rettende Hand zu reichen. Das ertrage ich nicht mehr länger und will ja gern dieß Haus verlassen; ich habe Schmerz und Weh genug schon gelitten auf der Welt,« setzte sie seufzend hinzu, »mein Herz sehnt sich danach auch einmal glückliche Menschen um sich zu sehn, wenn es auch selber nie glücklich werden sollte.«

Mit kurzen Worten erzählte sie jetzt, auf Franzens Bitte, diesem den Vorfall mit dem Deutschen, der jetzt von Allem entblößt New-Orleans wieder betreten habe, und Franz stand dabei, die Arme fest auf der Brust gekreuzt, die Brauen finster zusammengezogen, und hörte schweigend der Erzählung zu. Und langsam wandte er sich dabei ab — Scham und Schmerz drängten ihm eine Thräne in's Auge, die er dem Mädchen nicht verrathen wollte; aber Hedwig sah sie doch — der verrätherische Tropfen blitzte, als er fiel im Sonnenlicht und froher Jubel zog ihr dabei, sie wußte selber kaum weshalb, in's Herz.

»Der Mann soll sein Geld wieder haben,« sagte er endlich, mit kaum wieder gesammelter, aber entschlossener Stimme, »der Fluch eines Unglücklichen soll nicht auf unserem Namen haften, wo ich es hindern kann, und gebe Gott, daß meines Vaters Herz sich endlich meinen Bitten und Vorstellungen erweichen möge. Aber wo find' ich den Mann — wo in der weiten Stadt darf ich hoffen ihn zu treffen?«

»Er ist von Missouri heruntergekommen, und sagte, daß er sein Gepäck an der Dampfbootlandung gelassen — sein Name ist Mollwich.«

»Das ist genug — ich brauche den Namen nicht, ich kenne das Gesicht, und lange ehe er die Dampfbootlandung wieder zu Fuß erreicht haben kann, bin ich mit einem Omnibus an Ort und Stelle.«

Er wandte sich rasch zum Gehen, zögerte, drehte sich um und schritt wieder auf Hedwig zu.

»Hedwig,« sagte er leise und ergriff ihre Hand, die sie ihm, von einem eigenen, wunderlichen Schauer durchbebt, überließ, »ich danke Ihnen herzlich für die Gelegenheit die Sie mir heute geboten Ihnen zu beweisen, daß ich des Vaters harten Sinn so gerne mildern möchte — aber — gehn Sie nicht von uns, verlassen Sie das Haus nicht, dem Sie ein Segen werden können — wenn Sie w o l l e n.«

»Und d a r f ich bleiben?« sagte Hedwig schüchtern »hat nicht Ihr Vater selbst mich fortgeschickt, und wird er mir je vergessen können was ich gethan?«

»Er wird es, weil er muß; er k a n n Sie nicht entbehren, und d a r f seine Drohung nicht wahr machen, m e i n e t wegen,« rief Franz — »oh gehn Sie nicht Hedwig — schon lange habe ich gesehn, wie gut und freundlich Sie mit den Leuten sind, und manche Thräne trocknen, die nie hätte fließen sollen. Ich weiß es wohl und k a n n ihnen nicht immer helfen, und doch auch hält mich ebenfalls die Pflicht, hält mich die Überzeugung hier zurück, daß Schlimmeres geschehen und manches hier — werden würde wie es — wie es nicht werden darf und soll, so lange mein Vater noch das Mindeste auf mich selber giebt. Verließ ich ihn, so wären Consorten, wie Messerschmidt und Jimmy, bald Leiter des Geschäfts, und Gnade Gott den Unglücklichen, die d a n n in ihre Hände fielen. Helfen Sie mir ausharren Hedwig — lassen Sie uns Beide das gut zu machen suchen, was Andere — ich will ja so gern hoffen, oft absichtslos — verderben. Schon seit Sie im Hause sind, kommt es mir vor, als ob Manches anders — besser geworden wäre; früher war es als ob mich die Räume hier erdrückten, wenn ich zwischen ihnen weilen mußte, und von Arkansas kehrte ich mit dem festen Entschluß zurück, das väterliche Haus zu meiden. Seit Sie hier sind, hab' ich das Gefühl nicht mehr; mir ist, als ob mich die Pflicht hielte, und ich dem Wunsche meines Vaters, das Geschäft aus seinen Händen zu übernehmen und, wenn auch noch unter seiner Leitung, fortzuführen, nicht länger widerstreben dürfte. Ich weiß daß Vieles dann besser werden würde — machen Sie es nicht zu einer Unmöglichkeit durch Ihr Austreten.«

»Was kann ich armes Mädchen dabei thun?« sagte Hedwig traurig.

»Viel — unendlich viel — mich selber zum Ausharren bewegen in dem schweren Stand. Mein Vater ist, wenn auch vielleicht nicht reich, doch wohlhabender als er sich mir gegenüber stellt, und hab ich die Aufsicht über das Ganze in die Hand genommen, kann und darf ich erst den einzelnen schlechten Menschen gegenübertreten, und die unschädlich machen, die jetzt der Fluch des Hauses sind, wird Vieles besser, manche Thräne getrocknet, manchem Unrecht in Zeiten vorgebeugt werden. Schlagen Sie ein, Hedwig; vergessen Sie, was mein Vater gesagt, wenn nicht um meinet, doch um der Armen willen, denen Sie Hülfe bringen können.«

Er hatte ihre Hand losgelassen und ihr die rechte wieder mit einem bittenden aber recht treuherzig ehrlichen Blick entgegenhaltend zögerte Hedwig wohl einen Augenblick, legte aber dann die Hand auf's Neue, doch immer noch schüchtern, wie unentschlossen, in die seine.

»Ich will's versuchen,« sagte sie so leise, daß er mehr an der Bewegung ihrer Lippen, wie dem Laute nach, die Worte verstand, als Jimmy die Schenkthür mit einem plötzlichen Ruck aufriß und hineinrief:

»Es wird gleich *dinner* Zeit sein.«

Hedwig fuhr von dem jungen Mann zurück — sie wußte selber nicht weshalb — als ob sie etwas Unrechtes begangen, und wieder färbte hohes brennendes Roth ihre Wangen.

»Ich danke Ihnen,« sagte aber Franz herzlich, und an Jimmy, der ihm kaum aus dem Weg treten konnte, rasch vorbeischreitend, verließ er das Haus, vor allen Dingen den Deutschen aufzusuchen.

»Nun? — zieht die Mamsell heute ab?« frug Jimmy lauernd über die Schulter zurück nach dem Mädchen hinüber. Hedwig verließ jedoch, ohne ihn eines Blicks zu würdigen, rasch das Zimmer. Der Barkeeper des »deutschen Vaterlands« sah ihr etwa eine halbe Minute in tiefem Nachdenken und mit einem recht häßlich boshaften Blicke nach, und stieg dann langsam die kleine Treppe hinauf, die zu Herrn Hamanns Zimmer führte.

Capitel 4.

Alte Bekannte.

Es war die Mittagsstunde desselben Tages, als ein alter Bekannter von uns, der Wein- und Champagner-Reisende, Adalbert Steinert, in seinem blauen Frack mit den weißen Beinkleidern, sehr anständig und modern, aber doch auf eine Weise gekleidet, die uns solche Gestalten unwillkürlich mit mistrauischen Blicken betrachten läßt, an der Levée von New-Orleans hinaufschlenderte. Er trug sein kleines Spatzierstöckchen mit dem Elfenbeinfuß als Griff daran nachdenkend an die Lippen gepreßt, die ihm Begegnenden dabei mehr musternd als nur einfach beobachtend, den Hut übrigens keck auf einer Seite und streichelte manchmal, wie in tiefen Gedanken mit der linken Hand seinen ziemlich starken, wohlgepflegten Bart, als er plötzlich mitten auf dem Platz und ohne auszuweichen vor einem stattlichen, sehr anständig aussehenden ältlichen Herrn stehen blieb und, ihm die Hand entgegenstreckend, mit freudiger, wenn auch etwas erstaunter Stimme, ausrief:

»Ha — täuscht des Mondes Licht mich nicht — mein verehrter Herr Dollinger aus Heilingen, ein alter Kunde und Gönner aus dem lieben Vaterland? Das ist ja vortrefflich! Aber was verschafft u n s denn hier die Ehre Ihres Besuchs, denn daß S i e auch ausgewandert sein sollten, kann ich mir doch nicht gut denken.«

»Ich weiß wirklich nicht mit wem ich das Vergnügen habe zu sprechen,« sagte Herr Dollinger etwas verlegen, die vor ihm stehende, und ihm in ihrem ersten Auftreten vielleicht nicht recht zusagende Gestalt mit einem flüchtigen Blick überfliegend.

»Mein Name ist Steinert, Adalbert Steinert, Reisender für das Haus Schwartz und Pelzer in Frankfurt a. M., habe ja die Ehre gehabt, mit Ihnen, mein bester Herr, seit längeren Jahren schon in angenehmer Geschäftsverbindung zu stehn, und darf mir gewiß schmeicheln, Ihnen immer gute, ja vortreffliche Waare geliefert zu haben.«

»Ah Herr Steinert — ja ich erinnere mich jetzt — Sie sind wohl schon längere Zeit in Amerika?«

»Nicht so sehr, mein bester Herr Dollinger, nicht so sehr; hatte das schätzbare Vergnügen, damals mit Ihrer Frau Tochter die Reise zu gleicher Zeit zu machen.«

»Sie sind mit der Haidschnucke herübergekommen?« rief Herr Dollinger da plötzlich mit einem Eifer, der selbst Herrn Steinert auffiel, und ihn überrascht zu dem Herrn aufschauen machte.

»Allerdings mein verehrter Herr, wie ich Ihnen schon das Vergnügen hatte in meinem vorigen zu bemerken,« sagte er mit einer nichtsdestoweniger verbindlichen Verbeugung.

»Ah ja,« erwiederte Herr Dollinger sich rasch fassend, die vor ihm stehende Gestalt aber jetzt mit einem noch viel aufmerksameren Blick musternd — »und sind — sind viele von Ihren Reisegefährten in New-Orleans geblieben?«

»Lieber Gott,« entgegnete der Weinreisende achselzuckend — »wer zählt die Völker, kennt die Namen, die gastlich hier zusammenkamen — »New-Orleans wimmelt von fremden Einwanderern; dann und wann aber trifft man immer noch einmal auf ein bekanntes Gesicht. So habe ich neulich einen sehr intimen Freund von mir, freilich in eben nicht glänzenden Verhältnissen wiedergetroffen — Fortuna ist nur dem Kühnen hold. — Apropos, bester Herr Dollinger — bitte vergessen Sie Ihre Rede nicht — Sie können mir vielleicht einen sehr großen Dienst erweisen, wenn Sie mir die Adresse Ihres Herrn Schwiegersohnes mittheilen wollten. Aus einem unglücklichen Versehn hat er mir an Bord, wo er mich dringend einlud ihn zu besuchen, eine falsche Visitenkarte gegeben, und ich habe mir bald die Füße abgelaufen ihn hier, immer vergeblich, aufzutreiben. Die genaue Firma seines Hauses kannte ich nicht, und e i n Geschäft Henkel und Sohn, dessen jüngerer Compagnon ebenfalls in Europa ist, wußte Nichts von dessen Ankunft und Verheirathung.«

»Herr Henkel ist gegenwärtig nicht in New-Orleans,« sagte Herr Dollinger ausweichend; »und wird auch wahrscheinlich auf einige Zeit nach Europa zurückgehn.«

»Ah das thut mir unendlich leid,« sagte Herr Steinert, dem damit freilich jede Hoffnung auf Verdienst nach d e r Richtung hin, abgeschnitten wurde, »wäre mir so sehr angenehm gewesen hier im Lande der Freiheit, die auf dem Schiff so schön begonnene, liebenswürdige Bekanntschaft erneuert zu haben. Sie sind wohl nur zu Ihrem Vergnügen herüber gekommen, mein verehrter Herr?«

»Theils Geschäfte, theils der Wunsch New-Orleans kennen zu lernen,« sagte Herr Dollinger — »aber Sie werden entschuldigen — «

»Ich verstehe — ein Jüngling, welcher viel von einer Stadt gehört,« citirte der Weinreisende, »nun es war mir wirklich sehr angenehm — ah sieh da, ein alter Reisegefährte,« sagte er plötzlich, als ein anderer Herr, der gerade auf sie zugekommen war, plötzlich abbog und seine Richtung, kaum übrigens noch zwanzig Schritt von ihnen entfernt, nach der Stadt zu nehmen wollte — »Herr von Hopfgarten, bitte Herr von Hopfgarten — nur ein Wort.«

Der Herr war in der That unser alter Bekannter, Hopfgarten, der jenen scharfen Winkel in seinem Spatziergang eigentlich nur deshalb gemacht hatte, dem gerade erkannten Weinreisenden und Reisegefährten aus dem Wege zu gehn, da er sich nicht in der Stimmung fühlte eine längere Unterhaltung mit dem redseligen Manne anzuknüpfen. Geradezu unhöflich gegen ihn zu sein, gestattete ihm aber auch sein gutes Herz nicht, und da Herr Steinert ihm auf halbem Wege entgegenkam, mußte er schon gute Miene zum bösen Spiel machen und blieb, ihn erwartend stehn. Herr Dollinger glaubte die Gelegenheit indessen günstig, von dem etwas zudringlichen Mann, von dem er doch keine der ersehnten Nachrichten erwarten durfte, loszukommen, und wollte sich mit einem kurzen höflichen Gruß entfernen. Darin hatte er sich aber wieder in Steinert geirrt, der einmal gefaßte Opfer nicht so leicht aus den Händen ließ.

»Nur noch einen Augenblick, bester Herr Dollinger,« rief er ihm nach, »ich wollte mir nur das Vergnügen nicht versagen, Sie noch mit einem andern Reisegefährten und sehr achtbaren Herrn, dem Herrn von Hopfgarten bekannt zu machen. Herr von Hopfgarten, Herr Dollinger, Herr Dollinger, Herr von Hopfgarten.«

»Herr Dollinger?« rief Hopfgarten rasch, auf den fremden Herrn zutretend. »Herr Dollinger aus Heilingen?«

»Glücklicher Vater der liebenswürdigen Madam Henkel,« bestätigte Herr Steinert, während Hopfgarten auf den alten Herrn zuging, ihm die Hand bot und mit fast bewegter Stimme sagte:

»Sie glauben nicht, wie sehr es mich freut, mein verehrter Herr, Ihre persönliche Bekanntschaft hier so zufällig gemacht zu haben.«

»Herr von Hopfgarten — ich bin Ihnen sehr dankbar,« sagte Herr Dollinger verlegen — »wie ich so eben hier erfahre, sind auch Sie mit der Haidschnucke von Europa herübergekommen.«

»Meine verehrten Herren,« unterbrach Steinert aber in diesem Augenblick das Gespräch — »da wir uns so fröhlich zusammengefunden und so jung auch nicht wieder zusammenkommen, hätte ich einen Vorschlag zu machen. Wie wäre es, wenn wir im ersten besten Hotel dinirten, und ein wenig von alten Zeiten plauderten. Lieber Gott, die Amerikaner sind ein solches gemüth- und herzloses Volk, daß man wahrhaftig ein vernünftiges ruhiges Wort mit ihnen zu reden gar nicht im Stande ist — was sagen Sie dazu, meine Herren, sind Sie dabei?«

Hopfgarten hatte indessen, aber von Steinert unbemerkt, dem Vater Clara's einen so ernsten und bedeutsamen Blick zugeworfen, daß diesem, der nur zu rasch begriff, auf was er deute, sein Herz plötzlich stillstehn fühlte, und sich halb abwenden mußte, nur erst wieder Fassung zu gewinnen und dem Weinreisenden die Bewegung nicht zu verrathen; Hopfgarten parirte indeß die Einladung des Zudringlichen.

»Es thut mir wirklich leid, mein bester Herr Steinert, der freundlichen Forderung nicht Folge leisten zu können, da ich auf ein Uhr — und wahrhaftig wir haben gar keine Zeit mehr zu verlieren,« unterbrach er sich selbst, nach seiner Uhr sehend — »bei Madame Henkel eingeladen bin. Dort wurde mir schon bemerkt, daß ich das Vergnügen haben würde Herrn Dollinger zu treffen und kennen zu lernen, welches Sie mir jetzt etwas früher verschafft haben. Wir werden nun gleich zusammen hinaufgehn können.«

»Oh das bedaure ich in der That ungemein,« sagte Herr Steinert, der doch nicht Unverschämtheit genug besaß, sich n o c h weiter anzubieten — »aber ein andermal möchte ich mir das Vergnügen nicht versagen. Wie wär' es denn, wenn wir uns vielleicht morgen im St. Charles träfen.«

»Ich will sehn, wenn es irgend möglich ist,« sagte Hopfgarten.

»Und Herr Dollinger?«

»Werde ich mitbringen,« sagte der kleine Mann; dabei legte er seinen Arm in den des Kaufmanns, und mit einer freundlichen Verbeugung gegen Herrn Steinert, führte er den Vater Clara's mit sich die Levée hinauf.

»Sie wissen wo meine Tochter wohnt?« rief aber Herr Dollinger, wie sie nur kaum außer Gehörweite des Weinreisenden gekommen waren — »Sie kennen die Verhältnisse — wissen was hier vorgefallen und welches entsetzliche Schicksal meine Tochter betroffen?«

»Ich weiß nur, daß dieser Henkel oder Soldegg wie er heißt,« sagte Hopfgarten mit fest aufeinander gebissenen Zähnen, »ein nichtswürdiger, niederträchtiger Schurke ist und, wie ich nach Allem fürchten muß, was ich selbst gesehn und später hier in New-Orleans zu meinem Entsetzen gehört, ein Bubenstück an seiner Frau begangen hat, von dessen M ö g l i c h k e i t selbst ich früher keine Ahnung gehabt.«

»Aber wo ist meine Tochter, wo find' ich sie?«

»Und wissen Sie das nicht?« sagte Hopfgarten, erstaunt, ja erschreckt stehn bleibend und seinen Arm loslassend.

»Mit keinem Wort — mit keiner Ahnung,« rief der alte Herr, »nur einen Brief von ihr habe ich, und in dem die furchtbare Kunde erhalten, daß der Mann, in dessen Hand ich meines armen Kindes Schicksal gelegt, ein nichtswürdiger, schändlicher Verbrecher ist. In dem Brief bittet sie mich, ihr Geld genug zu schicken, mit ihrem Mädchen wieder nach Deutschland zurückkehren zu können, und natürlich ließ ich daheim Geschäfte und Alles im Stich, mein armes Kind selber abzuholen. Vergebens habe ich aber jetzt auf der Post nachgefragt, wahrscheinlich erwarten sie noch gar keine Antwort, da der Brief sowohl wie ich selber außergewöhnlich kurze Zeit gebraucht herüberzukommen; vergebens habe ich die ganze Stadt durchsucht — ich kann sie nicht finden, keine Spur von ihr ist zu entdecken. Auch von Henkel weiß Niemand etwas, selbst nicht das hiesige Handlungshaus, dessen Firma er misbraucht, und dieses konnte nur aussagen, daß sich erst kürzlich ein junger Mann, anscheinend Arbeiter auf einem Dampfboot, s e h r angelegentlich, und schon früher mehrere Andere bei ihm nach dem Manne erkundigt hätten. Das aber war dasselbe Haus, für das ich, von diesem Henkel betrogen, eine sehr bedeutende Waarensendung von Deutschland, theils mit einem französischen Schiff, theils mit der Haidschnucke, herübergeschickt, von der natürlich kein Stück an ihre Adresse angekommen, wie sich der Bursche auch nie hat bei ihnen blicken lassen. Von meinem Kinde, das ich jetzt seit drei Tagen vergebens suche, wußte mir Niemand ein Wort zu sagen, und der alte Kaufmann Henkel, ein würdiger, wackerer Mann, rieth mir die Sache jedenfalls ohne weiteren Zeitverlust den Gerichten zu übergeben, freilich, wie er mir selber sagte, mit nur schwacher Hoffnung dem Verbrecher auf die Spur zu kommen, der sich hier, in dem ungeheuer weiten Land, nachdem er seinen Raub jedenfalls in Sicherheit gebracht, einer Verfolgung nur zu leicht entziehen konnte. Er hat mir übrigens die Adresse eines tüchtigen Advokaten aufgeschrieben, an den ich mich, mein Kind sowohl wieder zu finden, als einen Versuch zu machen mein Eigenthum wieder zu erlangen, nur ungesäumt wenden solle.«

Die Adresse lautete auf den Staatsanwalt wie Advokaten und Notar Mac Culloch, in Canalstraße, und da sie sich gerade in der Nähe befanden, beschlossen die beiden Männer ihn auch ungesäumt aufzusuchen und seinen Rath zu erholen. Hopfgarten erzählte indessen unterwegs dem alten Herrn, wie er selber ebenfalls schon seit mehren Tagen in New-Orleans vergebens umhersuche Clara's Spur zu finden, und sich Gewißheit über den fürchterlichen Verdacht zu verschaffen, der erst seit dieser Zeit — das w i e wollte er ihm später mittheilen — in ihm aufgestiegen.

Den Advokaten fanden sie in seinem Bureau, da die Geschäftsstunden in New-Orleans meist um vier Uhr schließen und Kaufleute wie Beamte großentheils erst dann zu Mittag speisen. Herr Dollinger trug ihm hierauf den Fall ausführlich, von der ersten Rettung Claras auf dem Rhein, bis zu dem Brief von seiner Tochter vor, indeß ihn Hopfgarten nur manchmal mit lauten Ausrufungen der Wuth und Entrüstung unterbrach, bis er endlich, als dieser geendet, seinen Grimm nicht mehr mäßigen konnte, und ausrief:

»Dann wundert mich auch das nicht mehr, was i c h von dem nichtswürdigen Hallunken später gehört und selber erfahren habe, und ich bin im Stande Ihnen eine Fortsetzung des hier eben Vorgetragenen zu liefern.«

Mit kurzen Worten erzählte er nun dem, jetzt noch weit aufmerksamer zuhörenden Rechtsgelehrten, da sich die Sache auf neuere unmittelbare Daten bezog, zuerst von dem »Soldegg Henkel« unterschriebenen Brief des Verbrechers, der nach allem Vorgefallenen den Professor und besonders dessen Familie hatte so rasch als möglich von New-Orleans entfernen wollen, lästige und gefährliche Freunde der Frau und damit Zeugen gegen sich, aus dem Weg zu schaffen; dann von seinem Zusammentreffen mit Soldegg in Vincennes und dessen unerhörter Frechheit, mit der er sich für seinen Zwillingsbruder ausgegeben. Auch den Brief den ihm Soldegg an seinen vorgeschützten Bruder eingehändigt, und den zu öffnen er ihn selber gebeten hatte, falls er Henkel nicht in New-Orleans finden sollte, trug er bei sich, und Mac Culloch lachte, trotz der ernsten Sache, laut auf, als er die kurzen, in englischer Sprache geschriebenen Worte, nicht an seinen B r u d e r, sondern an Herrn von Hopfgarten selber gerichtet, erst flüchtig überflog und dann laut vorlas.

»Lieber Hopfgarten — ich hätte wahrhaftig nicht geglaubt, daß Sie sich s o leicht anführen ließen; wo um Gottes Willen hatten Sie nur Ihre Augen? — Sie haben uns doch soviel von ihrer F a l k e n ä h n l i c h k e i t erzählt. Grüßen Sie mir meine Frau, wenn Sie dieselbe zufällig sehen sollten, und auf das H e r z l i c h s t e meinen Z w i l l i n g s b r u d e r von Ihrem alten Freund und Reisegefährten — S o l d e g g H e n k e l.«

Aber damit war er noch nicht zu Ende — Soldegg mußte sich von da nach Arkansas gewandt haben, da er erst gestern, seinem weiteren Bericht nach, das Fräulein von Seebald gesprochen, die mit ihrer kranken Schwester von Arkansas zurückgekommen war, sich mit derselben nach Deutschland einzuschiffen. Diese hatte ihm genaue Auskunft über jenen Menschen, der selbst in Arkansas als gefährlicher Spieler und Pferdedieb einen Namen haben sollte, gegeben. Hiernach war sein letzter Aufenthaltsort Little Rock gewesen, und das auch wahrscheinlich der Platz, wo sich Näheres und Bestimmteres über ihn erfahren ließ.

Mac Culloch notirte sich indessen, dem Bericht schweigend und höchst aufmerksam folgend, sämmtliche darin vorkommende Namen, neben die er kleine Bemerkungen schrieb, und sagte, als dieser geschlossen war, und er sich auch noch den Brief Soldeggs, einen Autographen desselben in Händen zu haben, von Herrn von Hopfgarten erbeten hatte, freundlich:

»Wir haben es hier mit einem gefährlichen, durchtriebenen Burschen zu thun, von denen es vielleicht in keinem Lande der Welt weiter, so ausgebildete durch und durch verdorbene Schufte giebt, wie gerade in den Staaten, deren freie Verfassung und besonders deren wildes, von der Cultur noch nicht überall erfaßtes Terrain, mit der Leichtigkeit der Verbindungen den Aufenthaltsort im Nu nach jeder Himmelsrichtung hin zu ändern, ihren Bubenstreichen jeden nur möglichen Vorschub leistet, und ihrer Habhaftwerdung oft unübersteigliche Hindernisse in den Weg schiebt. Es liegt aber hier jedenfalls ein so bösartiges und durchdachtes Gewebe von Verbrechen vor, daß es mir fast scheinen will, als ob der Bursche sein Gewerbe auf die Spitze getrieben hätte, wobei diese Herren dann meist so sicher und zuversichtlich werden, doch manchmal in die Falle zu gehn. Jedenfalls wollen wir thun, was in der Sache nur möglicher Weise zu thun ist, und ich habe nach Little Rock hin gerade d a z u die beste Gelegenheit. Der Staatsanwalt dort ist ein intimer Freund von mir, ich selber kann hier von New-Orleans aus keinen Verhaftsbefehl nach einem anderen Staat hin ausstellen, aber ich will an ihn schreiben und sehen, ob wir den Herrn dort fassen und nach hierher ausgeliefert bekommen können. Vielleicht ist es dann auch möglich einen Theil der Ihnen betrügerisch abgelockten Güter wieder herauszubekommen, obgleich d a s nachher immer sehr schwer hält, denn solcher Sachen entledigen sich diese Hallunken gern so rasch als möglich. Soldegg — Soldegg« — setzte er dann nachdenkend hinzu — »ich müßte mich sehr irren, wenn ein Mann gleiches oder doch ganz ähnlichen Namens, nicht bei einem bedeutenden Juwelendiebstahl in Mobile, vor einem Jahr etwa genannt wurde und gleich darauf spurlos verschwunden war; vielleicht zeigt sich später, daß der Herr auch bei uns im Süden schon auf der Kreide steht.«

»Glauben Sie, daß es die Sache fördern würde, wenn ich selber deshalb nach Little Rock ginge?« frug Hopfgarten rasch.

»Gewiß wesentlich,« sagte Mac Culloch — »ein so wichtiger Zeuge an Ort und Stelle würde das Ganze ungemein vereinfachen, und hat sich der Bursche von dort wieder weggewandt, so sind Sie, mit dem Fingerzeig den Sie von der vorher erwähnten Dame erhalten haben, viel eher im Stande ihm wieder auf die Spur zu kommen, als vielleicht die Gerichte selber, derer Unterstützung Sie dann gewiß wären.«

»Aber meine Tochter« — sagte Herr Dollinger — »wie soll ich das arme Kind jetzt in der ungeheuern Stadt hier wiederfinden?«

»Sie hat Ihnen geschrieben die Briefe *poste restante* unter der Adresse einer gewissen — «

»Hedwig Loßenwerder — «

»Ah ja — Hedwig Loßenwerder zu lassen — gut, legen Sie Ihre eigene Adresse unter dem Namen auf die Post; es wird dort jedenfalls nachgefragt und man sucht Sie selber auf.«

»Seit vorgestern ist das schon geschehn,« sagte Herr Dollinger traurig, »und wohl zehnmal bin ich an jedem Tag auf der Post gewesen nachzufragen, ob die Adresse abgeholt, aber noch hat sich Niemand danach erkundigt. Wenn Sie nur nicht die Stadt, in der es ihr an Mitteln fehlte zu existiren, verlassen oder krank geworden und — ich wage den Gedanken gar nicht zu verfolgen.«

»Lassen Sie den Muth da nicht sinken,« sagte Mac Culloch freundlich, »in unserer Luft liegt eine merkwürdige Lebenskraft, die den Fremden unglaublich lange Zeit über Wasser hält. Aber apropos, Sie sind aus Heilingen Herr Dollinger, nicht wahr? — ich habe da vor einiger Zeit einen Schreiber zu mir in Dienst genommen, der vor mehren Monaten von Deutschland, und wenn ich nicht ganz irre, aus derselben Stadt gekommen ist. Der Mann wohnt seit der Zeit hier in New-Orleans in einem deutschen Gasthaus, und es wäre gar nicht unmöglich, daß e r uns über seine so specielle Landsmännin irgend eine Auskunft zu geben vermöchte; jedenfalls können wir ihn fragen.«

»Wie heißt der Mann?« frug Herr Dollinger rasch.

»Fortmann, Julius Fortmann glaub' ich.«

»Den kenne ich nicht,« sagte Herr Dollinger kopfschüttelnd.

»Das schadet Nichts, fragen können wir ihn doch,« sagte Mac Culloch aufstehend und seinen Hut nehmend — »wir brauchen nur über jenen Gang zu gehn — hier, wenn ich bitten darf — dort in der ersten Thüre rechts sitzt Herr Fortmann.«

Mac Culloch ging voran und öffnete die Thüre, die Herren eintreten zu lassen. In dem kleinen Gemach saß nur ein einziger Arbeiter, den Rücken ihnen zugedreht, ohne von seiner Arbeit aufzusehen.

»Herr Fortmann,« sagte Mac Culloch, »hier sind ein paar Landsleute von Ihnen, die eine Frage an Sie zu richten wünschten; wären Sie so freundlich ihnen Auskunft zu geben?«

Herr Fortmann stand rasch von seinem Stuhle auf und drehte sich nach den Fremden um, erschrak aber sichtlich, wurde leichenblaß und stotterte verlegen einige Worte, als Herr Dollinger, der ihn erstaunt und überrascht betrachtet hatte und aus dem starken ungewohnten Bart die sonst gut genug bekannten Züge nicht gleich wieder herausfinden konnte, in voller Verwunderung ausrief:

»Herr Aktuar Ledermann, — träum' ich denn oder wach' ich?«

»Hallo,« sagte Mac Culloch, aufmerksam werdend, »L e d e r mann statt F o r t mann, und todtenbleich sehn Sie dabei aus, Herr? — wie hängt das zusammen?«

»Herr Dollinger,« stotterte der arme Aktuar in höchster Verlegenheit — »dieses unerwartete Zusammentreffen?«

»Aber Mann, haben Sie denn nicht Ihr kleines Erbtheil verspielt und sind aus Verzweiflung in das Wasser bei Heilingen gesprungen? Hat man denn nicht, nachdem Sie wieder und wieder gewarnt worden, sich des gefährlichen Spiels zu enthalten, Ihren Rock und Hut am Ufer und in Ihrem Zimmer einen Brief gefunden, in dem Sie von Ihrer Frau Abschied nahmen und Alles eingestanden?«

Ledermann war neben seinem Stuhl, ein Bild der personificirten Verlegenheit, die Hände fest zusammenreibend, und bald einen scheuen Blick nach seinem jetzigen Principal, bald nach Herrn Dollinger hinüberwerfend, stehn geblieben, augenscheinlich in Verzweiflung jede Vertheidigung aufgebend und seinem einmal über ihn hereingebrochenen Schicksal freien Lauf lassend.

»Hm,« sagte Mac Culloch, der genug Deutsch verstand wenigstens den Sinn der in dieser Sprache gethanen Fragen zu verstehn, »da kommen wir ja hinter ganz merkwürdige Sachen Herr L e d e r mann, und der Name F o r t mann findet eine halbe, wenn auch ganz eigenthümliche Erklärung. Nun Sir, haben Sie kein Wort zu Ihrer Vertheidigung, und etwa gar noch die Idee, daß ich Sie zur Fortführung m e i n e r Geschäfte hier verwenden möchte und dürfte, wenn eine solche, und wie mir fast scheint s e h r begründete Anklage auf Ihnen lastet?«

Ledermann holte tief Athem, und sah sich dabei nach allen Seiten mit einem Blick um, als ob er nur irgend eine Öffnung suche hinauszufahren, einer Situation zu entgehn, die ihm furchtbar zu werden anfing; die klaren Schweißtropfen standen ihm dabei auf der Stirn. Endlich aber, und auch wohl durch das Bewußtsein dazu getrieben o h n e eine Erklärung hier nicht fortzukommen, faßte er sich ein Herz, holte noch einmal tief Athem, denn die Luft fing ihm an auszugehn und sagte:

»Herr Dollinger — ich bin durchgebrannt.«

»W a s ist er?« frug Mac Culloch, der die Deutung des Wortes nicht verstand.

»Fortgelaufen,« erklärte ihm dieser.

»Aber weshalb?«

»Ich will Ihnen Alles gestehn, und urtheilen Sie dann selbst,« sagte der arme Teufel. »Sie wissen daß ich vor einiger Zeit 600 Thlr. unverhofft geerbt, und mit richtiger Anlage des Geldes meinen sehr geringen Gehalt hätte bessern und dann anständig leben können. Sie kennen aber meine Frau nicht, Sie wissen nicht in welchen Verhältnissen, welchem häuslichen Elend ich daheim gelebt, und daß sie mich trieb und trieb das Geld ihrem Bruder zu leihen, der es mir eben so sicher wie jeder Andere verzinsen würde. Hätte ich mich geweigert so war es um meine häusliche Existenz, die überdieß kaum noch dem Namen nach bestand, vollständig geschehn gewesen, und gab ich es ihm, so war ich das Geld, das mir im Alter einmal ein Nothpfennig werden sollte, los — und die Erfahrung hat gelehrt daß ich recht gehabt, denn in der neuesten deutschen Zeitung die wir herüber bekamen, steht sein Bankerott schon richtig angegeben. Gott ist mein Zeuge daß ich Alles versucht habe was in Menschenkräften steht, meine Frau zu überzeugen und zu einem vernünftigen Nachgeben zu bringen — ich hätte eben so gut den Tisch da zu etwas derartigem bewegen mögen. Mein Kind war todt, ich selber sah nur sich täglich mehrenden Zwist im Hause, eine Scheidung wurde auch schon dadurch zur Unmöglichkeit, daß ich, selbst wenn Therese darein gewilligt, nie im Stande gewesen wäre sie und mich an zwei geschiedenen Heerden zu erhalten. Die Verzweiflung gab mir da das letzte Mittel ein. Ich ging in ein Spielhaus, wo ich mit einer bestimmten kleinen Summe setzte, und es ist wohl noch kaum ein Spieler so mit dem ernsthaften Wunsch an einen solchen Platz getreten zu verlieren, als ich. Meine Freunde wurden, da sie wußten daß ich etwas geerbt und Geld in Händen hatte, aufmerksam auf mich, und warnten mich; das war Alles was ich wollte. Ich ging wieder und wieder in das Haus, und glaube von mir sagen zu können, daß ich die Rolle eines unglücklichen, endlich zur Verzweiflung getriebenen Spielers durchgeführt habe. Als ich den richtigen Zeitpunkt gekommen wähnte, schrieb ich den Brief, ging Abends an das Wasser, legte dort einen alten Rock und Hut ab und marschirte in derselben Nacht noch drei Meilen nach einem kleinen Postflecken; dort nahm ich Extrapost unter falschem Namen und fuhr nach Hannover, von da nach Bremen und schiffte mich auf einem Amerikanischen Schiffe, das zufällig im Hafen lag, nach New-Orleans ein. Ich habe vielleicht gefehlt, — « setzte er mit einem aus tiefer Brust heraufgeholten Seufzer hinzu, »ohne diesen Schritt wäre mir aber beim ewigen Gott nichts Anderes übrig geblieben, als wirklich in's Wasser zu springen. Meine Frau mag mich jetzt betrauern und wird sich trösten, denn ihre Verwandten sind wohlhabend, und ich glaube sogar daß sie noch einmal eine kleine Erbschaft zu erwarten hat, die ich ihr von Herzen gönne — verrathen Sie mich aber, bester Herr Dollinger,« setzte er mit Todesangst in den Zügen hinzu, »so bin ich verloren, denn daß mir Therese in dem Fall nach Amerika folgte, ist so gewiß, als wir hier zusammen stehen. Niemand hat jetzt ein Interesse an meinem Leben; ich bin keinem Menschen einen

Pfennig schuldig, alle meine Arbeiten, als ich sie verließ, waren in größter Ordnung und ich weiß daß ich in Heilingen das Andenken eines rechtschaffenen, braven Mannes hinterlassen habe.«

»Das haben Sie,« sagte Herr Dollinger, ihm freundlich die Hand reichend, »und ich gebe Ihnen mein Wort, daß über m e i n e Lippen nie ein Wort unseres jetzigen Begegnens kommen wird.«

»Aber nicht übel,« lachte Mac Culloch, der der Erzählung aufmerksam gelauscht, wieder in englischer Sprache, »läuft seiner Frau zu Hause fort, kommt nach Amerika unter einem falschen Namen, und läßt sich bei dem Staatsanwalt da anstellen; mein lieber Mr. Fortmann, das sind schöne Streiche.«

»Bester Mr. Mac Culloch,« sagte Herr Ledermann.

»Nun ich habe Nichts dagegen,« lachte dieser, »wenn weiter Nichts vorgefallen ist als das, mögen Sie Ihre häuslichen Verhältnisse mit ihrem Gewissen und Ihrer Frau Gemahlin abmachen; jetzt aber möchten wir Sie fragen ob Sie in Zeit Ihres hiesigen Aufenthalts Nichts von der Tochter dieses Herrn, Clara Henkel, gehört haben?«

»Von Frau Henkel?« sagte Ledermann, als Dollinger noch einmal die Frage in Deutsch an ihn gerichtet hatte; »keine Sylbe — aber ich erinnere mich daß ein junger Deutscher Namens Donner, ein Arzt glaub' ich, sich schon sehr eifrig nach ihr erkundigt hat, und konnte mir schon damals nicht erklären, daß das so große Schwierigkeiten haben sollte sie aufzufinden.«

»Hm hm,« sagte Mac Culloch sich das Kinn streichend, und nachdenkend vor sich nieder sehend — »es wird Ihnen da doch wohl nichts anderes übrig bleiben, als den Erfolg des Briefes abzuwarten.«

»Ist denn etwas vorgefallen?« frug Herr Ledermann, durch das ängstliche Benehmen Herrn Dollingers aufmerksam gemacht — »doch nicht mit Herrn H e n k e l ?« frug er plötzlich, den alten Herrn scharf und erschreckt fixirend.

»Sie sollen Alles erfahren lieber Ledermann,« sagte Herr Dollinger freundlich — »es ist das eine zwar schmerzliche, aber doch eine Pflicht sogar, die ich Ihnen gegenüber, einer alten Sache wegen zu erfüllen habe. Es gilt auch dabei einen armen, unschuldig verfolgten und unglücklich gemachten Menschen zu rechtfertigen.«

»Loßenwerder?« rief Herr Ledermann rasch.

Herr Dollinger nickte schweigend und langsam mit dem Kopfe.

»Nur nicht jetzt,« sagte er aber dann — »das Herz ist mir in diesem Augenblick zu voll und schwer, näher darauf einzugehn — ich habe keine Ruhe bis ich meine Tochter, mein armes unglückliches Kind wiedergefunden. Nicht wahr Herr von Hopfgarten, Sie begleiten mich nochmals nach der Post?«

Hopfgarten reichte dem armen Vater freundlich und theilnehmend die Hand, und verließ mit ihm, nachdem Sie Mac Culloch zugesagt hatten das Weitere in den nächsten Tagen zu besprechen, das Haus.

Schweigend schritten die beiden Männer Canalstreet nieder und an der Ecke des Marktes hinab, wo ein reges Drängen und Treiben von Käufern und Verkäufern herüber und hinüber wogte, als Herr von Hopfgarten plötzlich vor einem Mann stehen blieb, der in sehr dürftiger Kleidung, an einem der Markthaus-Pfeiler lehnte. An einem breiten Gurt um den Hals trug er ein mit Streichhölzchen gefülltes Kästchen, und einige Bündel derselben in der rechten ausgestreckten Hand haltend, schien er seine Waare den Vorübergehenden zu empfehlen.

»Herr Mehlmeier?« rief Hopfgarten überrascht, ja fast erschreckt aus, einen so wehmüthigen Eindruck machte die abgemagerte, niedergedrückte Gestalt des sonst so freundlichen fast behäbigen Mannes, eines der ruhigsten und ordentlichen Zwischendecks-Passagiere der Haidschnucke, »was um Gottes Willen machen Sie hier, und wie geht es Ihnen?«

»Oh ich danke Ihnen Herr von Hopfgarten,« sagte Mehlmeier, der in der ersten Überraschung und ganz unwillkürlich dem Reisegefährten seine Schwefelhölzchen entgegen hielt, aber dann auch eben so rasch und bestürzt wieder mit ihnen zurück und in sein Kästchen fuhr, dessen Deckel er schloß, als ob er sich des Inhalts schämte — »ich danke Ihnen herzlich — gut — recht gut — man darf eben nicht klagen,« und der Mann schüttelte dabei gar wehmüthig, und dießmal freilich nur zu bezeichnend mit dem betrübten Gesicht, das seine Worte ebenso Lügen strafte.

Der arme Teufel sah gar so dürftig aus; der alte fadenscheinige Sommerrock den er trug, war ihm überall, aber besonders in den Ärmeln zu eng und zu kurz, und an den Ellbogen ausgerissen, ging vorn nicht zusammen und zeigte eine eben so defekte Weste und Beinkleider; nur das Hemd war weiß und sauber gewaschen, während ein alter, arg mitgenommener Strohhut ihm ziemlich hoch auf dem Kopf saß, und mit einem, unter dem Kinn durchgehenden Bindfaden, den Verdacht rechtfertigte, nicht für den Kopf, den er jetzt gegen die ziemlich heißen Sonnenstrahlen nothdürftig schirmte, gemacht und bestimmt gewesen zu sein.

»Aber mein guter Herr Mehlmeier,« sagte Hopfgarten, dem es ein eignes wehes Gefühl war, den sonst so ordentlichen und anständigen Mann in einem solchen Zustand vor sich zu sehn, »wie um Gottes Willen sind Sie zu d e m Handel und — zu — zu dieser Beschäftigung gekommen?«

»Zu den Kleidern? wollten Sie sagen, nicht wahr Herr von Hopfgarten,« sagte Mehlmeier mit einem schwachem Versuch zu lächeln — »ja, sie passen nicht recht,« setzte er mit einer ebenso vergeblichen Anstrengung hinzu, seinen Arm soweit aufzudrehen, den Ellbogen in Sicht zu bekommen — »es war ein Lohgerber, von dem ich sie in diesem Zustand überkommen. Mir haben sie Alles gestohlen was ich hatte.«

»Alles gestohlen?«

»Jawohl,« sagte Herr Mehlmeier und schüttelte dabei freundlich mit dem Kopf — »aus dem Koffer heraus.«

»Aber wie war das möglich?« rief Hopfgarten.

Seite 134.

Capitel 4.
Click to ENLARGE

»Ja lieber Gott, die Leute machen hier Manches möglich,« seufzte Mehlmeier — »ich hatte den Koffer im Wirthshaus stehen, wo eben die anderen Sachen auch standen, und zwar in der nämlichen Stube in der wir schliefen. Über Nacht hat sich da, vielleicht Einer von meinen Schlafkameraden, vielleicht ein Fremder, die Mühe genommen meinen Koffer, der ihm wohl am anständigsten aussehn mochte, zu öffnen und Alles herauszupacken was er darin fand. Nur ein altes Paar Hosenträger und einen Pfeifenkopf hat er mir darin gelassen, und der leere Koffer, mit diesem Inventarium und sechs Hemden und eben soviel Paar Strümpfen, die glücklicher Weise in der Wäsche waren, bildeten am nächsten Morgen mein sämmtliches Besitzthum — ich konnte nicht einmal hinunter zum Frühstück gehn.«

»Du lieber Gott, das ist ja zu traurig,« sagte Hopfgarten, »und da wurden Sie Schwefelholzverkäufer?«

»Doch nicht gleich, bester Herr von Hopfgarten,« sagte Herr Mehlmeier ihm zunickend — »doch nicht gleich; zuerst versuchte ich es mit einer Handarbeit, die ich freilich nicht so rasch fand, dann aber auch nicht im Stande war durchzuführen. Ich ging nämlich an die Levée, zwischen den Negern und Bootsleuten Fracht ein- und auszuladen; bekam aber schon am ersten Abend solche entsetzliche Blutblasen in die, ähnliche Behandlung nicht gewohnten Hände, und wurde außerdem von meinen Mitarbeitern, denen ich nicht genug that, so schlecht behandelt, daß ich mehre Tage beide Hände in einer Binde und fest umwickelt tragen mußte. Geld hatt' ich auch nicht mehr — der Wirth wollte meinen leeren Koffer nicht länger als Bürgschaft für später zu leistende Zahlung annehmen, und da ich auch keinen Credit finden konnte in einem anderen Geschäftszweig irgend einen Handel zu beginnen, so warf ich mich mit meiner ganzen Energie auf die Schwefelhölzer, Herr von Hopfgarten, und verkaufe doch jetzt täglich davon so viel wenigstens, meine Kost hier auf dem Markt, die sich viel billiger wie im Boardingshaus herausstellt, zu zahlen, und zu gleicher Zeit ein kleines Capital dabei anzusetzen, wieder zu einiger Maßen anständigen Kleidern zu kommen.«

Hopfgarten wollte etwas sagen — er hätte dem Manne so unendlich gern eine kleine Unterstützung angeboten, aber er wagte es nicht — er fürchtete ihm damit weh zu thun, und hätte das um Alles in der Welt nicht mögen. Mehlmeier indessen fuhr, still vor sich nieder sehend und die Spitzen seiner Schuhe betrachtend fort.

»Das Geschäft ist wirklich nicht so übel und nährt seinen Mann — oder auch seine Frau« — setzte er mit einem Blick nach einem andern Pfeiler hinzu, »denn da drüben steht auch eine, etwas hochgelbe Concurrentin von mir, die wirklich nichtsnutzige Waare verkauft und trotzdem mehr Käufer dafür findet wie ich — wenn nur das S t e h e n hier nicht wäre; es ist so öffentlich. Ich erinnere mich aus meiner Jugendzeit, wie ich noch in die Schule ging, einmal einen Spitzbuben gesehen zu haben, der ein paar Stunden mit einer Tafel um den Hals, gerade etwa wie ich diesen Kasten trage, am Pranger stand, und von uns nachher verhöhnt und mit faulen Äpfeln geworfen wurde. Ich muß gestehn, ich habe anfänglich mit einer Art von Mistrauen gegen die Schuljugend diesen Stand hier eingenommen, kann aber nur Rühmliches von den Knaben die hier vorbei passiren, melden — sie nehmen nicht die geringste Notiz von mir, ja ich weiß sogar einzelne Fälle wo sie mir Schwefelhölzer abgekauft haben.«

»Lieber Herr Mehlmeier,« sagte da Hopfgarten, dessen Gedanken wieder zu dem übersprangen, was ihm am meisten am Herzen lag. »Sie sind doch schon ein tüchtiges Stück in der Stadt umher gekommen, können Sie mir vielleicht zufällig sagen, wo ich Frau Henkel — Sie erinnern sich gewiß der jungen liebenswürdigen Dame, die mit uns die Überfahrt hierher machte — finden könnte. Dem Herrn hier liegt sehr viel daran sie zu sehen, er hat ihr Sachen von Wichtigkeit mitzutheilen, und wir wissen ihre Adresse nicht.«

»Ja, das thut mir unendlich leid, meine verehrten Herrn Ihnen damit nicht dienen zu können,« sagte Mehlmeier, fortwährend dabei aber eine Miene annehmend, als ob er eben im Begriff wäre ihnen die vollständigste Auskunft zu geben, »in der ersten Zeit meines hiesigen Aufenthalts schwamm man in einem solchen Meer von neuen Dingen und Erlebnissen, daß man gar nicht zu Athem kam an irgend etwas Anderes zu denken — und seit ich mich in meinem jetzigen Zustand befinde,« setzte er wieder mit einem scheuen Blick auf seine Kleidung hinzu, »wäre ich doch der Dame, wenn ich sie hätte von weitem kommen sehen, jedenfalls eher aus dem Weg gegangen, als ihr hineinzutreten. Ich will gerade nicht sagen, daß ich mich meiner Beschäftigung s c h ä m e ; es ist das eben ein s e h r großer Vortheil dieses Landes, daß Jeder sich sein Brod verdienen darf wie er mag, und sich dessen nicht zu schämen b r a u c h t — aber Sie wissen wohl Herr von Hopfgarten — wir haben vielleicht Alle noch einige alte Vorurtheile von Deutschland mit herübergebracht, und bis die abgeschüttelt oder vergessen sind — «

»Hm, hm, hm,« sagte Hopfgarten nachdenklich, ohne die letzte Bemerkung auch nur zu hören, »das ist doch eine recht fatale Sache — und von dem jungen Mädchen die bei ihr war, werden Sie da auch Nichts gehört haben.«

»Von der kleinen Hedwig? — die dient hier in einem deutschen Kosthaus,« sagte Herr Mehlmeier ruhig.

»Wo? — hier in der Stadt? — in welcher Straße?« riefen die beiden Männer wie aus einem Mund zugleich, Arm und Schulter des, ruhig und erstaunt vor Ihnen stehen bleibenden Mannes ergreifend, als ob sie ihm die nächsten Worte noch ungesprochen von den Lippen nehmen wollten.

»Herr Jesus, haben Sie mich erschreckt,« sagte Herr Mehlmeier den Bindfaden seines Hutes, der ihn unter dem Kinn schneiden mochte, etwas lockerer ziehend.

»In welchem Kosthaus, bester Herr Mehlmeier,« bat ihn aber Hopfgarten, keine weitere Zeit zu versäumen.

»Im deutschen Vaterland in Fayetteville, in der — wie heißt doch gleich die Straße, — «

»Ich kenne den Platz!« rief aber Hopfgarten rasch aus, »ich habe das Schild schon gesehn — wir setzen uns in den ersten besten Omnibus der nach Fayetteville fährt, jeder Kutscher wird das Haus kennen — das deutsche Vaterland. Lieber Mehlmeier, Sie sind ein Goldmann!«

»Bitte, bitte Herr von Hopfgarten.«

»Herr Mehlmeier,« sagte aber auch Herr Dollinger jetzt, zu ihm hinantretend und seine Hand ergreifend — »Sie haben mir einen s e h r großen Dienst erwiesen; mir — mir lag sehr viel daran ohne großen Zeitverlust die Adresse der — der Madame Henkel, oder des jungen Mädchens zu erfahren — ich danke Ihnen herzlich dafür« — und rasch Hopfgartens Arm ergreifend, der noch einmal nach Mehlmeier zurücknickte, gingen die beiden Herren mit schnellen Schritten über den freien Platz fort in die nächste, mit dem Wasser gleich laufende Straße hinein, wo sie einen der vielen, in der Stadt fortwährend auf- und abfahrenden Omnibusse halten sahen.

In einer eignen, ganz sonderbar aufgeregten Stimmung mit hochgerötheten Wangen, die Hand, die ihm Herr Dollinger gedrückt noch fest, fast krampfhaft zusammengepreßt, ließen sie aber Herrn Mehlmeier zurück. Dieser hatte nämlich in dem Druck ein Geldstück gefühlt und betroffen, fast erschreckt davon, der edlen würdigen Gestalt des alten Herrn gegenüber sich gar nicht gleich zu besinnen gewußt ob er die G a b e annehmen, oder mit Entrüstung von sich weisen sollte. In demselben Augenblick fast waren aber auch die beiden Männer in der belebten Straße, zwischen dem Gedräng von hundert Anderen verschwunden, und Herr Mehlmeier starrte jetzt halb wie in einem Traum auf ein blitzendes Goldstück nieder, das ihm, als er scheu den Blick hinunter senkte, von dort entgegenfunkelte. Schon hob er den Fuß und wollte den Männern nach — konnte — durfte er das Geld behalten? — er zögerte, und die Brust hob sich ihm als ob er ersticken wollte — noch hielt der Omnibus — wenn er jetzt noch hinüberlief — jetzt bewegte er sich — jetzt rasselte er die Straße hinunter, und war gleich darauf hinter der ersten Ecke verschwunden.

Noch immer stand Mehlmeier regungslos auf seiner Stelle, das Geld in seiner Hand hin- und herschiebend, als ob es ihn brenne; endlich hob er die Hand langsam empor, steckte es in seine Westentasche und ein paar große helle Thränen liefen ihm dabei die bleichen Wangen hinunter.

Vor der Thüre des »deutschen Vaterlands« von dem Barkeeper desselben, dem heute höchst mürrischen Jimmy auf das aufmerksamste beobachtet, stand ein mit zwei ungeduldig stampfenden feurigen Pferden bespannter Kutschwagen, und ging mit raschen, aber nicht ungeduldigen Schritten, den Kopf gesenkt und die Arme auf dem Rücken gekreuzt, Herr von Hopfgarten auf und ab. In dem kleinen ärmlichen Hinterstübchen desselben Hauses aber saß der alte Herr Dollinger, hielt sein bleiches abgehärmtes, aber doch noch so engelschönes Kind fest umschlungen, küßte ihm die Thränen von den Wimpern und goß leise lindernde Worte des Trostes und der Beruhigung in das arme mishandelte Herz.

Aber h i e r durften sie nicht bleiben. Clara hatte ihm Alles erzählt — Alles, bis auf die kleinsten Einzelheiten hinab was geschehen, seit sie das väterliche Haus verlassen, bis zu dem jetzigen Augenblick; ihre erste Krankheit in New-Orleans, Hedwigs treue Pflege und Aufopferung, für sie zu arbeiten bis sie selber sich soweit erholt, wenigstens mit der Nadel ihren Unterhalt verdienen zu können.

Hedwig kniete dabei, ihr Antlitz in Claras Kleid bergend, an ihrer Seite, und der alte Herr Dollinger hob das junge liebe Mädchen zu sich auf, küßte sie mit thränenden Augen auf die Stirn und Augen und versprach ihr das nie — nie zu vergessen sein Lebelang, und ihr ein Vater zu sein von jetzt an in jeder Art um ihres — um des armen Bruders Willen.

Jetzt aber drängte die Zeit — Hedwig hatte schon vorher Claras sämmtliche Sachen, die ihr noch geblieben waren und den einen Koffer eben füllten, zusammengepackt, und rief jetzt einen der im Haus wohnenden Leute herbei, denselben vor die Hausthür zu tragen und auf die dort wartende Kutsche zu stellen. Sie selber konnte jetzt natürlich das Haus, dessen wirthschaftliche Leitung sie übernommen, nicht verlassen, versprach aber jedenfalls heute Abend in das St. Charles-Hotel, wo Herr Dollinger abgestiegen, zu kommen und das Weitere ihrer Abreise mit ihnen zu bereden.

»Lieber Gott, ein alter Bekannter von Dir, Herr von Hopfgarten wird recht ungeduldig geworden sein,« sagte jetzt Herr Dollinger, nach seiner Uhr sehend — »er wartet unten im Haus, schon so lange fast als ich hier bin.«

»Herr von Hopfgarten?« rief Clara überrascht — »weiß er denn aber was geschehen?«

»Jetzt Alles,« sagte Herr Dollinger, »und s e i n e n Händen werde ich wahrscheinlich das Ordnen meiner Geschäfte hier in Amerika, wie die Verfolgung des Betrügers, der unschädlich gemacht werden muß, anvertrauen. Er hat sich freundlich dazu mir angeboten, und scheint ein braver, tüchtiger Mann zu sein.«

»Er ist ein Ehrenmann,« sagte Clara, während ihr Vater ihren Arm in den seinen legte, und sie hinab zum Wagen führte. Hedwig begleitete sie bis dorthin, wo Hopfgarten stand sie zu empfangen.

Clara streckte ihm mit einem recht freundlichen, und doch recht wehmüthigen Lächeln die Hand entgegen, die er nahm und küßte.

»Meine liebe — liebe gnädige Frau,« sagte der kleine Mann, als er das bleiche Antlitz des jungen Weibes sah, mit vor innerer Rührung fast erstickter Stimme.

»Mein guter Herr von Hopfgarten — wie freue ich mich Sie wiederzusehn.«

»Kommt Kinder, kommt,« drängte aber der alte Herr — »Freund Hopfgarten wird uns jetzt begleiten, wir haben noch sehr viel mit einander zu besprechen — und Hedwig kommt heut Abend — nicht zu spät nicht wahr?«

Clara hatte Hedwig umfaßt und preßte einen heißen Kuß auf ihre Lippen, wobei der Barkeeper hinter der Glasthür des Schenkzimmers, gegen dessen Scheiben er seine Nase breit und weiß quetschte, aus Leibeskräften mit den Fingern knackte — und wenige Minuten später rollte der Wagen, von den flüchtigen Pferden gezogen, rasch die Straße hinab.

Drei Tage später ging ein französisches Packetboot nach Havre ab, auf dem Herr Dollinger Passage für sich und seine Tochter genommen; Hedwig aber hatte es, trotz allen Bitten Claras, trotz den dringenden Vorstellungen des alten Herrn selber, freundlich und mit innigem Danke, aber fest und entschieden abgelehnt, sie zu begleiten.

Sie fürchtete sich, wie sie sagte, jetzt wenigstens schon nach Deutschland, das nur schwere, schmerzliche Erinnerungen für sie trug — mehr noch in dasselbe Haus zurückzukehren, in dem ihr Bruder gelebt und gearbeitet. Waren Jahre darüber vergangen, war Gras gewachsen über dem

Geschehenen und die noch immer blutende Wunde erst vernarbt, dann trug es sich leichter — dann wollte sie hinüberkommen. Hier auch hatte sie jetzt eine Stellung, einen Wirkungskreis gefunden, in dem sie fast selbstständig, gern und freudig arbeitete und schaffte. Sie hatte keine Freunde hier, den Werth solcher aber auch in ihrem ganzen Leben noch nicht gekannt. Allein und freundl o s in die Welt hinausgestoßen, war sie ihren stillen ernsten Gang von frühster Jugend an gewandelt, und sehnte sich jetzt danach etwas zu leisten, etwas selbst zu werden, und d u r c h sich selbst, wie sie's von je gewohnt gewesen.

Wohl schlummerte in ihrer tiefsten Brust ein anderes Gefühl, von dem sie vielleicht selber sich noch keine Rechenschaft zu geben wußte. Nicht allein die Furcht in das Haus zurückzukehren in dem ihr Bruder so ungerecht gelitten, nicht allein der Trieb selbstständig aufzutreten in der Welt, sich selber Raum zu schaffen mit der eignen Kraft, hielt sie hier fest. Es war ein eigenes Knospen und Keimen in der jungen Brust, dem kommenden Frühling entgegen, der mit der leisen, noch unbegriffenen Ahnung einer anderen Zeit, die ersten Sonnenstrahlen ihr in's Herz geworfen. Sie stand n i c h t mehr allein — an jenem Tage hatte eine andre Hand nach ihr sich ausgestreckt, ein anderer Mund liebe und freundliche Worte zu ihr gesprochen, und ihre Unterstützung angefleht ein gutes Werk zusammen auszuführen, wenngleich der Weg dazu noch wild und dornig lag. Und durfte sie jetzt das kaum gegebene Wort schon brechen? — den wackren Franz — und der andere arme Franz lag daheim in seinem kalten Grab — der so schon einen so harten Stand mit dem bösen Vater hatte, im Stich lassen, wo er sie am nöthigsten brauchte ihn zu unterstützen? — das ging nicht an; und Gott würde ihr Kraft geben das glücklich und zum Besten auszuführen, was sie unternommen — sie dachte nicht an mehr.

Capitel 5.

Herr von Hopfgarten.

Herr von Hopfgarten hatte nur die Abfahrt des Französischen Packetschiffes erwartet, seine Sachen dann wieder dem Wirth des St. Charles-Hotels übergeben, und sich auf einem Arkansas Steamer, die nöthigen Papiere und Instruktionen für die jetzt zu beginnende Verfolgung des Verbrechers in der Tasche, nach Little Rock eingeschifft.

Noch an demselben Tage, und eben im Begriff sich an Bord des Dampfers zu begeben, der um 5 Uhr Nachmittags seine Abfahrt angekündigt, traf er, an der Dampfbootlandung langsam nach Tisch ein wenig umherschlendernd, einen alten Bekannten und Reisegefährten, Herrn von Benkendroff, der ihn erst ganz erstaunt durch seine Lorgnette betrachtete, und dann ziemlich freundlich, ja fast herzlich begrüßte.

»Ah Hopfgarten, *by George* — wir haben uns ja in einem Menschenalter nicht gesehn — wie geht es, alter Freund und Leidensgefährte? — Aber dünner sind Sie geworden, Hopfgarten, bedeutend dünner in dem halben Jahr, Sie bekommen ordentlich Taille — was machen Sie? — womit vertreiben Sie sich die Zeit in diesem abominabelen Lande?«

»Ih nun, lieber Benkendroff,« sagte Hopfgarten nach der ersten Begrüßung, bei der er ihm warm und kräftig die Hand schüttelte — »ich kann eben nicht über Langeweile klagen; seit ich hier bin, habe ich zu thun genug gehabt, und Manches auch wohl gesehn — vielleicht erlebt.«

»Heh? — Abenteuer?« rief Benkendroff, sich der früheren Äußerungen seines Reisegefährten erinnernd, lächelnd aus, »Abenteuer erlebt? Sie werden ja ganz roth. Übrigens muß Ihnen das Leben hier wirklich zusagen; Wetter noch einmal! Sie haben ordentlich Kräfte bekommen — sehn Sie einmal,« sagte er, sich seinen linken weißen Handschuh abziehend und die zarte fast mädchenhafte Hand seinem derberen Freund entgegenhaltend — »sehn Sie einmal, wie Sie mir hier die Finger gedrückt — den rothen Fleck hier vom Ring werde ich vor morgen nicht wieder los.«

»Abenteuer gerade nicht,« lachte Hopfgarten, der unwillkürlich an die Nacht in der Hütte des alten Juden zurückdachte, »und doch Manches was dem gleich kommen könnte. Es ist merkwürdig, wie ruhig und gleichmäßig das Leben hier fortgeht, und wenn auch manches Interessante wohl passirt, gehört doch ungemein viel Glück dazu, gerad' dabei zu sein. Ich bin noch meist darum hingekommen, und wenn's mich einmal traf, hab' ichs immer erst zu spät selber erfahren.«

»Bei m i r hätten Sie sein sollen, *cher ami*,« sagte Herr Benkendroff, mit bedeutsamem Kopfnicken seinen Handschuh wieder anziehend, daß er die Haut nicht zufällig den Sonnenstrahlen aussetze — »bei m i r hätten Sie sein sollen,« wiederholte er, »Erlebnisse zu sammeln. Auf meine Ehre, ich habe Sachen mit durchgemacht, die man mir, wenn ich nach Deutschland zurückkomme und meine gesammelten Erfahrungen und Beobachtungen herausgebe, nicht einmal glauben wird.«

»Alle Wetter! da haben Sie mehr Glück gehabt wie ich,« rief Hopfgarten; »das ist aber die alte Geschichte — den Seinen giebts der Herr im Schlafe — in welchem Theil der Staaten waren Sie die Zeit?«

»In welchem Theil der Staaten? — in New-Orleans — wo sollt ich anders gewesen sein.«

»Sämmtliche sechs Monate? — sind nicht fortgekommen von hier?«

»Und mehr noch als das, gehe mit dem nächsten Englischen Packetschiff zurück nach Liverpool und von da nach Deutschland. Wo sollt' ich auch hin? — guter Gott, ich hatte gerade genug an der Stadt hier, und gebe Ihnen mein Wort, daß ich das Leben und Treiben dieser sogenannten Republik hier so durch und durch kennen gelernt habe, als hätte ich seit meiner Kindheit darin gewohnt. Sie werden staunen, wenn Sie einmal später meine Beobachtungen lesen, von denen ich manchmal selber nicht begreife, wie ich das Alles schon im Voraus so — g e w u ß t , kann ich eigentlich nicht gut sagen, g e a h n e t habe, und welches richtige Urtheil ich mir schon lange vorher über dieses so unendlich f r e i e Land gebildet.«

»Aber was für Abenteuer haben Sie erlebt, bester Baron?« drängte Hopfgarten, der eben nicht viel Zeit hatte, und doch neugierig war, darüber etwas von seinem frühern Reisegefährten zu hören. Diesem vor allen Anderen hätte er gerade am Wenigsten das Erleben von etwas Außerordentlichem zugetraut.

»Man könnte einen Quartband damit anfüllen, auf Ehre!« sagte der Baron — »denken Sie sich, *cher ami*, daß ich gleich die erste Nacht in einem ungemachten Bett schlafen mußte.«

»Bah!« sagte Hopfgarten.

»Ja das war nur das Beginnen, bester Freund — drei Tage später zog ich, auf den Rath unseres Consuls, in ein Privatlogis, und zwar in eine Familie — eine sehr anständige, zwar bürgerliche, aber sehr anständige Familie, und fand — was meinen Sie, gleich am dritten Abend in meinem Bett?«

»Eine Schlange?« rief Hopfgarten rasch.

»Nun — nicht ganz — das fehlte auch noch — eine Wanze.«

»Hahahahaha!« brach aber jetzt der kleine Mann, der sich nicht länger halten konnte, in ein schallendes Gelächter aus — »hahahahaha! das ist göttlich; das ist himmlisch.«

»Nun lieber Hopfgarten!« sagte von Benkendroff, selbst ein wenig pikirt über diese unzeitige, wie ungerechtfertigte Fröhlichkeit — »wenn Sie eine solche Aversion vor Wanzen hätten wie ich, würden Sie nicht darüber lachen. Aber das ist noch lange nicht Alles — mir wurde sogar die Zumuthung gestellt — ich bürge Ihnen mit meiner Ehre für das was ich jetzt sage — meine Stiefeln selbst zu wichsen und meine Kleider auszuklopfen — was sagen Sie d a z u? Man verlangte es nicht gerade mit dürren Worten von mir, aber es kam Niemand der es that, und ich mußte effectiv bei der furchtbaren Hitze im Bett liegen bleiben, bis etwa zwei Uhr Mittags ein Neger, mit einer abominabelen Ausdünstung herbeigeschafft werden konnte, den ich von da an für meine häuslichen Bedürfnisse engagirte und *quasi* als Bedienten annahm.«

»Sie haben schreckliche Sachen erlebt, Benkendroff,« lächelte Hopfgarten — »aber Sie befanden sich wohl dabei, nicht wahr?«

»Wohl?« sagte Benkendroff achselzuckend, »was man eben wohl nennen kann — ich vegetirte. — Ich habe zugleich lernen müssen eine höchst widerwärtige schleimige Suppe zu essen, die mit rothem Pfeffer fast ungenießbar gemacht, *Gumbo* heißt und von den Creolen hier als das Delicateste betrachtet wird, was unter der Sonne existirt. Morgens arbeite ich dann gewöhnlich an meinen Skizzen, an denen ich sehr fleißig gewesen bin, und die nördlichen Staaten bis Kentucky herunter schon beendet habe; nach Tisch folgt, wie heute, ein kleiner Spatziergang, und Abends spielen wir regelmäßig unser Whist bei Mr. Bloomfield, dem Schwiegersohn der alten Frau von Kaulitz, mit dieser und ihrer Tochter, der Mrs. Bloomfield — einer reizenden kleinen Frau — wozu wir Claret mit Eis trinken.«

»Und seit Sie hier in Amerika sind, thun Sie das?« rief Hopfgarten wirklich erstaunt aus.

»Seit ich hier bin,« bestätigte der Baron.

»Und kehren jetzt nach Deutschland zurück?«

»Wenn ich nicht bis dahin diesem entsetzlichen Klima erliege, in etwa drei Wochen, bis zu welcher Zeit Frau von Kaulitz ebenfalls ihre Rückreise aufgeschoben hat; wir werden dann in ein und demselben Schiff nach Europa überfahren. Und Sie, Hopfgarten — haben Sie das Herumstreifen hier noch nicht satt? — Sie sind wirklich ein merkwürdiger Mensch, und ich wenigstens habe Sie noch nie anders, als mit dem Reisesack in der Hand gesehn. Lieber Freund, wie um Gottes Willen können Sie ein Land kennen lernen, wenn Sie fortwährend wie ein Irrwisch darin umherfahren, und sich nie Zeit nehmen, es von e i n e m festen Punkt aus zu beobachten.«

»Ihr Vergleich mit dem Irrwisch ist vortrefflich, Benkendroff,« lachte der kleine Mann, »ich komme mir manchmal selber so vor, noch dazu auf meiner jetzigen Fahrt, von der ich nicht einmal eine Ahnung habe, wohin sie mich führt. Aber ich muß fort — dort unten läuten ein paar Dampfboote, und ich weiß nicht, ob das meine mit dabei ist, das ich nicht gern versäumen möchte.«

»Apropos,« — rief ihm Benkendroff nach, als er nach kurzem Abschied und beiderseitigem Wunsch einer glücklichen Reise der Landung zueilen wollte — »haben Sie denn hier gar Nichts von Henkel und seiner kleinen niedlichen Frau gehört? — Bloomfield, der Henkel aber unter einem anderen Namen kennen will, quält mich fortwährend, mich darum zu bekümmern, ich habe aber wirklich noch keine Zeit dazu finden können, und Niemand kann mir hier ihre Adresse sagen — gar Nichts gehört?«

»Kein Wort,« rief Hopfgarten zurück — »ich glaube sie sind schon wieder nach Frankreich hinüber.«

»Sehr leicht möglich; also — *à revoir* lieber Hopfgarten.«

Er winkte ihm noch freundlich und sehr graciös mit seinem weißen gestickten Taschentuch nach, und drehte sich dann langsam um, seinen unterbrochenen Spaziergang fortzusetzen.

Hopfgarten ging indeß, unterwegs noch manchmal den Kopf schüttelnd über des ebengefundenen Freundes wunderliche Weltanschauung, an Bord des Dampfers, und mit diesem noch an dem nämlichen Abend stromauf nach Little Rock.

Nach ziemlich kurzer und glücklicher Fahrt erreichten sie die Stadt, und Hopfgarten, der den noch halbwilden Staat Arkansas mit einem eigenen Behagen betrat, suchte dort augenblicklich den Staatsanwalt auf, mit diesem Rücksprache zu nehmen, und von ihm zu erfahren, ob er selber vielleicht den Burschen Soldegg kenne. Was er dort übrigens hörte, konnte ihn gerade nicht sehr über den Erfolg seiner Sendung ermuthigen.

Der Staatsanwalt kannte jenen Soldegg allerdings recht gut, und zwar als einen sehr verdächtigen Spieler und sonst auch gefährlichen und gewissenlosen Charakter, dem aber, trotz aller dann und wann gegen ihn aufgetauchten Anklagen, noch nie etwas hatte bewiesen werden können, obgleich er auch jetzt wieder in eine höchst fatale Geschichte im Innern des Landes verwickelt gewesen sei.

Von Hopfgarten, der schon die früheren Vorgänge dort aus Fräulein von Seebalds eigenem Munde kannte, erkundigte sich hier nach dem weiteren Verlauf, und erfuhr, daß Olnitzkis Frau, nachdem die dortigen Squatter sich geweigert hatten, dem anerkannten Spieler und überhaupt übel berüchtigten Menschen des Erschossenen Eigenthum auszuliefern, Vieh, Feld und Haus, mit Allem was das Letztere enthielt, der noch unmündigen Schwester wie der kranken Großmutter des von Olnitzki früher erschossenen Riley als Eigenthum hinterlassen habe. Die Nachbarn sollten dabei fest entschlossen sein, diese im Besitz zu halten und der Staat würde wahrscheinlich noch in einen unangenehmen Conflict mit ihnen kommen, da Soldegg selber seine vollständig gültigen Wechsel und »*notes*« klugerweise und um weiter Nichts mehr mit der Sache zu thun zu haben, an einen hiesigen Advocaten um einen Theil des Werthes verkauft und — soviel er wüßte, nach Memphis in Tennessee gegangen sei. Dort sollte er auch, wie das Gerücht hier ging, heimisch und verheirathet sein, mehr aber konnte er ihm selber nicht sagen und ihm nur versprechen, falls er sich wirklich wieder hier sehen lassen würde, auf seines Freundes Brief von New-Orleans, und eigene Verantwortung den Verbrecher verhaften und dorthin abliefern zu lassen.

Hopfgarten hatte sich nun den ganzen Weg schon auf einen tüchtigen Streifzug durch das Land gefreut und von Bären-, Panther- und Büffel-Jagden geträumt, Nächte lang — das Alles schwand ihm jetzt wieder unter den Füßen fort, denn mit der frischen Spur s e i n e s Wildes vor sich konnte und wollte er nicht daran denken, auch nur einen Tag unnütz hier zu säumen, und den im Land umher Schweifenden vielleicht wieder durch eigene Schuld ganz aus den Augen zu verlieren.

Was aber trieb ihn, den Fremden, rastlos hinter dem Verbrecher her? — die Sucht nach Abenteuern? — hier in Arkansas wäre es mehr als irgendwo an deren Heerd gewesen — Rache für den gespielten kleinen Streich? — er lachte jetzt darüber, wenn er daran zurückdachte. Nein, etwas Anderes ließ ihm nicht Ruh noch Frieden, jetzt mehr als je, wo er noch einem anderen Verbrechen, der doppelten Heirath jenes Nichtswürdigen auf die Spur gekommen — es war d e r H a n d schuh, den er auf dem Herzen trug — Clara's Handschuh, mit lachendem Munde, im Scherz damals gegeben und genommen, und jetzt seinem Herzen, er brauchte sich kein Hehl daraus zu machen, ein heilig Pfand, das einzulösen er sich selbst geschworen hatte, und wenn sein eignes Leben den Einsatz zahlen müßte.

Von Hopfgarten war ein eigenthümlicher Charakter; aus einem wackeren Geschlecht, mit noch dem alten edlen, etwas abenteuerlichen vielleicht, aber treuen ehrlichen Blut in seinen Adern, wäre er vielleicht, hätt' ihn sein Schicksal in eine andere Bahn geworfen, ein wackerer Feldherr, ein unerschrockener Entdecker geworden; so, auf sich selber angewiesen, zu Hause in Wohlleben, ja Reichthum erzogen, mit allen Wünschen, kaum ausgesprochen schon erfüllt, lebte er ziemlich sorglos in den Tag hinein, besuchte die Universität und ritt und jagte, als er diese verlassen, reiste in Bädern umher, und suchte die Zeit nach besten Kräften eben durchzubringen. Aber seinem besseren Selbst genügte das zuletzt nicht mehr; an eine Heirath hatte er nicht gedacht, und sehnte sich zuletzt etwas Anderes zu sehn und zu erleben, als eben nur das monotone Einerlei der faden *haute volée* mit ihren, in ihrem Kreislauf immer wiederkehrenden sogenannten Vergnügungen, die er satt bekam. Er sah Italien und Griechenland, sah Spanien, Schweden und Norwegen, reiste in Frankreich und England, und wieder und wieder Schiffe treffend, deren geblähte Segel gen Westen zogen, und mit überdieß nicht vielmehr Neuem in Europa aufzusuchen, faßte er den Entschluß, wie er eben im letzten Jahr zum zweiten Mal Italien besucht, Amerika zu sehen, einmal etwas Anderes doch, als ihm die alte Welt mehr bieten konnte. Dort wirkten frische Kräfte auf einem Boden, den die Natur noch unentweiht gehalten, ein junges Volk wuchs und gedieh an jenem Strand, und Tausende und Tausende von Deutschen zogen dort hinüber, den Druck des alten Vaterlandes abzuschütteln und sich die neue Heimath, den neuen Heerd »über dem Wasser drüben« zu gründen — 's war immer der Mühe werth das einmal mit anzusehn.

Mit einem, für das Schöne empfänglichen Herzen, interessirte ihn zuerst an Bord das liebe, bildschöne, freundliche Antlitz der jungen Frau Henkel, während ihr heiteres offenes Wesen ihn, je länger er mit ihr zusammen war, desto mehr fesselte und anzog. Ein ganz neues Gefühl wurde in ihm wach — ein Gefühl des Wohlbehagens in ihrer Nähe und Gesellschaft, ohne daß er einer Ursache deshalb nachgedacht. Er hatte sich auch wieder von ihr, wie von den andern Reisegefährten, leicht getrennt, im sorgenfreien Herz nur eben eine liebe Erinnerung mehr mit weiter tragend. Erst als er Henkels Bubenstreich erfuhr, und Mitleid jetzt, zusammen mit dem Wunsch, das arme, so schändlich und bübisch verrathene Weib an jenem Elenden zu rächen, ihm wieder das alte Bild herauf beschwor — als ihm die Möglichkeit sich zeigte, das Wesen, das er bis jetzt nur im Besitz eines Anderen gekannt, frei von diesen Fesseln, mit jenen Schranken fortgethan zu sehn, da wurde er zu seinem eigenen Erstaunen selber erst gewahr, daß das, was er im Anfang nur für reines Rechtlichkeitsgefühl, für jenen Drang gehalten, der Schwachen, Unterdrückten beizustehn, nicht ganz so frei von Eigennutz mehr sei.

Noch kämpfte er freilich dawider an; das alte romantische Gefühl, gegen das er, mancher nicht eben angenehmer Erfahrung wegen, begann mistrauisch zu werden, konnte ihn hier wieder auf ein Feld verlocken, auf dem er keinen Boden für sich fand. Er malte sich vielleicht Manches jetzt im Dunkeln mit allem Fleiß und Eifer aus, das, wenn er es am hellen Tage besah, dem nachher lange nicht entsprach, was er erwartet. Er fing überhaupt an praktischer zu werden in Amerika; die Luft hatte Einfluß auf ihn — oder auch die Kost — jedenfalls behielt er kaltes Blut genug, sich selbst vor irgend einem unbedachten Streiche zu warnen — bis er den alten Herren Dollinger auf der Straße traf und von diesem erst erfuhr wie furchtbar, wie entsetzlich mit kaltem, überlegten Blut von jenem Buben das Glück des Kindes gemordet worden — bis er sie selber wiedersah — freilich nicht mehr das junge blühende lachende Weib mit den klaren, treuherzigen und doch so schelmisch blitzenden Augen. Großer Gott, welche Veränderung waren wenige Monate im Stande gewesen hier hervorzubringen, und doch wie engelschön, wie lieb und rein stand sie da wieder vor ihm. Da — in dem Augenblick war es ihm, als ob sein Schicksal für ewige Zeiten besiegelt worden, und bei der Thräne, die in der Armen Auge blitzte, und schwer und langsam über die bleiche Wange rollte, schwor er es sich, sie nicht allein zu rächen, sondern auch von den Banden, die sie an den Verbrecher noch ketteten, zu befreien — und mit dem Schwur war eine eigene, wunderbare Ruhe in sein Herz eingekehrt. Er hatte ein Z i e l gefunden, dem er zustreben durfte — sein Leben lag nicht mehr wild und planlos vor ihm — er konnte noch glücklich werden — konnte vielleicht ein Wesen dem Leben wieder geben, das Gott ja selbst für dessen schönste Sonnenzeit bestimmt und mit seinen herrlichsten Gaben geschmückt und überdeckt hatte. Er war ein anderer Mensch geworden, besser nicht — doch fröhlicher, heiterer und fester wie bisher, und was an frischer Kraft in ihm geschlummert, und nur noch wild und regellos aufgewuchert war bis jetzt, das lenkte d i e ß Gefühl zu festem Plan, und Hopfgarten war, seit er New-Orleans zum zweiten Mal verlassen, nicht allein ein anderer Mensch — er war ein M a n n geworden.

Nach Memphis in Tennessee zurück ging an demselben Abend noch ein anderes, von Fort Gibson niedergekommenes Boot, auf dem er denn auch, ohne weiteren Zeitverlust, Passage nahm, und den vierten Tag die am Mississippi auf hohem steilem Ufer liegende Hauptstadt des Staats erreichte.

Vergebens blieb aber hier seine Nachforschung nach einem Soldegg oder Henkel. Niemand kannte den Namen, hatte ihn je gehört, und der Staatsanwalt wieder, an den er sich auch hier wandte, meinte selber achselzuckend, es wäre mehr als wahrscheinlich, daß ein solcher Bursche in den verschiedenen Staaten auch verschiedene Namen hätte. Übrigens paßte seine Beschreibung ziemlich gut auf einen jungen Mann, der eine Zeitlang, allerdings verheirathet, in Memphis gelebt, fast anderthalb Jahr abwesend und vor wenigen Wochen, wie er ausgesagt, von einem Zug nach den Felsengebirgen im Interesse des Pelzhandels zurückgekehrt war. Dieser hieß Holwich, war freilich ein Amerikaner, sprach aber vollkommen gut deutsch und sollte sich jetzt, vor acht Tagen etwa, m i t seiner Frau auf einem stromaufgehenden Dampfboot — wohin, wußte natürlich Niemand — eingeschifft haben.

Zu spät — Hopfgarten, der keinen Augenblick zweifelte, daß er auf der richtigen Spur sei, war außer sich, denn wohin um Gotteswillen, sollte er ihm jetzt in dem ungeheuern Lande folgen, wo er nicht einmal mehr den N a m e n hatte ihn zu leiten. Und doch war die Möglichkeit da, daß der Verbrecher, so lange er mit der F r a u zusammenblieb, schon dieser gegenüber wenigstens den Namen, den sie jetzt führte, beibehalten mußte, aber damit konnte er freilich den Ohio nach Osten oder den Missouri nach Westen, oder den Mississippi nach Norden, wie in alle die kleinen unzähligen Nebenströme eingegangen sein, die in diese Hauptkanäle des mächtigen Reiches mündeten. Ein anderer als Hopfgarten hätte die Verfolgung auch wirklich in Verzweiflung aufgegeben, er aber verlor den Muth noch nicht. Der Zufall, der ihn schon einmal mit dem Verbrecher zusammengebracht, konnte ihm wieder günstig sein, und war nicht am Ende gerade Vincennes der rechte Platz, ihn w i e d e r aufzufinden. Und doch auch nicht, denn dort, unter dem Namen Soldegg gekannt, durfte er sich nicht als Holwich niederlassen. Nach reiflichem Überlegen beschloß er endlich, vorher nach dem Osten zu gehn und New-York und Philadelphia zu besuchen, ob er dort keine Spur des Gesuchten fand, dann aber jenen Theil des westlichen Landes noch einmal zu durchstreifen und Lobensteins zugleich dabei aufzusuchen; wer wußte, ob diese ihm nicht Auskunft geben konnten. Er war einmal unterwegs — wohin, blieb sich ja doch am Ende gleich.

Capitel 6.

In Indiana.

Auf Lobensteins Farm herrschte ein reges, geschäftiges Leben und Treiben — das große Maisfeld war bestellt, und stand in voller Blüthe mit den hohen, fast tropisch aussehenden Stengeln und den wehenden Blättern, das Haus beendet, was wenigstens die äußeren Wände und Dielen und Fenster betraf, und eine Menge Hände waren jetzt noch beschäftigt es im Inneren so warm und wohnlich als möglich zu machen, dem nächsten Winter, der in den nördlichen Staaten oft ziemlich heftig auftritt, ruhig die Stirn bieten zu können. Eduard hatte es dabei übernommen, die schon getünchten Stuben auszumalen, und wurde hierin von einem anderen Herrn, einem früheren Reisegefährten, und zwar Niemand Anderem, als d e m D i c h t e r T h e o b a l d, freundlich unterstützt.

Theobald war nämlich viele Monate lang im Lande umhergezogen ein paar »sehr tüchtige Manuscripte« an den Mann zu bringen; obgleich er aber St. Louis und Cincinnati, Milwaukie, Buffalo und Pittsburg besucht, und dort überall deutsche Druckereien, deutsche Zeitungen, auch überall Leute gefunden hatte, die seine Manuscripte in ihren Journalen abdrucken wollten, wobei in Milwaukie nicht einmal das abolitionistische ausgenommen worden, was die übrigen sämmtlich zurückgewiesen, fiel es doch keinen der Herrn Redakteure ein G e l d, baares Silber, für eine Sache auszugeben, die sie eigentlich n o c h bequemer schon in deutschen Blättern und Büchern fanden — Stoff nämlich ihre Zeitschriften zu erhalten, und ihrem Leserkreis »Futter« zu bieten.

Das wenige Geld was der junge Dichter mit nach Amerika gebracht, ging dabei bös auf die Neige; er hatte allerdings einmal eine Art von verzweifeltem Versuch gemacht, wirklich zu a r b e i t e n, und war zu dem Zweck von Cincinnati aus hinausgegangen, wo an der nächsten Eisenbahn gegraben wurde; aber lieber Gott, das hielt er von Morgens, Tagesanbruch an, eben bis zum Frühstück aus, und zog sich unter dem Gespötte der übrigen Arbeiter, meist Deutschen und Iren, während er dem Baas oder Aufseher noch sogar sein Frühstück zahlen mußte und nicht einmal die geleisteten Schaufeln voll Erde in Abrechnung bringen durfte, mit großen Blasen in den Händen vorsichtig nach Cincinnati, zurück. Soviel hatte er dabei gelernt, daß er für schwere Arbeit nicht tauge, und wenn man ihm auch, besonders in Cincinnati, einige leichtere Beschäftigungen antrug, so sträubte sich sein literarischer Stolz dagegen, z. B. Zeitungen auszutragen, die er das Bewußtsein in sich fühlte selber redigiren zu können, oder mit einem

Bücherpacket durch's Land zu ziehn und zu kolportiren. Er betrachtete die »fliegenden Buchhändler« überhaupt als eine Entwürdigung des Standes, als einen ungesunden wilden Auswuchs desselben, das ganz abgerechnet, daß es kein Spaß und Vergnügen war, einen so schweren Bücher-Packen fortwährend auf dem Rücken herumzuschleppen.

Da hörte er in Cincinnati ganz zufällig, daß sich eine deutsche Familie, die mit dem nämlichen Schiff herüber gekommen wäre in dem er gelandet, nicht weit von dort, in Indiana, niedergelassen, und der Besitzer der dortigen Farm, ein Professor, neulich einmal bei seiner Anwesenheit in Cincinnati geäußert habe, er wünsche gern einen jungen Mann bei sich zu haben, der mit der Feder umzugehn verstünde, und dem er manche zu arbeitende, und sich auf die agrarischen wie Agricultur-Verhältnisse des Landes beziehende Aufsätze dictiren möchte. Das war ein Vorschlag zur Güte, wenigstens dort vielleicht, ohne genöthigt zu sein, selber Geld auszugeben, das Land etwas mehr kennen zu lernen und sich besonders mit der Sprache, deren Kenntniß ihm noch ganz abging, vertraut zu machen. Verstand er erst einmal Englisch, und war er im Stande in dieser Sprache zu schreiben, so brauchte ihm für seine weitere Existenz nicht bange zu sein; sein Talent brach sich dann schon von selbst die Bahn, und der Name Theobald sollte noch hoffentlich in der Englischen Literatur einen guten Klang bekommen.

Von Lobensteins war er auch freundlich aufgenommen worden, und nach den ersten Tagen im Haus, während dem er allerdings Nichts weiter that, als den regelmäßigen Mahlzeiten eben so regelmäßig beizuwohnen, schwärmte er Natur, und ließ sich von dem Professor dessen Ideen über die nothwendigen Verbesserungen im Amerikanischen Landbau mittheilen, die diesem so am Herzen lagen, daß er sich selbst um den Bau des eigenen Hauses wenig kümmerte. Trotz anderen sehr drängenden Arbeiten hatte er es denn auch für unumgänglich nöthig gehalten jetzt, mit Theobald's Hülfe — denn sein Sohn Eduard war nicht dazu zu bringen — eine Arbeit zu beginnen, von der er sich einen bedeutenden Erfolg versprach, und während draußen im Feld b e z a h l t e oder vielmehr zu »bezahlende« Leute den Mais pflanzten und die Furchen umackerten, die Fenzen herstellten, und neues Land, zur Vergrößerung der Felder, urbar machten, streifte Eduard im Wald umher, Eichhörnchen und kleine Rebhühner, manchmal auch ein Haselhuhn zu schießen, von denen es ziemlich viele in der Gegend gab, und saß der Professor mit Theobald in seinem kleinen Blockhäuschen, das er sich zur »Studirstube« eingerichtet, und theorisirte über das, was draußen in der Wirklichkeit und auf seine Kosten vorging.

Dieses »Werk« war aber jetzt ebenfalls beendet, und lag druckfertig, für die deutsche Schnellpost in New-York bestimmt, im Kasten, während der Professor an einem neuen Plane über die unpraktische Construktion der Amerikanischen Pflüge arbeitete — auf seinem Felde wurde noch immer mit selbst mitgebrachtem, deutschen Ackergeräth gepflügt. Theobald beschäftigte sich indeß, zu keiner anderen Arbeit angehalten, in Haus und Umgegend nach eigenem Gefallen, half Eduard, wenn dieser nicht mit der Flinte im Walde war, einem neulich einmal gesehenen Hirsche nachzustellen, die beabsichtigten Wohnzimmer mit höchst mittelmäßigen Blumen und Fruchtguirlanden zu bemalen, und hatte selber auf eigene Hand an dem nächsten, und noch zur Farm gehörigen Hügelhang, die Anlage eines kleinen Lusthäuschens begonnen, wozu ihm aber auch noch ein anderer Arbeiter beigegeben werden mußte, da er selber nicht im Stande war, mit der Axt soweit umzugehn, einen ordentlichen Baum zu fällen.

Die Frau Professorin arbeitete dagegen in Wirthschaft und Feld, sich um Verbesserungen für den Augenblick wenig kümmernd, und immer nur bedacht, das Nöthigste herbeizuschaffen und in Stand zu halten, aus allen Kräften, und oft ü b e r ihre Kräfte, denn mit der Besorgung des Viehs und dem Waschen für so viele Menschen, hatte des Webers Frau schon ohnedieß genug zu thun. Während Anna also, von der Mutter und jüngsten Schwester dabei redlich unterstützt, dem Hauswesen oblag, die Küche und das »Innere Ministerium«, wie sie es scherzweise nannten, besorgte, hatte Marie, neben dem fatalen Scheuern der Gefäße, das »Ministerium des Äußeren« — das heißt das Melken der Kühe und Füttern der Schweine, das Jäten und Hacken im Garten (von Anna, und zeitweise sogar Eduard dabei unterstützt) das Aufkehren des Hofplatzes und die Oberaufsicht über sämmtliche Hühner und ihre Nester — ein höchst schwieriges Geschäft in Amerika, wo die Hühner ebenfalls, nach einem ziemlich unabhängigen Charakter ihre Nester hinmachen, wo es ihnen gefällt, bald in der Maisscheuer, bald unter einen Heuschober, bald hinter einen Busch im Wald draußen, und tausend Listen und oft Indianischer Scharfsinn dazu erforderlich waren, sie herauszubekommen.

Die Hühner spielten überhaupt eine nicht unbedeutende Rolle im Verwaltungsrath, nicht allein ihres Ertrags, sondern auch ihres Besten wegen, indem sie der erste Zankapfel — allerdings nur im freundschaftlichsten Sinne — zwischen den verschiedenen Departements wurden.

Der Garten hatte nämlich noch keineswegs mit einer solchen Einschließung versehen werden können, diesem überaus geschäftigen und neugierigen Geflügel den Eingang nach allen Seiten zu wehren. Die Front nach dem Hofraum zu umzog allerdings ein mit zugespitzten Hölzern wohlgefertigtes Staket, was die ersten Tage auch vollkommen genügte den, oft sehnsüchtig danach hinaufschauenden Hühnern zu imponiren; diese fanden jedoch nirgends einen Anhaltepunkt darauf, auf dem sie hätten ruhen und drüben hinabschauen oder fliegen können, und sie blieben deshalb unten. Das dauerte aber gar nicht lange. — Ein alter Hahn, den sie von einem Nachbar mir sechs gesprenkelten vorzüglich schönen Haubenhühnern gekauft, hatte jedenfalls mit solchen Staketen schon mehr Erfahrung und bestand darauf, die Grenzen desselben kennen zu lernen. Dieser Trieb führte ihn um die nächste Ecke, und sein lautes Krähen verrieth bald dem ganzen Hofstand die glückliche Entdeckung eines Eingangs, in das bis jetzt verbotene Paradies.

Von dem Augenblick an waren die Hühner nicht mehr aus dem Garten zu halten, und als ob sie die Flecke selber gewußt hätten, brauchte der Professor nur irgend eine neue Bohne oder Erbse oder irgend einen anderen Saamen, mit dem er Versuche anzustellen wünschte, zu stecken, und durfte sich dann auch fest darauf verlassen, daß die Hühner in der nächsten Stunde schon nachsehn hatten, ob noch Nichts aufgegangen; kam er wieder dorthin, fand er den Platz umwühlt und zerkratzt, und keine Spur mehr von dem Saamen.

Er bestand jetzt darauf, die Hühner ganz abzuschaffen; die aber hatte Marie unter ihre besondere Protection genommen, und mit dem Nutzen, den sie dem ganzen Hausstand durch ihre Eier und das zarte Fleisch der jungen Hähne brachten, schlug sich die ganze übrige Familie auf ihre Seite. Marie verlangte ihrerseits eine ordentliche Umzäunung um den g a n z e n Garten, es den Hühnern gleich von vornherein unmöglich zu machen in den ihnen verbotenen Platz einzudringen, von den Arbeitern konnte aber in dieser Zeit Niemand mehr entbehrt werden — Theobalds Lusthäuschen war noch nicht einmal fertig — und der Professor wurde jetzt oft Morgens früh, in Schlafrock und Pantoffeln, in dem linken Arm einen ganzen Haufen voll Steine und Stücken Holz entdeckt, wie er mit merkwürdigen Sprüngen hinter den kakelnden und wieder einmal auf frischer That ertappten Flüchtlingen hersprang, und sie nach dem vorderen Staket zuzutreiben suchte, dort wenigstens e i n Opfer als abschreckendes Beispiel zu erlegen. Dem aber begegnete Marie denn immer auf das Entschiedenste und öffnete gewöhnlich den in die Ecke getriebenen und schreiend am Staket mit gespreizten Flügeln auf- und abflatternden Lieblingen die kleine Gartenthür, aus der dann der Vater seine Wurfvorräthe ziemlich erfolglos hinter ihnen dreinschleuderte. Ein Abkommen hierüber wurde endlich so weit getroffen, daß der Professor erklärte, die Hühner auch noch ferner, aber nur unter der Bedingung dulden zu wollen, wöchentlich zweimal gebratene Hähnchen auf seinem Tisch zu sehn — an denen konnte er seinen Grimm dann auslassen.

Jedes der Kinder hatte seine eigenen Hühner bekommen und ihnen auch besondere Namen gegeben, an Schlachttagen waren aber die Lieblingsthiere gewöhnlich auf die räthselhafteste Weise verschwunden, um nach Tisch wieder unbefangen und munter, als ob Nichts geschehen sei, zum Vorschein zu kommen.

Die Familie war indessen schon zum Theil in das neue Haus eingezogen, wo ihre guten Meublen besonders luftigeren und besseren Platz hatten, als in dem alten. Eduard und Theobald schliefen aber noch in dem letzteren, wo auch Eduard begonnen hatte, eine Quantität von abgestreiften Vogelbälgen aufzustellen, deren Herbeischaffung und Completirung er sich ungemein angelegen sein ließ. Theobald wünschte ihn darin allerdings zu unterstützen, und ging einige Mal selber mit der Flinte in den Wald, richtete aber dabei nur Unheil an, und mußte es endlich aufgeben.

Das erste Mal hatte er sich nämlich, obgleich kaum fünfhundert Schritt von dem Haus entfernt, so gründlich verlaufen, daß er fünf Meilen von der Farm entfernt an den Ohio kam, und von einem dort wohnenden Ansiedler, mit Beigabe eines Führers, zurückgeliefert werden mußte. Das zweite Mal schoß er eine von Lobensteins Kühen, die hinter einem Busch gestanden, als er einen blauen Heher zu erlegen hoffte, und das dritte Mal ging ihm das Gewehr von selber los — w i e ? war nie aus ihm herauszubekommen — und nahm ihm die Spitze des kleinen Fingers an der linken Hand mit fort, wonach er den Arm vierzehn Tage in der Binde trug.

Wesentliche Dienste leistete ihnen jedoch ein anderer junger Deutscher, auch ein früherer Zwischendecks-Passagier der Haidschnucke, der sich dem Professor als Ackerknecht angeboten hatte, den hiesigen Landbau von Grund aus kennen zu lernen, und nun mit einem Fleiß dem oblag, der manchen seiner weit stärkeren Mitarbeiter hätte beschämen können. Es war unser alter Bekannter, der junge Georg Donner, der, mit zu wenig Vertrauen zu sich selbst, als Arzt hier in Amerika auf eine Weise aufzutreten, wie es fast nöthig schien, Patienten, d. i. K u n d e n zu erwerben, den beschwerlicheren, aber sicherern Weg vorzog, von der Pike auf, auf einer Farm zu dienen, und dann mit der kleinen Baarschaft, die er noch bis jetzt unberührt von Deutschland mitgebracht, selber seinen eigenen Heerd zu gründen. Sein Lieblingswerkzeug war dabei die Amerikanische Axt, zu deren Anschaffung sich der Professor endlich, aber erst nach langem Zögern, entschlossen hatte, während er ihr immer noch unverdrossen ihre Vorzüge vor der deutschen absprach. Georg Donner hatte schon eine gewisse Fertigkeit in ihrem Gebrauch erlangt, und wurde deshalb auch nicht allein der Hauptlieferant alles Feuerholzes in die Küche, sondern begann auch, wie das Feld bestellt war, mehr Wald zu lichten, und die kleinen Bäume zu fällen und in bestimmte Längen zu hauen. Der Professor wollte nämlich im Herbst eine eigene Sägemühle anlegen, und nicht allein sein Nutzholz in Breter und Planken verwandeln, sondern auch noch Fenzriegel spalten, und sein Feld vergrößern.

So zuversichtlich Theobald dabei auftrat, der eigentlich gar Nichts that, und, des Webers Meinung nach, nur »zur Verzierung« im Hause saß, so schüchtern und bescheiden hatte sich Georg von der Familie überall zurückgezogen, wo diese ihn nicht selber und fast mit Gewalt sich näher führte. So war er nur mit großer Mühe dahin zu bringen gewesen, ihren Mittags- und Abendtisch zu theilen — das Frühstück wartete er nie im Hause ab, sondern bestand im Anfang darauf, mit den übrigen Leuten, mit denen er in Lohn und Arbeit auf gleicher Stufe stand, auch den Tisch gemeinsam zu haben. Die Frauen hatten den jungen Mann aber, seines bescheidenen ordentlichen Betragens, wie seines musterhaften Fleißes wegen, bei dem er immer noch Zeit fand, ihnen in einer Menge von Sachen beizustehn und zu helfen, viel zu lieb, das zu dulden, und Georg mußte mit »im Hause« essen, während die Weberfamilie mit den übrigen Arbeitern »in der Küche,« wie ihr Blockhaus genannt wurde, tafelte.

Der Professor selber vertrug sich aber am wenigsten mit dem jungen Mann, der seinen Theorieen gar nicht folgen wollte, und die geringste praktische Erfahrung, ob sie alles Andere über den Haufen stieß, höher schätzte, wie sämmtliche Combinationen des gelehrten Mannes. Dieser gab ihm dafür freilich auch oft zu verstehen, wie er seine ganze Lebenszeit daran gesetzt habe das zu ergründen, was er jetzt als Resultat gewonnen, und sich seine Systeme nicht von einem jungen Menschen werde über den Haufen stoßen lassen, der eben erst die Nase in die Öconomie hineinstecke, und statt jetzt zu lernen, und die Gelegenheit zu benutzen, einen tüchtigen Lehrmeister gefunden zu haben, überall klüger sein und Alles besser wissen wolle. Georg hütete sich dabei auf das Sorgfältigste ihm irgend etwas anzufechten, was nicht mit der Verbesserung des Platzes im unmittelbaren Zusammenhang stand; da aber suchte er, von dem Weber meist auf das Festeste unterstützt, seine Meinung geltend zu machen und war auch der Einzige der, trotz allen Einreden des Professors, mit einem Amerikanischen Pfluge arbeitete. Nur dadurch hatte er den gelehrten Mann bewegen können, es zu gestatten, die Sache als ein Experiment zu betreiben.

Mit Theobald vertrug er sich am allerwenigsten; er wollte das Lusthaus nicht gebaut, wenigstens keinen besonderen Arbeiter dazu verwandt haben, so lange sie noch nicht einmal eine ordentliche Scheune für ihr Getreide, keinen Stall für ihr Vieh, und kein Holz gefällt hatten eine kleine Mahlmühle am Bache zu errichten, wozu der Professor schon den Plan entworfen, und die sie nöthiger brauchten als ein Lusthaus; Theobald dagegen nannte ihn einen »rein materiellen Menschen,« der fortwährend nur an Kühe und Schweine und leibliche Nahrung dächte, ohne dem Geist und dessen Ruhe einen einzigen Sonnenblick zu gönnen.

Eduard war aber der Einzige von Allen, der ihn wirklich nicht leiden konnte, weil er ihn selber stets zu ordentlicher Arbeit zu drängen suchte und alles Andere S p i e l e r e i nannte, was nicht darauf hinwirkte ihr nächstes Ziel zu erreichen.

So standen die Verhältnisse auf der »deutschen Farm« wie sie von den benachbarten Amerikanern jetzt ihren festen Namen bekommen, als Hopfgarten, der indeß einen vergeblichen Streifzug durch die ganzen östlichen Staaten bis Philadelphia, New-York und Boston gemacht, im July endlich wieder nach Indiana kam, nach New-Orleans zurückzukehren. Soldegg schien in den Boden hinein verschwunden, so gänzlich hatte er seine Spur verloren, und obgleich er mehrere Passagiere der Haidschnucke, besonders von dem Israelitischen Theil derselben im Norden angetroffen, und es an Erkundigungen nicht hatte fehlen lassen, war doch Niemand von Allen im Stande gewesen, ihm auch nur den geringsten Fingerzeig zu geben. Manche derselben hatten als Pedlar oder wandernde Krämer den größten Theil des Landes durchzogen, und wiederum ihrerseits von vielen alten Reisegefährten gehört, die, nach allen Richtungen auseinander gestreut, bald hier bald da sich niedergelassen oder in Arbeit standen, aber über Herrn Henkel wußte ihm Niemand Auskunft. Das Beste was Hopfgarten in diesem Fall glaubte thun zu können war, die ungesunde Jahreszeit für New-Orleans (den Herbst von August bis Ende September oder Anfang October) noch auf eine kleine Reise nach den wunderschönen nördlichen Seeen zu verwenden, und dann von den Fällen des Mississippi im Spätherbst nach New-Orleans zurückzukehren, wohin sich, als der guten Saison, der bis dahin wohl sicher gewordene Verbrecher jedenfalls einmal begeben würde; daß er ihm dann nicht wieder wie in Vincennes eine Nase drehte, sollte s e i n e Sorge sein.

Wie herzlich er von Lobensteins empfangen wurde, läßt sich denken; der Freudenruf, daß er da sei, ging über den ganzen Platz, und Marie, eben mit der wichtigen Arbeit beschäftigt die Kühe zu melken, ließ für den Augenblick Alles stehn und liegen und lief ihm entgegen, ihm die Hand zu geben, und nach Briefen und Nachricht von Clara zu fragen.

An ein flüchtiges Durchreisen durfte er auch, wie ihm von Allen gleich versichert wurde, gar nicht denken, denn einige Zeit wenigstens m u ß t e er bei ihnen bleiben; sie hatten ihn soviel zu fragen, ihm soviel zu erzählen, das ließ sich in einer Woche gar nicht abmachen, dazu brauchte es Monate.

Der kleine Mann lächelte dem herzlichen Willkommen freundlich entgegen; es that ihm wohl, wieder einmal nach dem langen Umherstreifen zwischen lauter fremden, gleichgültigen Menschen, liebe bekannte Gesichter zu sehn, die sich nicht verändert hatten in der langen Zeit und ihm die Hand noch eben so herzlich drückten wie vordem. Er selber aber hatte sich verändert — sehr verändert — er war nicht mehr der fröhliche, stets lachende, zu Lust und Laune stets aufgelegte Junggesell, der er auf dem Schiff, wie nach seinem ersten Betreten des Landes gewesen; er war gesetzt — er war ernst geworden, und wo er früher mit den Kindern gespielt und herumgetobt, nahm er sie jetzt auf den Schooß, küßte sie und wehrte selber, wenn auch freundlich, ihrem wilden jubelnden Muthwillen ab.

Die Mädchen merkten das zuerst; auch sein Aussehn war von dem verschieden, wie sie ihn zuletzt gesehn; er war weit magerer geworden, und sah bleicher aus als früher. — Ihre erste Frage galt auch seinem Wohlsein — ob er krank gewesen? — er verneinte das lächelnd, und sollte nun vor allen Dingen von Clara erzählen, von der sie es sich gar nicht erklären konnten, daß sie nicht geschrieben hatte. Hopfgarten gab darüber im Anfang ausweichende Antworten, als aber am Abend alle übrigen zu Bett, oder wenigstens ihren verschiedenen Schlafstellen zugegangen waren, stattete er den ihm mit todtbleichen Wangen und thränengefüllten Augen gegenübersitzenden Frauen wie dem Professor getreuen Bericht ab über das Geschehene. Du lieber Gott, ein Abgrund öffnete sich hier ihren Blicken, ein Abgrund voll Jammer und Herzeleid, wo sie Glück und Freude vermuthet hatten, und ihre Thränen flossen dem Schicksal der armen Freundin aus vollen, angst- und grambedrückten Herzen.

Am andern Tage ging Hopfgarten mit dem Professor über die ganze Farm, die Verbesserungen anzusehn, die gemacht worden, den wirklich vortrefflich stehenden Mais mit dazwischen gesteckten Wassermelonen und Kürbissen, zu bewundern, und seine weiteren Pläne für die Zukunft anzuhören.

Der Professor schwamm dabei in einem Meer von Wonne; gestand aber doch dem alten Freund, daß das Leben hier ein schmähliches, heidenmäßiges Geld koste, und der ausbezahlte Arbeitslohn, des Webers Jahrgeld noch nicht einmal gerechnet, fast schon sein ganzes mitherübergebrachtes Kapital gefressen habe. Außerdem hatten sie dieses Jahr fast noch Nichts gezogen als Kartoffeln und Gemüse, und mußten jedes Pfund Mehl nicht allein theuer bezahlen, sondern auch noch weit herholen, für die vielen Mägen.

Hopfgarten machte ihm darüber Vorstellungen — er hielt, seiner Meinung nach, viel zu viel theuere Arbeiter, und trotzdem sei eigentlich in der ganzen langen Zeit noch verhältnißmäßig wenig geschehn, auf dem Platz. Das Haus stand allerdings, wenn auch noch nicht ganz fertig, aber was Hopfgarten bis dahin von Amerikanischen Bauten gesehn, so war er fest überzeugt, und sagte das auch dem Professor, daß ordentliche Amerikanische Arbeiter ihm für denselben Lohn, wahrscheinlich aber in dem dritten Theil der Zeit das Gebäude, wie es dastand, aufgerichtet hätten, und daß es wohl recht hübsch sei Deutsche zu beschäftigen und ihnen Brod zu geben, wenn man eben das Geld dazu habe, Jeder aber auch sich selbst der Nächste sei, und mit überhaupt schwachen Geldmitteln vor allen Dingen darauf sehen müsse, Arbeitslohn zu sparen und, was man nicht eben g l e i c h s e l b e r thun könne, noch ein klein wenig ruhen zu lassen, bis die Zeit dazu komme.

Der Professor lächelte stillvergnügt in sich hinein, während Hopfgarten, die Arme auf dem Rücken, langsam neben ihm her und einen schmalen Fahrweg hinschritt, der hinauf nach dem neuen Lusthäuschen führte.

»Mein lieber Herr von Hopfgarten,« sagte er aber endlich, als Jener schwieg, während er neben ihm stehn blieb, und ihm die Hand dabei auf seine Achsel legte — »das verstehn Sie nicht — Sie nehmen mir das nicht übel, aber — das zu beurtheilen, dazu fehlt Ihnen der Überblick.«

»Lieber Herr Professor, ich will mir gar nicht anmaßen. — «

»Nein, nein ich weiß schon,« lachte der Professor, wohl gutmüthig, aber doch auch wieder nicht ganz ohne Schärfe — »Sie behaupten nicht gerade unbedingt, daß Sie recht haben, aber Sie glauben nur, weil Sie so viel im Land umhergereist, und so vielen Menschen dabei über die Fenzen in die Felder gesehn hätten, müßten Sie auch nothwendig die Sache aus dem Grunde verstehn. Laien urtheilen überhaupt schnell über solche Sachen; es giebt aber wohl kaum ein Fach, oder einen Beruf in der ganzen Welt, der mehr, und fast alleinig s o auf Erfahrung basirt ist, a l s gerade die Landwirthschaft, und wie bei einem künstlichen Gewebe, so einfach und glatt das Ganze aussieht, die einzelnen Fäden alle ineinanderschießen und sich durchziehn, und keines fehlen, oder zur unrechten Zeit darf eingesetzt werden, so müssen auch in unserem Fach die einzelnen Beschäftigungen und Gewerke ganz systematisch ineinander greifen, und sich ergänzen, sich unterstützen. Da kann nicht der Eine auf den anderen warten bis der und jener seine Arbeit vollendet; wollte der, der Mais gebaut hat, nachher erst die Scheune dazu aufrichten, wann würde die fertig werden, und was würde aus dem, indessen lang gereiften Mais? Nein, lieber Freund, das gerade tadle ich an den Amerikanern, daß sie nicht vielseitig genug sind, nicht an mehren Ecken und Zipfeln zugleich anfassen; darum kommen sie so selten, wenigstens so langsam zu was; darum wächst ihnen die Arbeit dermaßen über den Kopf, daß sie zuletzt vor Angst nicht wissen mehr wohin, und die Axt dann gewöhnlich in die Ecke, die Büchse über die Schulter werfen, und in den Wald laufen, wie sich bei uns Jemand aus Verzweiflung betrinkt. Ich habe die Sache anders angefangen, lieber Hopfgarten,« setzte er, vertraulich und wärmer werdend, und dessen Arm in den seinen ziehend fort, »ich h a b e die Sache an allen vier Ecken zu gleicher Zeit angegriffen, und während das Ausroden und Fenzriegelspalten fortging, als ob ich erst eine Niederlassung g r ü n d e n wollte, bestellte ein Theil das Feld, ein anderer grub die Stelle aus, wo ich im Herbst die Mühle hinsetzen will, ein dritter ebnete einen Platz für meine, hoffentlich schon im nächsten Jahr zu beginnende, und nach den einfachsten Prinzipien entworfene Zuckerfabrik, ein anderer baut mir nach einer von mir selber erfundenen Construction einen Ofen, Talg und Seife auszukochen, mit denen ich schon um Weihnachten herum einen bedeutenden Export zu bewirken hoffe, und daß wir selbst das Angenehme nicht über dem Nützlichen versäumt haben,« setzte er lächelnd hinzu, »davon mag Sie Eduard überzeugen, der mit dem jungen Theobald hier sehr fleißig beschäftigt gewesen ist eine kleine Stammburg anzulegen.«

Sie hatten indessen wirklich den Platz erreicht, wo von den beiden jungen Leuten eine Art Eremitage, aber mit hohem Balkon und einem sehr niedlich darüber angebrachten Rindendach errichtet war, und Theobald sich gerade damit beschäftigte, die letzte Bekleidung von geschälter Hickoryrinde über die Sitze und das Tischblatt zu nageln, während Eduard lange Stangen geschnitten hatte, der Treppe ein festes Geländer zu geben.

»Wir werden richtig heute noch fertig!« rief ihnen Eduard schon von weitem entgegen, »und können Morgen zu Mariens Geburtstag den Nachmittags Kaffee hier oben trinken — kommen Sie nur einmal herauf, Herr von Hopfgarten, und sehn Sie sich die wundervolle Aussicht an!«

Die beiden Männer kletterten die schmale, etwas schwanke Treppe hinauf, wo die beiden jungen Leute in der That ein reizendes Plätzchen hergerichtet hatten, das auf der einen Seite, eine durch die Wipfel geschnittene Aussicht nach den Hügeln zu gewährte, und auf der anderen, über das niedere Unterholz weg nach dem flacheren Lande hin zeigte. Im Hintergrund trat dabei noch die breite Lichtung einer Nachbarfarm, mit ihrem großen Viereck von grünem Mais, und den regelmäßig darum gezogenen Fenzen, den kleinen wie silbergrau schimmernden Gebäuden, und dem gerade und blau daraus aufsteigenden Rauch gar so freundlich hervor, und bot einen in der That wundervollen Blick dorthin.

»Das ist recht hübsch — wirklich recht hübsch angelegt,« sagte Hopfgarten, »und verräth viel Geschmack — viel Sinn für Naturschönheit; aber — «

»Und Sie glauben gar nicht was es uns für Mühe gekostet hat, die rechten Wipfel und Äste zum Ausschneiden zu treffen,« unterbrach ihn Theobald, »der Mann, den wir dazu hatten, mußte wohl zwanzig Mal in die verschiedenen Bäume hinauf, bald da, bald dort noch etwas wegzuschneiden was, im Anfang versehen, den ganzen Eindruck gestört hätte, und ein paar Bäume mußten wir zuletzt ganz fällen, um sie nur aus dem Weg zu bekommen. Wir haben uns doch über drei Wochen mit dem kleinen unscheinbaren Ding da herumgequält.«

»Die Einweihung soll aber auch feierlich genug werden; es ist prächtig, daß Sie gerade so zu rechter Zeit eingetroffen sind,« rief Eduard, »und wenn ich heute Nachmittag oder Abend noch Glück habe, schieß' ich auch den

Hirsch, der nun schon seit über zwei Monaten von den Nachbarn in unserer Gegend gesehn ist, und dem ich mehr als zwanzig Mal, immer vergebens, zu Gefallen gegangen bin. Ganze Tage habe ich auf dem Anstand gesessen, und einmal hätt' ich ihn beinah bekommen. Jetzt kenn' ich aber seinen Wechsel, und diesen Abend müßte es mit was Anderem zugehn, wenn er mir nicht vor's Gewehr liefe.«

Die jungen Leute ergingen sich dann, während ihnen der Professor lächelnd zuhörte, noch in einer Menge von Plänen und Ideen, wie dieser kleine Platz, den sie ihr *sans souci* nennen wollten, nach und nach zu einem kleinen »Taschenparadies« umgeschaffen werden solle, den Amerikanern in der Nachbarschaft auch einmal zu beweisen, wie sich die S c h ö n h e i t e n des Landes, nicht nur immer die Ackerkrume, ausbeuten und verwerthen ließen. Hopfgarten, der eigentlich im Sinn gehabt hatte, sie darauf aufmerksam zu machen, daß doch wohl jetzt, im ersten Beginn einer Farm, Wichtigeres und Nothwendigeres zu thun bleibe, als auf die V e r s c h ö n e r u n g des Platzes zu denken, schwieg und hörte ihnen, langsam, aber lange nicht selber überzeugt, mit dem Kopfe dabei nickend zu. Der Professor, der seine eigenen Verhältnisse am Besten kannte, mußte doch jedenfalls auch am Besten wissen, ob er jetzt Zeit, Geld und Menschenkräfte, drei sehr wichtige Dinge bei einer neuen Ansiedlung und in Wirklichkeit die drei Hauptadern des Ganzen, darauf verwenden durfte, solche — er hatte nicht gleich in seinen Gedanken einen anderen Namen dafür — Allotria zu treiben.

Während die jungen Leute noch mit ihrem *sans souci* beschäftigt blieben, ging der Professor mit Hopfgarten den Weg wieder zurück, und um die Farm herum, auch die anderen Arbeiter an ihren verschiedenen Plätzen zu besuchen, und kamen zunächst zu der kleinen Lichtung, wo Georg eben damit beschäftigt war, mit einem anderen Deutschen die ersten Pfosten für die beabsichtigte Mühle einzugraben. Die Leute arbeiteten hier fleißig und aus allen Kräften, hatten das Holz schon sämmtlich behauen und herbeigeschleppt, Schindeln gespalten und aufgehäuft, daß sie vor der Benutzung nicht faulen möchten und es fehlte nur eben noch am Aufrichten, was gerade heute begonnen werden sollte.

»Es ist mir recht lieb, daß Sie herkommen, Herr Professor,« sagte Georg nach der ersten Begrüßung und als sein Principal zu den gegrabenen Löchern getreten war, ihre Tiefe anzusehn, »das Wasserrad ist doch noch nicht fertig, und das Aufrichten können wir in einigen Tagen beenden, so wollten wir Sie fragen, ob wir die Stützen nicht lieber noch ein wenig weiter hinausrücken dürften; wir haben Schindeln genug und die Querbalken sind auch noch nicht abgeschnitten.«

»Weshalb?« frug der Professor, sich rasch nach ihm umwendend.

»Mir kommt das Ganze im Innern ein wenig zu eng vor,« sagte Georg leicht erröthend.

»I h n e n kommt es zu eng vor, lieber Donner?« wiederholte der Professor zwar freundlich, doch mit einem leisen Anflug von Ironie im Ton, »aber ich habe den Plan gemacht und nach sorgfältiger Berechnung das Angegebene für gut befunden. Sie haben doch den Plan.«

»Allerdings, aber — «

»Nun gut, was wollen Sie mehr; richten Sie sich nur nach dem.«

»Ich verstehe allerdigs nichts von dem Bau,« sagte Georg tiefer erröthend, »als was ich eben bei Amerikanern davon gesehn, aber demnach kam es mir vor, als ob der Platz im Inneren zu sehr beschränkt würde, noch dazu, da die Mühle für den Sommer ja auch so eingerichtet werden soll, daß sie mit Pferdekraft getrieben werden kann. Überdies hätten wir nicht einmal weitere Arbeit damit, als jetzt ein paar andere Löcher zu graben, und vielleicht einen einzigen neuen Querbalken abzuschlagen, während bei einer späteren Änderung — «

»Thun Sie mir den Gefallen, lieber Donner,« sagte der Professor ruhig, »stellen Sie die Sache auf, wie ich es Ihnen angegeben, und machen Sie sich keine weitere Sorge darüber. Jeder Punkt ist berechnet, die Berechnung stimmt, was wollen Sie mehr? daß meine Mühle nicht so sein wird, wie die Amerikanischen, weiß ich vorher, das liegt aber auch gar nicht in meinem Plan; ich habe hier eben die Raum verschwendende Amerikanische Einrichtung auf ihr nöthiges aber auch hinreichendes Maß zurückgeführt, und Sie sollen einmal sehn, die Amerikaner werden, wenn sie klug sind, meinem Beispiel folgen. Es wird übrigens bald Essenszeit sein und sie kommen lieber mit zum Hause,« setzte er freundlicher hinzu, als er sah, wie bereitwillig sich der junge Mann dem ausgesprochenen Bescheide fügte.

Capitel 7.

Mariens Geburtstag.

Am nächsten Morgen, als einem Sonntag, mit Sonnenaufgang, wo die Frauen allerdings schon im Haus beschäftigt, aber noch nicht sichtbar waren, machte Hopfgarten einen kleinen Spaziergang allein in den Wald, seinen eigenen Gedanken wieder einmal ungestört nachhängen zu können, als er Jemanden Holz hauen hörte und den jungen Donner fand, ein paar Hickoryäste für das Kaminfeuer in Lobensteins Haus zu schlagen.

Hopfgarten hatte den jungen Mann von allen Zwischendecks-Passagieren immer am liebsten leiden mögen, und sein jetziges ganzes Benehmen bestätigte ihm die gute Meinung, die er früher von ihm bekommen, nur noch mehr.

»Nun, lieber Donner,« sagte er, sich ihm gegenüber auf einen von ihm gefällten Baum setzend, »wie ist es Ihnen die Zeit über gegangen? — wir haben noch nicht einmal ein vernünftiges Wort mitsammen reden können und — ich möchte doch Manches von Ihnen erfragen.«

»Gut, Herr von Hopfgarten,« sagte der junge Mann, sich lachend auf seine Axt stützend und zu dem früheren Reisegefährten hinüberschauend, — »gut, wenn auch manchmal ein wenig bunt. Das Amerika ist ein wunderliches Land, und wer da 'nicht mitschiebt, w i r d geschoben'.«

»Allerdings, allerdings,« lächelte Hopfgarten, »also S i e haben mitgeschoben?«

»Aus Leibeskräften,« lachte Georg. »Zuerst, nur um mein Brod zu verdienen, wurde ich Feuermann auf einem Dampfboot — ein Hundeleben, bei Gott, aber doch ein Leben, bei dem ich wenigstens dreißig Dollar den Monat verdiente, eben keine Ausgaben weiter hatte, und ein tüchtiges Stück von Amerikanischem Leben und Treiben, wie von dem Lande selbst zu sehn bekam. Auf die Länge der Zeit griff es aber doch meinen Körper zu sehr an, und um nicht etwa gar krank zu werden, gab ich es auf und wurde Holzschläger am Mississippi, wo ich nicht ganz so viel verdiente, denn ich bekam 75 Cent für die Klafter aufzusetzen, und mußte die Woche noch einen Dollar Kost für Speck und Brod zahlen. Aber auch hier trieb mich das Sumpffieber, das hier sogenannte *ague* oder kalte Fieber fort, und ich fuhr, dem vor allen Dingen einmal gründlich aus dem Weg zu gehn, nach Norden hinauf. Vorher wollte ich es allerdings noch erst einmal mit der Jagd versuchen, denn allerlei romantische Beschreibungen, die ich darüber gelesen, hatten den Amerikanischen Wald für mich mit einem gewissen

Zauber übergossen, dem ich doch nicht ganz widerstehen konnte. Ich bin aber von je her viel zu wenig Jäger gewesen, allein in der Jagd selber auch meinen ganzen Lohn für alle die entsetzlichen Strapatzen und Beschwerden zu finden, wie ich sie da ertragen mußte; Nutzen war auch nicht daraus zu ziehen, denn wo es wirklich Wild gab, wie mir das schon früher ein Freund bestätigt, bekam man Nichts dafür, und wo ich Wildpret und Haut hätte gut verkaufen können, war ich nicht im Stande genug zu schießen, mich nur am Leben und in Kleidung zu halten. Hier eben angelangt, arbeitete ich dann ein paar Monate bei einem Amerikaner auf einer Farm, machte dabei eine sehr glückliche Kur an seiner Frau, und wäre auch dort so leicht nicht fortgegangen, wenn nicht der Mann selber, mit seinem Pferd stürzend, den Hals gebrochen hätte, wonach die Frau die Farm verkaufte, und zu ihren Verwandten nach New-York zurückging.«

»Das war etwa funfzehn Miles weiter den Ohio hinab, und dort hörte ich denn auch in jener Zeit, daß Professor Lobenstein mit seiner Familie sich hier niedergelassen, eine ziemlich bedeutende Farm gekauft habe und viel deutsche Arbeiter beschäftige. Lobensteins hatten sich an Bord immer schon so hübsch benommen,« setzte er nach einigem Zögern hinzu, »daß ich beschloß, ihnen meine Dienste anzubieten und — da bin ich.«

»Aber warum um Gottes Willen folgen Sie nicht lieber Ihrem Beruf, in dem ich Ihnen vollkommen genügende Geschicklichkeit zutraue recht Gutes zu leisten?« rief Hopfgarten; »Sie wollen doch nicht Bauer bleiben Ihr Lebelang?«

»Und warum nicht?« sagte Georg, nach einigem Zögern — »habe ich doch dabei zuerst die Hoffnung selbstständig werden zu können.«

»Weshalb practiciren Sie nicht?«

»Aufrichtig gestanden,« rief der junge Mann, »weil ich den Muth nicht dazu habe. Jeder hergelaufene Arzt, er mag seine Sache verstehn oder nicht, jeder Chirurg, der daheim Nichts anderes betrieben als Aderlassen und Schröpfen, jeder wandernde Krämer selbst, der sich für ein paar Dollar Pulver und Pillen in seinen Kasten gepackt, wird hier zum Arzt, verschafft sich auch wohl, wenn es Noth thut ein Diplom, und kurirt, unüberwacht, unbestraft darauf los nach Herzenslust. Das Publicum ist nicht mehr im Stande den guten von dem schlechten Arzt zu unterscheiden, und wendet sich dem zu, der den meisten Spektakel von sich macht oder machen läßt. Die Marktschreierei ist deshalb hier auch wirklich auf ihren Gipfelpunkt gestiegen, und man braucht nur die Anzeigen in den verschiedenen Tagesblättern zu lesen, um einen völligen Ekel davor zu bekommen. Ich selber passe nicht dazu, mich zwischen d a s Gesindel zu mengen, ich habe nicht — Selbstvertrauen genug und will lieber den sicherern, einfacherern Weg einschlagen, mir erst ein kleines Eigenthum zu gründen. Kann ich es dann später damit vereinigen, an dem Ort wo ich mich niedergelassen, und zu dem ich jedenfalls einen gut besiedelten Platz wählen würde, auch vielleicht zu prakticiren, desto besser, geht das nicht, dann weiß ich, daß ich als Farmer nicht allein durch, sondern mit Fleiß und nur etwas Glück auch v o r w ä r t s komme, und das genügt mir.«

»Bravo!« sagte Hopfgarten, freundlich mit dem Kopfe nickend — »recht brav — S i e werden auch schon durchkommen, lieber Donner, dafür ist mir nicht bange — wenn ich nur mit allen anderen Leuten so sicher wäre — « setzte er nach einer kleinen Pause recht tief aufseufzend und vor sich niedersehend hinzu.

Donner schwieg ebenfalls kurze Zeit und begann wieder langsam an dem Holz zu schlagen, das vor ihm lag, hieb dann die Axt in den Stamm, und sah Hopfgarten forschend an.

»Sie meinen den Professor,« sagte er endlich.

Hofgarten erwiederte Nichts darauf, nickte aber schweigend mit dem Kopfe und Georg fuhr jetzt lebendiger, wie selber froh, sich einer Last entladen zu können, die er auf dem Herzen habe, fort:

»Lieber Herr — Sie — Sie stehn der Familie näher wie ich — sind mit ihr befreundet und Ihr Wort gilt, ich weiß es, viel; ich bin nur Arbeiter auf der Farm und als solcher dem Professor selber, was eben die A r b e i t betrifft, am wenigsten zugänglich. Bleiben Sie noch einige Zeit hier bei uns — beobachten Sie das ganze Wesen und Treiben, die ganze Behandlungsart, den A u f w a n d , mit dem Alles an Zeit und Arbeitskräften geschieht, und sagen S i e dann selber, ob ich nicht recht habe, wenn ich behaupte, das ganze Wesen der Farm, die Leitung des Ganzen sei nicht in guten Händen, und k ö n n e auf die Länge der Zeit so nicht fortbestehn, wenigstens nicht zu einem Resultate führen, wie w i r es ja doch wohl Beide den sonst so guten lieben Menschen wünschen.«

»Ich fürchte, lieber Donner, Sie haben recht,« sagte Hopfgarten, der indessen mit seinem kleinen Spazierstock die in dem Gras vor ihm liegenden gelben Blätter aufgespießt und fortgeschnellt hatte — »ich fürchte, Sie haben recht; der Professor ist nicht praktisch.«

»Der unpraktischeste Mensch unter der Sonne!« rief Donner, »und jetzt von dem überspannten Gesellen, dem Dichter, noch mehr verdorben, der ihm fortwährend Weihrauch streut, und immer vor Erstaunen außer sich ist über die »Musterwirthschaft«. — Wie lange soll das aber dauern?«

»So lange baar Geld da ist,« sagte Hopfgarten, fast mehr mit sich selbst, als zu dem jungen Manne redend.

»Und auch das scheint auf die Neige zu gehn,« sagte Donner leise.

»Wie so? — was wissen Sie davon?« rief Hopfgarten, rasch zu ihm aufsehend.

»Anstatt seinen Viehstand zu vermehren, hat er wieder zwei von seinen Kühen fast u n t e r dem Preis verkauft,« sagte Donner, »er hofft dabei fortwährend auf die hohen Maispreise und die baldige Erndte sowohl, wie auf den Ertrag der Mühle und seine Talg- und Seifensiederei. Was er noch an Capitalien liegen hat, weiß ich nicht; möglicher Weise sind diese bedeutender als ich jetzt glaube, und ich will es zu seinem Besten hoffen, aber seine letzte Reise nach Cincinnati hat wenigstens einen Theil davon wieder flüssig gemacht, der aber bei den jetzigen, im Verhältniß zu der Farm v i e l zu großen Auslagen, auch nicht so lange anhalten kann. Er beschäftigt eine Menge Arbeiter — das gerechnet was sie ihm leisten — für nicht viel mehr, als sie eben zu beschäftigen, und so gern ich arme Deutsche in dem fremden Lande unterstützt sehe, thut es mir doch in der Seele weh, Zeuge sein zu müssen, wie ein Haufen faules Gesindel, die Güte und — um g a n z aufrichtig zu sein, denn lieber Gott, ich will ja dem wackern Manne nichts Böses nachsagen — die Unerfahrenheit des Professors benutzt, so wenig wie möglich zu arbeiten und seinen Lohn allwöchentlich regelmäßig einzustecken. Läßt er sich dann noch dazu nicht davon abbringen die Zuckerfabrik, von der er keinenfalls genug versteht einen Anfang in einem neuen Lande damit zu machen, zu beginnen, so bin ich überzeugt, daß er sein Vermögen dabei, und wenn er noch über viele Tausende zu gebieten hätte, geradezu zum Fenster hinauswirft, und seinen Reden nach scheint er erst von allen diesen Einrichtungen ein Einkommen, die jetzigen bedeutenden Auslagen zu bestreiten, zu erwarten.«

»Schlimm, s e h r schlimm, wenn Sie recht hätten,« seufzte Hopfgarten, » — und ich fürchte fast, daß dem so ist.«

»Auch mit dem Ankauf der Farm ist er schmählich betrogen worden,« fuhr Donner fort — »ich habe Gelegenheit gehabt mich nach dem Preis derartiger *improvements,* wie man solch halbwilden Fleck noch überall nennt, zu erkundigen, und w e i ß, daß er um die H ä l f t e des Geldes, einen günstiger gelegenen Ort gefunden haben konnte wie dieser ist. Er hat sich darin übereilt, und wird noch lange hinaus dafür büßen müssen, da er, der bedeutenden Transportmittel wegen, gar nicht im Stande ist, in dem Preis seiner Produkte, z. B. mit den dicht am Ohio liegenden Farmen zu concurriren. Aber was geschehen ist, ist geschehn; wenn er denn nur j e t z t wenigstens Alles thäte, die einmal begangene Übereilung wieder gut zu machen; doch er hört und sieht nicht, und hat sich selbst schon einige Mal mit dem Weber, der wirklich ein tüchtiger fleißiger Mann, und wenn auch gleichfalls unpraktisch, doch wenigstens Alles in seinen Kräften stehende thut, den Nutzen seines jetzigen Herrn zu wahren, ganz ernsthaft gezankt und ihm Undankbarkeit, und Gott weiß, was sonst noch, vorgeworfen. Mich selber fortzuschicken ist er schon drei oder vier Mal auf dem Punkt gewesen, während er gegen den eigenen Sohn, der seine Zeit geradezu aus dem Fenster wirft, an Blindheit grenzend, nachsichtig ist. Eduard würde ein ganz tüchtiger braver Junge werden, wenn er unter ordentlicher Aufsicht stände; s o wird ein Vagabund aus ihm, und den zu vervollkommnen, ist jetzt Herrn Theobald's eifrigstes Bestreben. Weiß es Gott,« fuhr Georg, der einmal im Zuge war, und dem es wohlthat, sein Herz endlich einmal gegen Jemand auszuschütten von dem er wußte, daß er es auch gut mit der Familie meinte — »wäre es nicht der Frauen wegen, die von einer unbeschreiblichen Liebenswürdigkeit und Herzensgüte sind, und dabei arbeiten, als ob sie von Kindheit auf nichts Anderes gekannt hätten wie Magddienste zu verrichten, ich hätte mein Bündel schon lange wieder geschnürt, weiter zu ziehn, denn es thut mir in der Seele weh, den Professor, und sie mit ihm, wenn auch langsam, doch ganz unvermeidlich, einer recht trüben Zeit entgegen gehn zu sehn.«

»Ich will mit ihm reden,« sagte Hopfgarten, entschlossen von seinem Sitze aufstehend — »recht ernsthaft will ich mit ihm reden, und sehn, was sich thun läßt aber — ich fürchte fast, es wird vergebens sein. Der Professor, so seelensgut und rechtschaffen er sonst sein mag, ist Einer der Leute, die sich ihre Systeme selber aufbauen, und was sie einmal in einem Buch lesen, und von einem wildfremden, ihnen vollkommen gleichgültigen Menschen lesen oder hören, zehntausend Mal lieber befolgen, als was ihnen ihre besten Freunde, Menschen von denen sie überzeugt sein m ü s s e n, daß sie es gut mit ihnen meinen, rathen. Ich weiß über seine früheren Verhältnisse wenig oder gar Nichts, aber es sollte mich nicht im Mindesten wundern zu erfahren, daß ihn das auch von Deutschland weggetrieben hat, und es würde ihm nicht das Geringste schaden, wenn er erst einmal durch Schaden klug werden sollte — hätten die armen Frauen nicht dann gerade am Meisten darunter zu leiden; eine solche Klugheit könnte nachher am Ende, wenn A l l e s verloren ist, sogar zu spät kommen.«

»Das wollen wir nicht hoffen,« sagte Georg leise — »es wäre ja doch z u traurig, wenn die armen Frauen die Schuld des Vaters und Gatten büßen müßten; von vorn beginnen wieder, in Amerika — in einer Wildniß dann, auf billigem Grund und Boden und von a l l e n Hülfsmitteln entblößt, von denen ihnen jetzt schon lange nicht alle früher gewohnten zu Gebote stehn, wie sollten sie es da ertragen, und welche Vorwürfe müßte sich der Mann dann selber machen.«

»Noch wollen wir das Beste hoffen, lieber Donner,« sagte Hopfgarten ernst, »aber es giebt viel, viel Elend hier in dem weiten Reich, mehr als ich früher selber eine Ahnung davon gehabt, und so kurze Zeit ich auch hier bin, hab' ich doch schon entsetzlich viel davon gesehn; und überall k a n n man doch nicht helfen. Ich baue h i e r aber viel auf Sie,« fuhr er, dem jungen

Mann die Hand hinüber reichend, fort — »guter redlicher Willen kann Manches ablenken, was sich drohend heraufziehen sollte, und der Professor ist dann doch nicht b l i n d . Reitet er sich mehr und mehr in Verlegenheiten hinein, wird er auch um so williger nach der Hand greifen, die sich fest und männlich nach ihm ausstreckt, und die falschen von den rechten Rathgebern wohl unterscheiden lernen.«

»Wenn er die rechten dann nur nicht vor der Zeit von sich stößt,« sagte Georg seufzend.

»Dann geschiehts ihm eben recht,« polterte Hopfgarten ärgerlich heraus — »wem nicht zu rathen ist, ist selten zu helfen, wenigstens jetzt noch nicht, und er m u ß dann eben durch Schaden klug werden.«

»Lieber Herr von Hopfgarten,« brach in diesem Augenblick der junge Mann das Gespräch ab, oder lenkte es wenigstens nach anderer Richtung, indem er zugleich seine Arbeit wieder aufnahm, das Holz fertig zu hauen und zum Haus zu schaffen — »ich glaube Sie haben Briefe von Henkels mitgebracht — wie geht es der Madame Henkel?«

»Kennen Sie Henkels genauer?« rief Hopfgarten rasch und aufmerksam werdend, denn er hoffte, hier schon wieder, und ganz unerwarter Weise, eine Spur zu finden.

»Nicht genauer als vom Schiff,« sagte aber der junge Donner ruhig — »leider hörte ich zu spät in New-Orleans, daß die arme junge Frau recht ernstlich krank geworden und mich habe suchen lassen. Ich war damals gerade im Begriff stromauf zu gehen, und habe sie, wie ich nach New-Orleans zurückkehrte, wie eine Stecknadel in der ganzen Stadt gesucht, ohne im Stande zu sein, sie aufzufinden.«

»Ich habe sie jetzt gesehn.«

»Und es geht ihr gut?«

»Besser wenigstens als früher; sie ist nach Europa zurückgekehrt.«

»So? — schon jetzt? ich glaubte nicht, daß Henkel seine Geschäfte so rasch hier beenden würde.«

Hopfgarten zögerte einen Augenblick mit der Antwort, aber er durfte auch keine Mittel versäumen Nachricht von dem Mann, wenn er irgendwo wieder auftauchen sollte, zu bekommen; so nach einigem Zögern sagte er langsam:

»Henkel selber ist noch hier — es sind — es sind Sachen vorgekommen, die — die seinen längeren Aufenthalt; — aber zum Teufel auch, ich sehe nicht ein weshalb ich Ihnen ein Geheimniß aus einer Sache machen soll, die eigentlich überdieß kein Geheimniß mehr ist. Henkel ist ein nichtswürdiger

S c h u r k e , der seinen Schwiegervater auf das Scheußlichste bestohlen und betrogen, seine Frau dann eben so schändlich verlassen hat, und den aufzufinden ich jetzt in den Staaten die Kreutz und Quere schon Monate lang herum gefahren bin. Da haben Sie die ganze Geschichte, und wenn Ihnen jemals dieser Schuft in den Weg laufen sollte, so wissen Sie vor allen Dingen, woran Sie mit ihm sind, und dann thun Sie mir einen ungeheuern Gefallen, wenn Sie mir augenblicklich nach dem St. Charles Hotel in New-Orleans schreiben, wo er möglicher Weise anzutreffen ist, denn e h e ich ihn treffe, verlasse ich Amerika nicht wieder.«

»Aber ich begreife nicht,« — rief Georg in Schreck und Staunen aufsehend —

»Wäre auch eine viel zu weitläufige Geschichte, Ihnen jetzt breit auseinander zu setzen; übrigens sollen Sie das Nähere doch noch erfahren, ehe ich diesen Platz verlasse, und Sie mögen jetzt selber urtheilen, was für ein Schurke dieser Henkel oder Soldegg oder Holwich — denn er hat Namen wie Sand am Meere, ist, und welche Scheusale auf der Welt umherwandern.«

»Die arme, arme Frau,« sagte Georg leise, »ach, daß ich sie damals doch gefunden; wie gern hätt' ich ihr beigestanden — wie nützlich ihr vielleicht sein können.«

»Das hat nicht sein sollen,« tröstete sich Hopfgarten, »und ist jetzt noch Alles gut geworden, ihr Vater hat sie selber abgeholt.«

»Von Heilingen aus?« rief Georg schnell.

»Kennen Sie ihn?«

»Recht gut — ich war oft in Heilingen — Waldenhayn wo ich zu Hause bin, liegt gar nicht so weit von dort — Apropos Waldenhayn — erinnern Sie sich des schwarzhaarigen Mannes, mit der schlanken, magern Frau an Bord, die fortwährend krank war, und im Anfang stets so große unächte Ohrringe und Halskette trug?«

»Ja wohl — was ist mit denen?«

»Ich weiß nicht, ob Sie den Steckbrief in den deutschen Zeitungen gelesen haben, nach dem ein Mann mit seiner Frau, die ihre vier Kinder — das jüngste noch fast ein Säugling in Deutschland allein zurückgelassen hatten und nach Amerika gegangen waren.«

»Ja wohl,« rief Hopfgarten rasch — »das waren doch nicht jene Beiden? Heiland der Welt, was haben wir für eine Bande von Verbrechern mit über das Wasser geschleppt, die drei Eisengefangenen gar nicht gerechnet. Der Bursche hieß Meier, wenn ich nicht irre.«

»Eigentlich Steffen, oder der schwarze Steffen genannt — er war aus Waldenhayn.«

»Und was ist aus den Beiden geworden?« frug Hopfgarten.

»Sie waren mit an Bord der Backwoods Queen, auf der ich feuerte, als wir unterhalb Memphis einen Kessel platzten und strandeten.«

»Das haben Sie erlcbt?« rief Hopfgarten schnell, und ein Theil des alten Humors blitzte ihm wieder aus den Augen, »Sie Glückspilz — ich gäbe wahrhaftig funfzig Thaler, wenn ich hätte dabei sein können.«

»Mir wäre die Erinnerung um weniger feil,« sagte Georg schaudernd — »der arme junge Bursche an Bord, der von Bremen glücklich desertirt war, kam auch dabei um's Leben. Dort erkannte ich jenen Steffen, und die Amerikaner, denen ich sein scheußliches Verbrechen erzählte, wollten ihn hängen, aber er floh in den Wald einer großen Insel im Mississippi, auf der wir fest saßen, und dort ließen wir ihn zurück; ich habe nie wieder etwas von ihm gehört.«

»Und die Frau?«

»War wie tiefsinnig geworden; ich nahm sie mit bis nach Memphis und verschaffte ihr dort ein Unterkommen. Als ich aber später nach ihr frug, sagten mir die Leute, denen ich natürlich ihr Vergehen nicht erzählt, daß sie sich vollständig erholt und fleißig und unverdrossen gearbeitet, aber nie ein Wort gesprochen hätte. Nur im Anfang soll sie ein einziges Mal geäußert haben, daß sie sich Geld sparen und nach Deutschland zurückkehren wollte. Sie wusch für andere Leute und war dann, nachdem sie ihre Kost und Wohnung ordentlich bezahlt, zu Fuß stromab gegangen.«

»Durch den Wald?« rief Hopfgarten erstaunt.

»Wohin, wußte Niemand, hat sie New-Orleans aber zu Fuß erreichen wollen, so muß sie in den Sümpfen umgekommen sein.«

»Desto besser für sie,« sagte der kleine gutherzige Mann schaudernd — »großer Gott, eine Mutter, die solcher Art ihre Kinder verlassen kann, trägt den Fluch ihres Schöpfers, ihrer eigenen Eltern mit sich herum; möge ihr Gott einst gnädig sein. Aber wer kommt dort?« unterbrach er sich plötzlich, als er Jemand den schmalen Pfad herunter kommen sah.

»Das ist Theobald,« lächelte Georg — »er macht Gedichte — seine schwächste Seite — vielleicht zur Feier des heutigen Tages. Gegenwärtig betrachtet er den Landbau von der poetischen Seite, und besingt alle Pflüge und Eggen; wir wollen ihm lieber aus dem Wege gehn.«

»Ließt er manchmal vor?« rief Hopfgarten rasch und fast ängstlich — Georg lachte.

»Wenn er Schlachtopfer findet, ja; aber hier ist selten Jemand der Zeit hätte ihm zuzuhören.« Und seinen indeß abgehauenen Klotz auf die Schulter nehmend und mit der Axt stützend, trat er den Heimweg an.

»Hallo, warten Sie,« rief aber Hopfgarten rasch, »so ganz leer, mit dem Spatzierstöckchen, laufe ich auch nicht neben Ihnen her — darf ich eins von den anderen Stücken mitnehmen?«

»Wenn Sie wollen,« lachte Georg zurück, der stehen blieb und sich nach ihm umdrehte — »dort das schwächere; aber Sie werden sich schmutzig machen.«

»Ah bah, das ist trocken und staubt wieder ab — so — der hier wird's thun — ahoy — y — sehn Sie, das geht vortrefflich — nun bringen wir gleich eine ganze Ladung zusammen fort. Ah guten Morgen Herr Theobald; schon so fleißig? — Sie könnten auch ein Stück von dem Hickoryholz mit aufpacken und zum Haus nehmen, nachher hätten wir für den ganzen Tag genug!«

Leute die selten oder nie gröbere Arbeiten verrichten, können, wenn sie wirklich einmal zufassen, nicht gut einen anderen Menschen müßig sehn; es macht sie gleich ungeduldig und mürrisch und sie betrachten das gewissermaßen als ein ihnen selbst geschehenes Unrecht. Theobald aber hielt, wenn er an Wochentagen auch wenig that, die Sonntage besonders heilig, und war jetzt überdieß <u>zu</u> vertieft in einer anderen höheren Sphäre, viel Notiz von der freundlichen Zumuthung zu nehmen.

»Ah guten Morgen Herr von Hopfgarten,« sagte er — »Sie bemühn sich selber?« und schritt dann langsam an den Männern mit ihrer Last vorüber.

»Faulpelz,« brummte Hopfgarten, dem schon anfing warm zu werden, zwischen den Zähnen durch, »Dich sollt' ich auf m e i n e r Farm haben, ich wollte Dich lehren Gedichte machen.«

Am Hause angelangt, warfen sie ihre Last ab, und wurden hier besonders lachend von den Mädchen begrüßt, die Herrn von Hopfgarten nicht genug bedauern konnten, seinen eigenen Rücken als Polster für das harte Holz hergegeben zu haben.

Capitel 7.
Click to ENLARGE

»Erst meinen herzlichsten Glückwunsch für den heutigen Tag!« rief aber Hopfgarten, Mariens Hand ergreifend und fest und freundlich drückend — »mögen Sie n u r frohe Tage hier finden, meine liebe Marie, und Ihr ganzes Leben ein so milder Sonnentag sein, wie er sich heute klar und rein über Ihrem Hause ausspannt.«

Marie erwiderte den Druck, leicht erröthend und mit ihrem lieben Lächeln recht treuherzig und dankend in des Freundes Augen schauend, als Georg ihr schüchtern nahte und mit viel leiserer, fast bewegter Stimme sagte:

»Darf auch ich mich demselben Wunsche anschließen, Fräulein Marie? Andere mögen die Worte künstlicher setzen, aber sie können es nicht ehrlicher und herzlicher mit Ihrem Wohle meinen.«

»Ich danke Ihnen — danke Ihnen so herzlich wie der Wunsch geboten ist,« sagte Marie auch ihm die Hand reichend, viel tiefer aber dabei erröthend, als das eigentlich nöthig gewesen wäre — »ich weiß, daß Sie es gut meinen — mögen Sie sich r e c h t l a n g e wohl bei uns fühlen.«

»Übrigens meine Damen,« rief Hopfgarten, wieder in seiner alten launigen Weise, indem er sich den Schweiß mit seinem Tuch von der Stirne trocknete, »thun Sie gerade als ob ich zu gar Nichts gut wäre, und mir im schlimmsten Fall nicht auch mein Brod durch meiner Hände Arbeit verdienen könnte. Da sehn Sie hier meinen Geschäftsfreund an, den jungen Donner, über den wundert sich Niemand, daß er Holz schleppt, und den ganzen Tag draußen mit Axt und Pflug und Hacke und Spaten herumarbeitet, und der ist zu Hause eben so wenig daran gewöhnt gewesen; warum bedauern Sie den nicht?«

»Herr Donner ist auch eine Ausnahme von der Regel,« rief Anna freundlich, »der faßt zu, als ob er wirklich dazu geboren wäre, und hat dabei Lust und Freude an der Sache.«

»Und thun Sie das nicht selber Fräulein Anna?« sagte der junge Mann, »arbeiten nicht Sie und ihr Fräulein Schwester, die beide in weit anderen Verhältnissen erzogen sind, von Früh bis Nacht, und glauben Sie, daß ein Anderer da ruhig daneben stehn und n i c h t mit zugreifen könnte?«

»Oh ja,« lachte Marie mit einem halbverstohlenen und recht schelmischen Blick nach Georg hinüber, »Herr Theobald kann das ruhig mit ansehn.«

»Er schwärmt in höheren Regionen« lachte Anna, »und da dürfen wir es ihm schon nicht so übel nehmen. Wenn er auch einmal für d i e s e Welt zu sorgen hat, wird sich das schon bei ihm ändern.«

»Wir sind ihm eben im Walde begegnet,« sagte Hopfgarten, »und wenn mich nicht Alles getäuscht hat, verbarg er wie wir ihm näher kamen, ein Papier.«

»Oh, er macht jedenfalls einen Prolog zum heutigen Feste« rief Marie — »zur Einweihung unseres Lusthauses — er wollte den Platz auch nach mir »Mariens Ruhe« nennen, Eduard aber meinte, es würde weit passender »Theobalds Schweiß« heißen, denn es sei ihm blutsauer dabei geworden, trotz den wildledernen Handschuhen.«

»Alle Wetter, wer kommt da?« rief Hopfgarten plötzlich das Gespräch unterbrechend, und den Fahrweg nieder deutend, »das ist ein alter Bekannter, so wahr ich lebe.«

»Maulbeere! — Maulbeere!« rief George — »hahahaha und noch immer in dem grünen Rock; der ist doch unverbesserlich!«

»Wahrhaftig, der wunderliche Mensch aus dem Zwischendeck!« rief Marie, lachend in die Hände schlagend, »mit seinem Karren vor sich her, da muß ich nur gleich den Vater rufen, daß der ihn auch sieht.«

Der eben Ankommende war in der That niemand Anderes als unser alter Freund Maulbeere von der Haidschnucke, der Mittel und Wege gefunden hatte sich und seinen Karren von New-Orleans aus bis hierher zu bringen.

Georg hatte aber Recht, Maulbeere sah genau noch so aus wie an Bord, mit demselben alten, bis oben hin zugeknöpften Rock — nur neue K n ö p f e mußte er jedenfalls bekommen haben — denselben karirten Hosen, demselben alten Hut, derselben räthselhaft verborgenen Wäsche, den Zipfel eines alten roth und weiß karirten baumwollenen Taschentuches ausgenommen, der ihm vorn zwischen dem zugeknöpften Rock etwas kokett, sonst aber ganz anspruchslos herausschaute. Auch die nämliche alte Pfeife mit dem schauerlichen rothgeschmückten Frauenkopf darauf, trug er noch zwischen den Zähnen, und ordentlich dick und fett geworden, war er in der Zeit. Sein Gesicht strotzte von Gesundheit, die Backen, die er an Bord etwas eingefallen trug, hatten Fülle bekommen, während die kleinen grauen Augen lebendiger als je unter den hochblonden und entsetzlich struppigen Augenbrauen vorblitzten.

Wie er die Gruppe übrigens vor dem Haus entdeckte gewann seine ganze Gestalt Leben; er richtete sich höher auf, blies den Rauch in starken Puffen aus seinem kleinen Stummel, und seinen Karren vertrauensvoll dem Rückband überlassend nahm er den Hut mit der rechten Hand ab, schwenkte ihn ein paar Mal um den Kopf, und rief mit lauter fröhlicher Stimme:

»Land! Land! Hurrah noch einmal, da ist die ganze Haidschnucke versammelt, und wie die Orgelpfeifen in der Kirche stehn die Herrschaften da; drüben der Weber mit der ganzen Famile, und hier Cajüte und Zwischendeck in geschlossenem Bunde. Herr von Hopfgarten, meine schönste Empfehlung — Herr Professor ich melde mich eingetroffen.«

Die letzte Anrede galt dem, von Marie gerufenen, eben aus dem Haus tretenden Professor, der aber auch den Scheerenschleifer lächelnd begrüßte und dem Mann, mit dem er an Bord nie eine Sylbe gesprochen, jetzt freundlich die Hand entgegenstreckte, da er ihm an Land, und auf dem eigenen Land begegnete.

»Ei, ei Herr Maulbeere, das ist ja ein recht lebendiges Schiffs-Andenken, wie er da vor uns gewissermaßen aus dem Boden steigt. Wie geht es Ihnen, wo haben S i e sich die ganze Zeit herumgeschlagen und kommen Sie mit d e r Fuhre direkt von New-Orleans?«

»Habe die Ehre mich dem Herrn Professor ganz gehorsamst zu empfehlen,« sagte aber Maulbeere mit vieler Förmlichkeit, und einer

Verbeugung, die er zugleich dazu benutzte sein Tragband von dem Karren abzuhaken, »hörte hier in der Nachbarschaft, daß ganz in der Nähe deutsche Schiffsgesellschaft zu finden wäre, und habe mir die Freiheit genommen Ihnen meine Dienste anzubieten.«

»Nun das ist schön, das ist sehr schön, lieber Maulbeere, Ihre Kunst — Sie sind Scheerenschleifer, nicht wahr?«

»Scheeren, Messer, Instrumente, Werkzeuge schleif ich zur Perfektion — «

»Nun gut, wollen wir nachher — «

»Bessere dabei zugleich defekte Töpfe und Geschirre aus — «

» — in Anspruch nehmen — für jetzt — «

» — kitte Porcellan, Glas, Steingut, Gyps, Marmor — « fuhr aber Maulbeere, ohne sich unterbrechen zu lassen fort, »reparire Stutz- und Taschenuhren — heile Pferde-, Rinder- und Schafkrankheiten — habe ein Depot vorzüglicher Pillen und Latwergen für alle nur erdenkliche Leibesschäden und Gebrechen — schneide Hühneraugen aus, bespreche Warzen, mache Flecken aus Kleidern und Wäsche — Dinte-, Fett-, Blut-, Wein-, Kaffee-Flecken — bin Besitzer eines vorzüglichen Feuer-Diamants alle Arten von Hohl-, Milch-, Cylinder-, Spiegel- und Tafelglas in allerhand beliebige Verzierungen schneiden zu können — es kommt auf die Farbe des Glases nicht an, es kann auch gepreßt, geschliffen oder gemalt sein, es schneidet allemal durch und durch — verkaufe ausgezeichnete Recepte zu Stiefelwichse und Schmiere — habe Gift für Ratten, Mäuse, Wanzen, Flöhe, Läuse, Schaben, Insektenpulver — eine vorzügliche Krätz- und Ausschlagsalbe — Schönheitstinkturen und Faltenvertilger, löthe und niete zerbrochene und auseinander gegangene Utensilien, und« — setzte er tief Athem holend hinzu, indem er einen der kleinen Schiebladen seines Kastens, ohne sich dabei zu bücken und nur mit einer geschickten Bewegung des Fußes aufzog — »ein vorzügliches Assortiment von Steck-, Näh- und Haarnadeln, Haarwickeln, Bändern, Kämmen, Hosenträgern, Schuhanziehern, Schnürbändern, mit einer Masse anderer Artikel zu langweilig einzeln aufzuführen — womit sich zu gütiger Kundschaft empfiehlt, einem verehrten Publicum ganz ergebenster Zachäus Maulbeere.«

»Vortrefflich — vortrefflich Herr Maulbeere,« lächelte der Professor, während die Mädchen vor Freude in die Hände schlugen, und sämmtliche Kinder sich jubelnd um ihn her drängten, »ganz vortrefflich, Sie sind ein wahres Juwel in der Wildniß, und wir werden Ihre Hülfe bei einer großen Menge von Sachen in Anspruch nehmen, die einer kundigen Hand bedürfen, sie wieder in Stand zu setzen. Jetzt aber ist das Frühstück fertig, so gehn Sie indessen hinüber in die Küche — Sie finden dort ebenfalls Reisegefährten vom Schiff her, und essen Sie erst mit den Leuten? nachher wollen wir sehn was sich thun läßt.«

»Aber Herr Maulbeere,« sagte die kleine Camilla, Mariens und Annas jüngste Schwester — die dicht neben dem Manne gestanden und aufmerksam seinen Anpreisungen gelauscht hatte, »wenn Sie alle Flecken so gut ausmachen können, weshalb haben Sie denn da so viele auf Ihrem grünen Rock?«

»Das Kind verräth jedenfalls Anlagen,« sagte Maulbeere, der mit der ernsthaftesten Miene den Kopf nach ihm hinuntergedreht hatte, »übrigens mein Fräulein, erlauben Sie mir, Ihnen zu bemerken, daß das an meinem Rock, was Sie F l e c k e n zu nennen belieben, eigentlich der Urzustand, die Urfarbe desselben ist, zu dem er an diesen Stellen zurückgekehrt; das wenige Grün dagegen, was ihm geblieben, mehr einem unnatürlichen, künstlichen Zustand zugeschrieben werden muß, in dem er sich an den Stellen noch befindet, und der im Lauf der Jahre ebenfalls den vorangegangenen Bestandtheilen folgen wird.«

»Hahahahaha Herr Maulbeere!« rief die Kleine, und lief lachend in das Haus, wo die Mutter jetzt erschien und die Familie zum Frühstück rief.

»Aber Eduard und Herr Theobald fehlen noch!« rief Anna.

»Theobald?« sagte Maulbeere, der, eben im Begriff sein Tragband aufzunehmen, sich rasch wieder emporrichtete — »der Dichter Theobald h i e r und sollte beim Frühstück fehlen — unbegreiflich. Aber täuscht mich mein Sehvermögen nicht, so kommt dort schon eine Gestalt, die ihm wenigstens auf's Haar gleicht, mit s e h r schnellen Schritten um die Ecke. Herr Theobald, ich habe das Vergnügen, Ihnen einen guten Morgen zu wünschen.«

»Maulbeere!« rief dieser voller Erstaunen stehen bleibend und nicht einmal die Familie begrüßend aus — »Zachäus Maulbeere!«

Der Scheerenschleifer hatte aber seinen Karren schon wieder aufgenommen, und fuhr langsam dem nächstgelegenen Blockhaus zu, sich selber beim Weber zum Frühstück zu melden, während die Lobensteinsche Familie ebenfalls in das Haus ging, und sich lachend über die wunderliche Erscheinung des sonderbaren Mannes unterhielt. Eduard fehlte noch; er war gestern Abend wieder dem Hirsch zu Gefallen gegangen, hatte auch auf ihn geschossen, aber vorbei, und gedachte sein Glück heute Morgen noch einmal zu versuchen. Der feierliche Einzug der erlegten Beute, falls diese noch erlangt werden sollte, war schon zwischen ihm und Theobald verabredet worden.

Der Professor wollte nun allerdings in seiner Gastfreiheit den Scheerenschleifer heute am Sonntag bei sich behalten, und ihm dann morgen erst die Arbeit geben, die er im Hause für ihn zu thun hatte, Maulbeere aber war damit nicht einverstanden, »Zeit ist Geld,« behauptete er, und »was man heute thun könne, solle man nicht auf morgen verschieben«; ließ sich auch nicht abhalten, gleich nach dem Frühstück an allen möglichen Sachen, die auf der Reise beschädigt worden und ihm jetzt gebracht wurden, zu beginnen, und erzählte dabei den übrigen Arbeitern des Platzes, die sich um her lagerten und setzten und standen, eine Unmasse Geschichten aus seinen Amerikanischen Erlebnissen, daß die Leute oft in lautschallendes Gelächter ausbrachen. Selbst der Weber, der den Burschen noch vom Schiff her, seiner gottlosen Predigten wegen nicht leiden mochte, und auch heute wieder keineswegs damit einverstanden war, daß er den Sonntag solcher Art entweihte, konnte es sich doch nicht versagen, manchmal zu den Leuten zu treten, angeblich nur nach der ihm übergebenen Arbeit zu schauen, dann aber auch zu gleicher Zeit zu hören, was denn da eigentlich so Lustiges vorgehe.

Maulbeere hatte aber auch nicht allein eine ziemliche Anzahl der Haidschnucken-Passagiere getroffen, von denen er oft die komischsten Berichte abstattete, sondern auch einen großen Theil der Staaten in den drei Viertel Jahren durchzogen und — wodurch er den Anderen besonders imponirte — wirklich erstaunlich viel Englisch, allerdings noch mit einem schlechten Accent, in der kurzen Zeit gelernt.

Im Hause selber hatten die Frauen indessen heute noch unendlich viel zu thun, ihr kleines Sommerfest, wie das erste Hinausziehn zu dem beendigten Lusthaus würdig zu feiern. Die Kinder waren in den Wald geschickt, Blumen für Guirlanden zu holen, die Frauen bucken Kuchen. Theobald war gleich wieder nach dem Frühstück unsichtbar geworden, und der Professor mit Georg Donner nach dem beabsichtigten Mühlplatz hinausgegangen, den Plan noch einmal durchzusprechen.

Hopfgarten war sich selber und seiner Zeit ganz überlassen worden, und schlenderte, mit nichts Besserem vor sich, der Gruppe zu, die sich um den Scheerenschleifer gebildet hatte, und in ihrem Lärmen und ihrer Lustigkeit immer lauter wurde. Hier brachte dabei Einer ein Messer zu schleifen, dort Kanne oder Blechbecher zu löthen, dort sogar wieder einen eisernen Topf zu flicken; da war eine Tasse zerbrochen, hier ein Teller, die verkittet werden sollten, die Theekanne hatte den Henkel, die Milchkanne den Fuß verloren, in die Stalllaterne mußten ein paar Scheiben eingeschnitten werden, Einer von den Leuten hatte Zahnschmerzen und verlangte ein Mittel dagegen, dort brachte Einer seinen Sonntagsrock, sich den Kragen reinigen zu lassen, hier wünschte Einer die rothwerdenden Knöpfe seiner blauen Jacke versilbert zu haben, dort ein Zehnter seine Uhr nachgesehn und ein neues Glas einzusetzen, kurz Zachäus Maulbeere wurde von allen Seiten auf das lebhafteste in Anspruch genommen, und schien wirklich auch zu jedem neuen Geschäft, das man ihm zumuthete, ein paar neue Hände zu gebrauchen.

Bis elf Uhr ließ sich die Weberfamilie selber, die Frauen wenigstens, nicht draußen sehn; die Tochter las der Mutter drin am Kamin ein Capitel aus der Bibel vor, und die alte Frau saß mit gefalteten Händen und geschlossenen Augen daneben und hörte andächtig zu. Wie aber die Kirchzeit etwa vorbei war, kamen auch diese aus der Hütte heraus, und die alte Mutter, der die Tochter ein weiches Kissen auf ihren gewöhnlichen Sitz, im Schatten eines breitästigen wilden Maulbeerbaumes trug, blieb dort still und freundlich mit dem Kopfe nickend sitzen und schaute, die abgemagerten Hände im Schooß gefaltet, auf das Leben und Treiben um sie her, bis das jüngste Enkelchen zu ihr hinanlief und ihr Blumen brachte, und die alte Frau dann das blonde Lockenköpfchen streichelte und sich niederbog und es küßte. Eine Thräne hing ihr dabei in den noch immer recht klaren hellen Augen, aber es war eine Freudenthräne; die alte Frau sah und erkannte, wie ihre Kinder gediehen, wie thätig sie schafften, und wie sie vorwärts kamen, und jetzt bald, recht bald hoffen durften, eine kleine Farm selber ihr eigen zu nennen. Wenn sie auch dann und wann an ihren Leberecht unter der Linde dachte und leise — ganz leise im Herzen vielleicht — eine Sehnsucht dorthin erwachte, gab sie der doch keinen Laut mehr; sie sah und fühlte, wie ihre Enkel hier, wenn sie einmal groß geworden, gedeihen und fortkommen würden, und freute sich deren Glück.

»Nun, Herr Maulbeere, wie gehn die Geschäfte?« sagte Hopfgarten, der zu der ihm freundlich Platz machenden Gruppe getreten war, und die Hände auf dem Rücken dem vielseitigen, überallhin thätigen und geschickten Burschen lächelnd zuschaute; »Sie vereinigen ja ein ganzes Stadtviertel von Arbeitern in sich selbst, und wären ein wahres Capital für jede Ansiedlung.«

»Es thut mir nur leid, daß ich das Capital nicht auf Zinsen l e g e n kann,« sagte Maulbeere in den Zwischenpausen mit dem Löthrohre beschäftigt eine Uhrkette wieder in Stand zu setzen, »sondern, daß besagtes Capital genöthigt ist, seinen schweren Karren selber im Lande umherzufahren. Habe aber den Trost,« setzte er langsam und immer dazwischen blasend hinzu, »daß es mir nicht allein so geht, und andere Leute — ebenfalls ihre Glacéhandschuh — haben — ausziehn — müssen.«

»Ja die zieht hier Mancher aus, lieber Maulbeere,« lachte Hopfgarten, »aber wen zum Beispiel meinen Sie?«

»Ih nun, verschiedene,« sagte Maulbeere, — »kannten doch Herrn Eltrich?«

»Den netten jungen Mann im Zwischendeck, mit dem reizenden kleinen Frauchen? — er war Künstler, glaub ich.«

»Ja, das sah man ihm an,« meinte Maulbeere — »es sah wirklich künstlich aus, wie er die schweren Porkfässer die Levée mit den zarten Händchen hinaufrollte.«

»Lieber Gott, geht es ihm so schlecht?«

»Jetzt nicht mehr,« sagte Maulbeere — »sie hatten ihm Alles gestohlen, nun aber scheint er sich wieder genug verdient zu haben, anständige Kleider und eine Violine kaufen zu können. Da hat er denn die Zuckerfässer und Kaffeesäcke, die ihm dazu verhalfen, schmählich im Stich gelassen, und bezieht sein Colophonium wieder im Einzelnen.«

»Was heißt das?«

»Nun, er rollt es nicht mehr Fässerweis das Ufer hinauf; er hat, wie er vor ein paar Monaten sagte, eine Anstellung am Französischen Theater erhalten, und es geht ihm jetzt besser.«

»Das freut mich, das freut mich von Herzen,« rief Hopfgarten, »es waren liebe brave und sehr anständige Leute.«

»Ja,« sagte Maulbeere, »wollte mir auch eine Stellung als ersten Liebhaber dabei verschaffen, ich wieß es aber in Entrüstung von mir. Ich konnt' es nicht über's Herz bringen, jeden Abend derselben ersten Liebhaberin vorzulügen, daß ich vergehen müßte, wenn sie mich nicht gleich zum Glücklichsten der Sterblichen machte.«

Hopfgarten lachte.

»Den Oldenburgern ging's dafür desto schlechter,« fuhr Maulbeere fort, der die Uhrkette beendet, und seinen Schleifkarren wieder bestiegen hatte, eine Anzahl ihm gebrachter Messer und Scheeren in Stand zu setzen — »in Amerika können die Bauern in den Kuts-chen fahren — ja wohl Kuts-chen, denen ist das Singen vergangen, und jetzt blasen sie Trübsal. Dummes, starrnackiges Volk, denen die Holzschuh bis über die Ohren gingen; wollten immer klüger sein als Andere.«

»Was ist denn aus Herrn Schultze geworden?« frug da des Webers Frau, die jetzt auch herangetreten war, auf ihre Scheeren zu warten, und dem Mann indessen zuhörte. »Das war ein netter, rechtschaffener Mensch, und hatte so feine, hübsche Wäsche.«

»Schultze ist übergeschnappt,« sagte Maulbeere ruhig.

»Was? — um Gottes Willen? — ih, das ist doch gar nicht möglich — rein toll geworden?« frug der Weber und seine Frau, und auch Hopfgarten, der sich der eigenthümlichen fixen Ideen des Mannes erinnerte, sagte rasch, »das wäre doch gar zu traurig, Herr Maulbeere; ist das wirklich begründet?«

»Nun, er sitzt noch nicht im Tollhaus,« sagte der Scheerenschleifer, indeß die Funken von dem kleinen durch das Rad gedrehten Stein abspritzten, die Kinder lachend die flachen Hände dagegenhielten, und sich die naßgewordenen, sehr zum Ärger der Mütter an Röcke und Hosen wischten, »aber er hat die besten Anlagen dazu, und wird auch jedenfalls nächstens eingesteckt werden müssen.«

»Aber wo ist er jetzt, und was hat er nur gemacht?«

»Gegenwärtig,« sagte Maulbeere, »ist er noch in St. Louis und macht Cigarren, hat aber großartige Ideen, eine neue Flugmaschine entdeckt zu haben, die er unserem System anzupassen und damit über den Mississippi und Illinois hinüberzufliegen gedenkt. Außerdem hat er neulich, unter einer Reiherart, die am Mississippi häufig vorkommt — kleine graue Vögel mit unnatürlich langen Beinen, — einen entfernten Verwandten von sich entdeckt, und treibt nun förmliche Abgötterei mit dem ausgestopften Balg.«

»Aber es ist doch nicht möglich — «

»Nicht möglich? — fragen Sie ihn einmal, was u n möglich wäre — so, wo war denn das lange Messer von vorhin? — ah hier.«

»Hier bring ich auch etwas — « rief Marie Lobenstein in diesem Augenblick herbeispringend — »hier Herr Maulbeere, wären Sie wohl so gütig, mir diese kleine Scheere, aber ja recht recht sauber zu schleifen? — Anna wird Ihnen die Küchenmesser nachher auch noch herausbringen; denen thut es besonders Noth. Wissen Sie wohl, daß ich mir die Scheere neulich s e l b s t geschliffen habe?«

»Es ist mir doch 'was Unbedeutendes,« sagte Maulbeere mit einem sehr erstaunten Gesicht.

»Hahahaha — « rief Marie — »wo haben Sie d i e Redensart gehört? — das ist ja unseres alten Drachenwirths in Heilingen stehendes Sprichwort — wie oft haben wir darüber gelacht.«

»Wie hieß der Wirth?« frug Maulbeere.

»Lobsich.«

»Und das Wirthshaus?«

»Zum rothen Drachen, bei Heilingen.«

»Ganz recht,« sagte Maulbeere, ruhig die Scheere nehmend und seine andere Arbeit bei Seite legend — »habe vor vierzehn Tagen bei ihm gewohnt.«

»Das möchte Ihnen schwer geworden sein,« lachte Marie — »aber bitte, nehmen Sie mir die Spitze recht in Acht — Heilingen ist weit von hier.«

»Aber der rothe Drachen nicht,« sagte Maulbeere, den Lederriemen wieder einhängend — »Herr Lobsich scheint seinen rothen Drachen jetzt in Milwaukie aufgeschlagen zu haben.«

»Was? — Lobsichs ausgewandert?« rief Marie in größtem Erstaunen, »das ist doch gar nicht möglich.«

»Fragen Sie einmal hier in Amerika, mein Fräulein, was da u n möglich wäre,« sagte der Scheerenschleifer; »übrigens weiß ich nicht, ob die Lobsichs, die in Milwaukie in Michigan ein Gasthaus zum rothen Drachen mit entsprechendem Schilde über der Thüre haben, und von denen die männliche Hälfte jenes von mir reproducirte und zu ihrer Entdeckung geführt habende Sprichwort häufig gebraucht, wirklich dieselben sind, die Sie meinen, oder vielleicht Geschwister.«

»Gewiß sind sie's — gewiß,« rief Marie, »der rothe Drache und der Name könnte sich zufällig wiederholt haben, aber das Sprichwort nicht — geht es ihnen gut?«

»Recht gut,« sagte Maulbeere, »besonders ihm; er ist immer selig.»

»Was heißt das — er trinkt doch nicht?«

»Nein,« sagte Maulbeere, »er säuft.«

»Guter Gott, seine arme Frau!« rief Marie.

»Er wird ihre Armuth nächstens theilen,« meinte Maulbeere, »apropos Milwaukie — da oben stecken auch noch einige Cajütspassagiere von der Haidschnucke.«

»C a j ü t s passagiere?« rief Hopfgarten schnell, der sich indessen schon bei Marie nach jenem Lobsich erkundigt hatte, jetzt aber wieder auf den Scheerenschleifer aufmerksam wurde — »und die waren?«

»Doktor Hückler vor allen Dingen — « sagte Maulbeere still vor sich hinlachend — »wird Herrn Donner interessiren — von New-Orleans fortgegangen und hat sich in Milwaukie mit einem Gerippe etablirt.«

»Mit einem Gerippe? — was heißt das?«

»Nun, er hat einem andern Doktor einen abgeknaupelten Menschen abgekauft, und in seinem Laboratorium, wie er die Barbierstube nennt, aufgestellt; rasirt, schröpft und kurirt nicht allein was das Zeug halten will, sondern heißt auch schon der »berühmte deutsche Doktor« in Milwaukie, wo er mit Lakrizenwasser einige ganz ausgezeichnet glückliche Kuren gemacht und sich neulich, zu dem Geripppe, auch noch eine Frau genommen.«

»Er ist verheirathet?« rief Marie.

»Glücklicher Gatte und — ich hätte bald was gesagt« — versetzte Maulbeere, »die Sache hebt sich wieder — Dr. Hückler eine Frau *plus*, Herr Henkel eine Frau *minus* — *facit* gleich.«

»Sie haben Henkel in Milwaukie gesehn?« frug Hopfgarten so rasch, daß sich der Scheerenschleifer erstaunt nach ihm umdrehte und setzte dann, da er nicht gerade diesen wollte ahnen lassen, in wieweit er selber dabei interessirt wäre, langsamer hinzu — »ich glaubte, der hätte sich in New-Orleans etablirt — also Herr Henkel ist jetzt in Milwaukie?«

»Haben andere Leute vielleicht auch geglaubt,« sagte Maulbeere, seine Arbeit wieder aufnehmend — »in Milwaukie war er aber damals noch nicht. Ich traf ihn jetzt auf meinem Hierherweg von Michigan in Illinois, in einem Städtchen — Paris oder London oder so ein kleiner unbedeutender Name — wo wir in der einzigen Blockhütte, die in der Stadt stand — weiter waren überhaupt keine Häuser da — zusammen campirten.«

»In Illinois also?«

»Ja, aber er war auf dem Weg n a c h Milwaukie,« sagte Maulbeere, »und ich habe ihm einige Empfehlungen dorthin mitgegegeben.«

»Alle Wetter, da wird er sich gefreut haben,« meinte der Weber.

»Und er war allein?« frug Hopfgarten.

»Ganz allein, das heißt ohne Frau,« lautete die Antwort, »sonst hatte er noch einen Herrn bei sich, mit dem er zusammen reiste.«

»Und der hieß?«

»*Kolwel* glaub' ich, oder so ein Name — so mein Fräulein — mit d e r Scheere können Sie jetzt Butter schneiden, so scharf ist sie, sonst noch 'was? — schön — wenn Sie wieder was brauchen, ersuch' ich Sie vorzukommen — Zachäus Maulbeere steht Ihnen mit Vergnügen zu Diensten.«

Marie, die während die Männer von Henkel sprachen, Herrn von Hopfgartens Gesicht ängstlich beobachtet hatte, zog sich jetzt, von diesem gefolgt, nach dem Haus zurück, und fand bald ihre schlimmste Furcht bestätigt, als ihr der kleine Mann versicherte, daß er jedenfalls mit Tagesgrauen morgen nach Hollowfield hinüberfahren würde, seine Glieder noch einmal einer Amerikanischen Postkutsche anzuvertrauen. Die Wege waren jetzt trocken und sein Ziel lag, so rasch ihn irgend eine Beförderung, sei sie so mühselig und beschwerlich sie wolle, vorwärts bringen könne gen Milwaukie.

»Jetzt muß ich nur Ihren Vater gleich aufsuchen,« setzte er hinzu, »mit ihm Rücksprache zu nehmen — ah da kommt Georg Donner, der wird uns sagen können, wo er ist; — aber wie sieht denn der aus? — ganz roth und aufgeregt?«

Georg kam allerdings an dem Felde herunter den kleinen Waldweg gerade auf sie zu, und sah roth und verstört im Gesicht aus. Als er Hopfgarten mit Marien sah, blieb er stehn, und es war fast, als ob er umdrehen wollte, wenn so, besann er sich aber wieder, und kam langsam auf sie zu.

»Wie sehn sie denn aus?« rief ihm Hopfgarten schon von weitem entgegen — »haben Sie ein Fieber, oder sich einen Kopf am heiligen Sonntag angearbeitet, der wie Feuer glüht — fühlen Sie sich nicht wohl? — Mensch, Ihre Augen sind ja ordentlich mit Blut unterlaufen.«

»Wirklich?« sagte Georg, und versuchte dabei zu lächeln — »das hat Nichts zu sagen — allein draußen im Wald wollte ich mir ein paar Klötze zurecht rücken, und habe mich wahrscheinlich zu sehr dabei angestrengt.«

»Unsinn, Sie werden sich noch einmal Schaden thun, wo ist denn der Professor?«

»Er ging mit Theobald in der Richtung nach dem Lusthaus zu,« sagte Donner, und man sah ihm an, daß er sich Mühe gab, ruhig zu scheinen; Hopfgarten war aber viel zu sehr mit sich und seinen neuen Plänen beschäftigt, darauf Achtung zu geben, grüßte deshalb nur Marie freundlich, bat sie dem jungen Mann indessen mitzutheilen, was er beabsichtige, und schlug rasch den Weg ein, der nach dem Lusthaus hinüberführte.

»Was war es mein Fräulein, das Herr von Hopfgarten Sie bat mir zu sagen?« frug der junge Mann, als sie allein auf dem Hofe standen, und Marie indessen forschend und ängstlich zu ihm aufschaute — »er hat mich an Sie gewiesen.«

»Herr Donner,« sagte aber Marie leise und schüchtern, die an Sie gerichtete Frage ganz überhörend — »es ist etwas vorgefallen — etwas — etwas sehr Unangenehmes — vielleicht — vielleicht zwischen Ihnen und meinem Vater — «

»Nichts — nichts mein Fräulein,« sagte Georg ausweichend und fast unbewußt denselben Weg langsam einschlagend, auf dem ihnen Hopfgarten vorangegangen war, während Marie in der noch unbestimmten Angst um etwas, das man ihr verheimliche, an seiner Seite blieb — »Sie sollten mir etwas sagen.«

»Herr Donner, beruhigen Sie mich erst über meine Frage,« bat aber Marie — »Sie haben etwas — etwas sehr E r n s t e s gehabt — So roth und erhitzt Sie vorhin schienen, so bleich sind Sie jetzt; das ist nicht von Anstrengung — es ist sicher etwas, was ich schon lange gefürchtet, vorgefallen. Gestehen Sie, Sie haben sich mit meinem Vater — sagen Sie mir Nichts,« — unterbrach sie ihn aber rasch, als er sich gegen sie wandte und reden wollte, und sein ganzes Äußere dabei verrieth, wie recht sie in ihrem Verdacht gehabt — »guter Gott ich — wir Alle wissen zu gut, wie ungerecht mein Vater schon mehre Mal gegen Sie gewesen, wie er treuen Freundesrath hartnäckig und barsch von sich gewiesen hat; Sie kennen ihn ja aber auch, wie seelensgut er sonst ist, und wie ihn das hartgesprochene Wort gleich hinterher gereut.«

»Dann wissen Sie ja auch,« setzte sie wieder zögernd und schüchtern hinzu, »wie er einmal gefaßten Plänen, selbst wenn es sein eigener Schade ist, hartnäckig folgt, und Schilderungen f r e m d e r Leute oft nur zu viel, zu ungerecht vertraut. Sehen Sie ihm das nach — lassen Sie sich nicht zurückschrecken und seien Sie besonders jetzt, wo er gerade wieder so vielen romantischen Plänen sein Ohr leiht, und Sachen thut, die ein praktischer erfahrener Landwirth vielleicht nicht thun würde, selbst g e g e n seinen Willen, sein — und warum soll ichs nicht sagen,« setzte sie in all ihrer Verlegenheit gar so lieb und vertrauensvoll lächelnd hinzu, »sein guter Engel, der, wenn auch wieder und wieder zurückgewiesen, doch nicht ungeduldig werden darf, um — unseretwillen.«

»Fräulein Marie,« sagte Georg, und die Worte rangen sich ihm nur schwer und mühsam aus der Brust — »Sie haben mir da ein Ziel vorgezeichnet, das zu dem höchsten Streben meines Lebens gehört; vorgezeichnet in dem Augenblick, wo es — rettungslos für mich verloren ist.«

»Was meinen Sie damit?« rief Marie, rasch stehen bleibend und seinen Arm ergreifend.

»Ich wollte den heutigen Tag nicht stören, keine andere, als freudige Worte sollten zu Ihren Ohren dringen, daß sie eine l i e b e Erinnerung daran in Ihrem Herzen wahrten. Das Leben bietet Ihnen ja hier überdieß so wenig andres, als Müh und Arbeit; Sie zwingen mich selbst dazu, und ich k a n n nicht länger schweigen — ich verlasse noch heute diese Farm, und mit ihr den Staat.«

»Herr Donner — « stammelte Marie, kaum im Stande, ihre Bewegung zu verbergen — »gehn Sie — gehn Sie nicht fort!«

»Ich k a n n nicht anders Fräulein Marie — Gott da oben ist mein Zeuge, die harten Worte, die Ihr Vater heute zu mir gesprochen — ich wollte sie gern vergessen, gern dem Mann, den ich liebe und achte wie einen Vater, mehr Rechte einräumen, als ich einem anderen Mann zugestehen würde, aber — er hat mir selber befohlen, daß ich gehen soll — k a n n ich da bleiben?«

Marie wandte den Kopf von ihm ab und schwieg, und auch Georg fand nicht gleich Worte wieder; endlich sagte er mit weicher, nur gewaltsam gesammelter Stimme:

»Ich habe noch eine Bitte an Sie Fräulein Marie — eine recht große Bitte, deren Erfüllung mich recht glücklich machen würde.«

»Wenn ich sie erfüllen k a n n , — « sagte Marie doch so leise, daß die Laute kaum zu Georgs Ohren drangen.

»Den kleinen Rosenstock,« fuhr Georg fort, »den, wie Sie wissen, mir die Mutter mitgegeben, und der mir unendlich lieb und theuer ist, muß ich zurücklassen, bis ich selber eine feste Stätte habe, ihn zu pflanzen. Schon einmal war ich gezwungen, ihn in New-Orleans fremden Händen zu übergeben, und hatte gehofft — darf ich ihn Ihrer Obhut überlassen?«

»Ich will ihn treulich aufbewahren,« flüsterte Marie.

»Dank Ihnen, tausend Dank — wie weh mir selber jetzt der Abschied thut, — « fuhr er dann traurig fort, »darf ich Ihnen wohl nicht erst sagen. Ich hatte auch den heutigen Tag noch hier bleiben, Ihre Freude, wenn auch nicht theilen, doch nicht stören wollen — ich f ü h l e aber jetzt, daß ich es nicht einmal gekonnt; ich habe mir mehr Stärke zugetraut, als ich besitze — leben Sie wohl mein Fräulein und — denken Sie manchmal freundlich an Ihren alten Reisegefährten zurück, der d i e Stunden zu den schönsten zählen wird, die er in I h r e r Nähe verleben durfte — leben Sie wohl.« —

Marie reichte ihm die Hand, ohne den Kopf nach ihm umzudrehen, nicht ein Wort brachte sie dabei über die Lippen und Georg fühlte wie die Hand die in der seinen ruhte, zitterte. Er hielt sie viele Secunden lang fest, hob sie, als ob er sie an die Lippen drücken wollte, ließ sie wieder sinken, und wie mit einem raschen, wenn auch theuer genug erkämpften Entschluß sie frei lassend, wandte er sich, und schritt den Weg zurück, der zu dem Hause führte.

Marie drehte sich nach ihm um — ihr Mund öffnete sich, aber kein Laut kam über ihre Lippen; wieder kehrte sie sich von ihm ab, und während die hellen, bittern Thränen an ihren Wangen niederrollten, schritt sie dem Walde zu.

Der Mittagstisch versammelte wie gewöhnlich die Familienglieder um die lange Tafel — nur Georg Donner fehlte. Sein Couvert lag aufgedeckt, aber Anna nahm, als sich die Gäste setzen wollten, den Stuhl fort und den Teller mit Messer und Gabel vom Tisch.

»Wo steckt denn Donner eigentlich?« frug Hopfgarten, der das Zimmer schon flüchtig mit den Augen überflogen hatte, und den jungen Mann gerade suchte.

»Er läßt sich heute Mittag durch mich entschuldigen,« sagte die Frau Professorin, einen schüchternen Blick dabei nach ihrem Mann hinüberwerfend; dieser schien jedoch die Frage überhört zu haben und fing schon an die Suppe auszuschöpfen. Nur Theobald war aufmerksam geworden, und frug die Frau Professorin ob sie nicht wisse, wo Donner sei, und ob er vielleicht nach dem Lusthaus hinausgegangen wäre. Ein dunkler Verdacht stieg in ihm auf, daß sich der junge Mann auch bei der Festlichkeit, über die er mit eifersüchtigem Auge wachte, betheiligen könne, und am Ende gar die Tischzeit, wo er wußte, daß er ungestört blieb, benutzt habe, hinauszugehn. Die Frau Professorin beruhigte ihn aber darüber, und Theobald hatte bald andere Sachen im Kopf, ihn das wieder vergessen zu machen.

Die Tischgesellschaft war aber eine recht stille heute, wo Alle sich eigentlich vorgenommen hatten recht heiter zu sein, und wunderbarer Weise fiel es Niemandem auf. Donner war noch dicht vor Tisch im Haus gewesen, von Mariens Mutter und Schwester Abschied zu nehmen, und hatte nicht einmal bewogen werden können, wenigstens noch zum Essen zu bleiben. Der Professorin selber war das aber recht schwer auf die Seele gefallen, denn sie wußte, wie treu und redlich es der junge Mann mit ihnen meinte, und wie oft er den Vater schon von Sachen abgehalten, die, wie sich später auswieß, nur zu seinem Schaden gewesen, wenn er dem eigenen Kopf dabei gefolgt. Der Professor selber fühlte sich am Unbehaglichsten — er trug das unangenehme Bewußtsein mit sich herum, einen unüberlegten, vielleicht gar ungerechten Streich gemacht zu haben, und anstatt auf den böse zu sein, der die alleinige Schuld davon trug — auf sich selber — war er es auf die unschuldige Ursache desselben. Hopfgarten hatte nun vollends seine neuen Reise- und Rachepläne im Kopf, und hörte und sah kaum was um ihn her vorging. Eduard, erst kurz vor Tisch unverrichteter Sache von seiner Hirschjagd zurückgekehrt, war ärgerlich und verdrießlich, und Theobald brütete über einen Toast in Versen, den er vorher sorgfältig einstudirt und von dem er jetzt unglückseliger Weise gerade die Pointe vergessen hatte.

Marie, die Königin des Festes war die Allerstillste, und Anna, die neben ihr saß, wagte nicht sie um die Ursache zu fragen.

Nach und nach kam allerdings ein wenig mehr Leben in die Gesellschaft — Theobald hatte die Pointe wiedergefunden und fuhr plötzlich in die Höh sich seiner Last zu entledigen, daß er die Geschichte nicht am Ende gar noch einmal verlöre. Die Männer sprachen dabei fleißig dem heute ausnahmsweise gegebenen Weine zu, und selbst der Professor, der sich glaubte zusammennehmen zu müssen, damit ihm Niemand etwas anmerke, wurde gesprächig, lachte über ein paar Anekdoten die Theobald erzählte, und neckte den Sohn über sein unverbesserliches Jagdglück.

Gleich nach Tisch brach die Gesellschaft aber nach dem neuen Lustplatz auf, diesen einzuweihen und Theobald lief mehr als er ging, voran, sie dort, wie er meinte, würdig empfangen zu können.

Das gelang ihm auch vollkommen; die kleine freundliche Stelle im Walde war mit Blumen, grünen Reisern und blühenden Lianen geschmückt, und als die Familie, von Herrn von Hopfgarten begleitet, nur erst einmal den Prolog überstanden, mit dem sie Theobald von oben aus bewillkommte, und wobei ihm der neben ihm kauernde Eduard die fehlenden Worte zuflüstern mußte, wurde dort von den Männern ein Feuer gemacht, und der Kaffee mit dem schon vorher hinausgeschafften Kuchen genossen.

»Aber wo steckt denn nur Donner?« frug Hopfgarten, wie das Gedicht endlich wirklich vorüber war, den Professor noch einmal; »bei Tisch war er nicht — hier ist er auch nicht, und vorhin sah er so verstört aus — ich habe ihn nachher gar nicht wieder gesehn.«

»Ich habe den jungen Mann aus meinem Dienst entlassen,« sagte der Professor ernst und ruhig.

»Den Teufel haben Sie!« rief Hopfgarten, von seinem Sitze aufspringend — »den jungen Donner?«

»Ich schätze seinen Fleiß wie seine anderen guten Eigenschaften, und weiß sie vollkommen zu würdigen,« erwiederte Lobenstein, »aber ich bin nicht gesonnen, mir auf meinem eigenen Grund und Boden von einem Manne, der dem Alter nach mein Sohn sein könnte, Vorschriften, ja sogar Vorwürfe machen zu lassen.«

»Professor, Professor,« sagte Hopfgarten unruhig, »ich will zu Gott hoffen, daß Sie den Schritt in Ihrem Leben nicht bereuen — Donner war ein tüchtiger Kopf und ein fleißiger Arbeiter, und würde Ihnen von unberechenbarem Nutzen gewesen sein.«

»Wenigstens glaubte er das selber,« sagte Theobald, der mit Hopfgarten darin keineswegs einverstanden war, und jetzt zu seinem innigen Vergnügen hörte, daß der junge Mann, der ihm schon oft im Weg gewesen, den Platz räumen würde.

Hopfgarten sah den jungen Dichter an, und hatte eigentlich eine recht bittere Erwiederung auf der Zunge, schluckte sie aber hinunter, und sagte Nichts weiter als — »nun ich will Ihnen in der That wünschen, daß Sie es nicht bereuen mögen; mir aber ist es für den Augenblick gerade recht, und ich habe desto dringender mit ihm zu sprechen — Sie erlauben mir da wohl, daß ich einen Augenblick zum Haus zurückgehe, ihn aufzusuchen.«

»Ich werde Sie begleiten,« sagte Anna — »ich habe so noch etwas vergessen,« und ihr Bonnet aufnehmend, schritt sie mit Herrn von Hopfgarten dem Hause wieder zu.

Dort fanden sie Georg aber nicht mehr, und als sie zum Weber hinüber gingen, hörten sie von diesem, der sich gar keine Mühe gab, seinen Ärger zu verbergen, daß der junge Mann schon, trotz allen Gegenreden von seiner Seite, vor dem Essen den Platz verlassen habe. Er hatte seinen Tornister, der bei ihm gelegen, und Alles enthielt, was er bei sich führte, auf den Rücken geworfen und war damit nicht einmal eine Straße, sondern gerade querfeldein in den Wald hinein marschirt.

»Hätt' er den anderen Faullenzer, den Gedichtemacher fortgejagt,« sagte der alte ehrliche Bursche dabei, »so wäre Vernunft d'rin gewesen, so aber schickt er den besten Arbeiter fort, den er auf dem Platze hat, und mag nun auch sehn wie er so fertig wird. Soviel weiß ich aber, wenn mein Jahr nicht ohnedieß bald um wäre, ich kündigte ihm auch auf und ging meiner Wege, denn die ganze Geschichte hier nimmt doch kein gutes Ende und wem das nicht egal ist, dem dreht sich nachher das Herz im Leibe dabei um.«

Hopfgarten selber war außer sich, und machte alle möglichen Pläne, den jungen Mann wieder zu finden, schickte auch drei von den Leuten aus, denen er eine sehr gute Belohnung versprach, wenn sie ihn fänden und, wenn auch nicht zurückbrächten, doch aufhielten, daß er ihm selber nachginge. Alle drei kehrten jedoch spät am Abend unverrichteter Sache zurück — sie hatten gar nicht auf seine Spur kommen können.

Capitel 8.

In Michigan.

Es ist ein eigenes Gefühl für den Europäer, die Straßen einer der, wie aus dem Boden gewachsenen jungen Amerikanischen Städte zu durchwandern, und um sich her das Drängen und Treiben jener geschäftigen Menschenwelt zu sehn, die von allen Theilen Amerikas und Europas herbeigezogen, wild und bunt hier zusammen strömt, ihre Hütten baut, und keinen anderen Trieb fast kennt als eben — reich zu werden. Alles ist neu und unfertig, nur dem augenblicklichen Bedürfniß genügend, und selbst wo der Kern der Stadt, der Mittelpunkt von dem aus sie ihre Strahlen schießt, und Häuser und Straßen wie Crystalle ansetzt, stattliche neue Steingebäude bilden, stehen dicht daneben niedere, nur flüchtig errichtete Holzhütten, momentane Wohnplätze für ihre Bewohner, die im nächsten Jahr eine Etage, oder rechts und links einen Anbau treiben, und sich endlich ebenfalls zu einem mächtigen Backsteinhause bilden, das wiederum seinen Anwuchs neben sich keimen und emporsteigen sieht.

Und selbst das Älteste, wie neu; die frischbehauenen Steine vorn als Schwellen, die lichten, noch nicht wettergebräunten Schindeln auf den Dächern, die oft noch nicht einmal gestrichenen Rinnen, die frisch und hell geschmacklos angemalten Jalousien; die kleinen Holzgebäude daneben mit ihren viereckig weiß gestrichenen Fronten, mit einem Bretervorschuh obendrauf, anscheinend das Ganze größer aussehn zu machen, in Wirklichkeit aber riesigen Firmen Raum zu geben, die mit dem Nachbar Steinhaus concurriren sollen; die jungen Kirchen selbst mit dem viereckig hölzernen ungeschickten Thurm — ebenfalls Concurrenzen zwischen Baptisten, Presbyteriern, Methodisten, Unitariern, Episcopalen, Universalisten, Katholiken, Congregationalen und wie die unzähligen feindlichen Sekten unserer e i n i g e n christlichen Kirche alle heißen; die Wirthshausschilder selbst mit den kolossalen und oft wunderlich genug gemalten Überschriften wie: »*Experiment*« — »*Opposition*« — die aufgehäuften Waaren überall, Massen davon noch nicht einmal unter Dach und Fach gebracht, Whiskeyfässer mit rothen Böden und schwarzer Aufschrift, mit den Cincinnati-Stempeln; ebenso Pork- und Mehlfässer, Colonialwaaren, in Schuppen ungespeichert; Kleiderläden, aus rohen Bretern frisch aufgeschlagen, mit einem durch eine Kattunwand abgegrenzten Schlafplatz drinn, und oben die Firma eines deutschen Jüdischen Namens tragend; die Straßen zum großen Theil noch nicht einmal gepflastert, und einzelne Stücken Fenz sogar noch hie und da im Innern der Stadt, die wie abgeschnitten und überrascht von dem fabelhaft schnellen Bau der Häuser um sie her, vergessen scheinen in dem allgemeinen Drängen nach vorwärts.

Und dann die Menschen erst — wie das rennt und stürmt und galopirt und die Schultern gegen sein Tagwerk stemmt; diese H a s t des Erwerbs hat kein anderes Land der Erde aufzuweisen, und mit der kecken Stirn mit der der Yankee jeden Gewinn vom Zaune bricht, der sich ihm bietet, gleichviel woher er komme, mißt sich ebenfalls kein anderer Stamm.

»Du glaubst zu schieben, und Du wirst geschoben,« ein Halten ist nicht möglich, denn der Hintermann weicht Dir nicht aus oder schreitet um Dich herum, er schiebt Dich mit sich, oder — tritt Dich noch lieber unter die Füße, selber einen etwas festeren Halt zu bekommen für den eigenen Fuß; was schiert ihn der Nachbar.

Und das Gemisch von Sprachen, von Trachten, von Sitten in solcher neuen Stadt. Der trunkene Ire, der mit der Schaufel über der Schulter durch die Straßen jubelt, in irgend einem Keller oder Brunnen sein Tagewerk zu beginnen, der glatte Franzose mit dem zierlich gekräuselten *moustache*, der Seemann wie er vom Schiff herunter kommt, den Mund voll Flüche und Taback; der sanfte *Reverend* mit der weißen glatten Halsbinde, dem viel glatteren Hut und noch glatteren Gesicht; auch auf der Jagd, wie die Anderen, nicht nach Arbeit zwar, aber nach Gewinn, Abonnenten für seine Sitze in der eigenen Kirche zu schaffen, ehe sie der Nachbar Baptist oder Unitarier für sich geangelt hat; der deutsche Bauer mit dem langen Rock und ausgeschweiften Hut, immer in Schweiß und immer zu spät kommend, wo es den Lohn zu erndten giebt für ehrlich geleisteten Dienst; der lange Yankee dazwischen, glatt rasirt und, als einer höchst lobenswerthen Eigenschaft, mit stets reiner Wäsche, sei er noch so arm, dabei aber nicht selten in zerrissenem Frack, und über kreuz und quer durch das Oberleder geschnittenen Stiefeln, den Zehen freien Raum zu geben. Der Mulatte und Neger, mit aufgestreiften Hemdsärmeln und immer freundlichem, oft gutmüthigen Gesicht, die Arme vor sich her schlenkernd und die Hände halb gekrümmt, zum Zupacken an irgend etwas; und dazwischen hinschleichend vielleicht, ein Indianer in seine Decke gehüllt, den bemalten Kopf mit Federn geschmückt und die Büchse auf der Schulter mit dem Putzstock in der rechten Hand, der staunend und scheu das dunkle Auge nach allen Seiten hinüberwirft, das wunderbare Volk der Bleichgesichter hier förmlich aus dem Boden herauswachsen zu sehn. Wie der die Brauen so finster zusammenzieht und mit den Zähnen knirscht, wenn er daran denkt, daß es s e i n e Jagdgründe sind, die sie ihm verödet, daß der Boden die Gebeine seiner Väter deckt, deren Gräber entweiht und ihres heiligen Schattens beraubt wurden. Aber was hilft es ihm daß er die Büchse fester packt und die Decke halb von der rechten Schulter wirft — seine Zeit ist vorbei, und mit dem ersten Schiff, das weiße Wanderer seinem Lande brachte, brach auch der Damm, der es bis dahin geschirmt und geschützt vor Überschwemmung. Langsam und leise zwar kamen sie im Anfang heran; freundlich und bittend, wie die Fluth auch an dem erst berührten Damm ganz langsam sickernd wäscht und spühlt und einzelne Tropfen nur hinüberfließen läßt zur anderen Seite; aber der Riß weitert sich, und stärker beginnt es zu laufen. N o c h wär' es Zeit, wenn Alles jetzt zur Hülfe spränge und sich entgegenwürfe dem gemeinsamen Feind; »aber es ist wohl nicht so schlimm,« denken die Meisten, und die im Lande drin, die kümmerts auch wohl gar nicht. »Da müßt es stark kommen und mächtig werden, wenn es u n s hier erreichen sollte — die, denen es am nächsten auf der Haut brennt, mögen sich wehren.« Die wehren sich auch wohl, doch wächst die Fluth und hier und da reißt sie auf's Neue Bahn, stärker, immer stärker und mächtiger, und furchtbar plötzlich mit der ganzen Kraft das letzte Hinderniß zu Boden reißend, das sich ihr noch entgegen stellte. Jetzt möchten die im Lande drinnen die Arme auch gebrauchen, aber das Wasser hat sie schon erreicht — das ganze Land ist überschwemmt, der Boden weicht ihnen unter den Füßen fort. Noch schwimmen sie, das Messer zwischen den Zähnen, doch umsonst — die Strömung ist zu stark, und mit ihr treiben die letzten ihres Stammes dem Meere zu.

Hopfgarten hatte Milwaukie nach gerade nicht sehr langer, aber höchst beschwerlicher Fahrt erreicht, und schlenderte, eben angekommen, noch mit seinem Reisesack unter dem Arm, die Ost-Wasserstraße hinab, dem Mittelpunkt der Stadt zu, die sich hier, mit dem weiten herrlichen See und seinem regen Treiben zu seiner rechten, in bunter thätiger Geschäftigkeit entwickelte.

Unser alter Freund hatte sich übrigens, mit keinem weiteren Ziel der Straße folgend, als ein ihm zusagendes Hotel zu finden, ganz diesen neuen Eindrücken hingegeben, und schaute mit einer Art von Behagen auf das Gewirr und Jagen um sich her, dem er keineswegs fern stand, sondern zu dem er, gerade in seiner Ruhe und mit seinem Reisesack unter dem Arm, recht eigentlich gehörte. Daß sich dabei Niemand um den Fremden, wo Alles fremd war, kümmerte, gefiel ihm ebenfalls, und nach Bequemlichkeit die verschiedenen Schilder und Firmen lesend, wie sie jedem Ankommenden schon Straßen weit in die Augen leuchten, stutzte er plötzlich, als ihm ein bekannter Name zwischen der Unzahl französischer, englischer und deutscher Firmen, in englischer Schrift, auffiel.

»*Dr. J. A. Huckler,* praktischer Arzt und Geburtshelfer, Operateur und Chirurg, — Besitzer der Königl. Preuß. Verdienstmedaille etc. etc. etc. — «

während unten, neben der Thür noch ein ganz kleines Schild hing, auf dem mit winzigen deutschen Buchstaben stand »deutscher Arzt«!

»Wäre doch wunderbar,« murmelte der kleine Mann vor sich hin, ging aber auch, ohne sich weiter zu besinnen, auf das ganz frisch angemalte weiße Häuschen zu, dessen mangelnde erste Etage eben durch diese Riesenfirma vollkommen ersetzt wurde, öffnete die Thüre und fand sich gleich darauf in dem kaum vierzehn Fuß langen und nicht breiterer Raum seinem alten Reisegefährten, dem »Doctor« Hückler, wie einem scheußlichen, dicht hinter ihm aufgestellten Skelett gegenüber.

»Guten Morgen Doctor,« rief der Reisende, unwillkürlich, aber dabei neben ihm weg nach dem Skelett hinübersehend — »wie gehts?«

»Guten Morgen Herr von Hopfgarten,« erwiederte der Doctor, so ruhig jedoch, und so ohne auch nur das geringste Erstaunen über den Eintritt eines Mannes zu zeigen, mit dem er die Seereise gemacht, und von dem er seit der Zeit Nichts wieder gehört, als ob er ihn alle Tage um dieselbe Stunde hätte bei sich eintreten sehen, »doch nicht krank will ich hoffen? sollte mir leid thun.«

»Seh' ich aus wie ein Kranker, Doctor,« lachte Hopfgarten, »nein ich sah Ihr Schild draußen, und wollte mich nur erst einmal überzeugen, ob Sie es wirklich selbst wären, der sich hier, unter der riesigen Firma und mit allen möglichen und erdenklichen vortheilhaften Eigenschaften, niedergelassen hat. Wo zum Teufel haben Sie übrigens das ekelhafte alte Knochengestell dahinten aufgetrieben? steht das zur V e r z i e r u n g hier in Ihrer Bude?«

»*My deur Sir*,« sagte der Doctor mit einer nicht ungeschickten Amtsmiene, »in dieser Hinsicht sind Sie in unserem Fache wohl noch zu fremd, die Ursachen zu begreifen, weshalb man dem u n g e b i l d e t e n Theil der Amerikanischen sowohl, wie fremden Bevölkerung, durch die That und gewissermaßen bildlich beweisen muß, daß man sein Fach versteht, und sich nicht nur mit der Haut beschäftigt, sondern in seinen Forschungen bis auf die Knochen unseres Systems gedrungen ist.«

»Warum machen Sie solche Umstände,« lachte Hopfgarten gutmüthig, »und sagen mir nicht lieber mit einfachen Worten, »davon verstehen Sie Nichts,« — das ist mir schon mehre Male passirt. Sie mögen übrigens recht haben,« setzte er dann, indem sein Blick im Zimmer umherschweifte, hinzu; »wahrscheinlich versteh ich davon ebensowenig, wie von den eingemachten Schlangen, und Eidechsen und kleinen Kindern, die Sie hier in Gläsern herumstehn haben. Doctor das ist ein schauerlicher Nipptisch, und könnte Einem den Appetit auf eine ganze Woche verderben. Also es geht Ihnen gut, wie? nun das freut mich; nach alle dem, wie Sie die Sache hier angegriffen, zweifle ich auch wirklich nicht daran, daß Sie Ihren Weg in Amerika machen werden.«

»Lieber Herr von Hopfgarten,« sagte Hückler, sich eine Cigarre aus einem hinter ihm stehenden Kästchen nehmend, und sie anzündend, »der Begriff »Weg machen« läßt sich bei Männern unseres Fachs nicht wohl anwenden. Die Wissenschaft hat ihre eigene Bahn, auf der sie langsam aber sicher fortschreitet, und wer in d e r Bahn den Anforderungen genügt, die an ihn gemacht werden, der schwimmt oben und kann seinen Kahn ziemlich in jeden beliebigen Hafen steuern. Wer das n i c h t kann — nun der sinkt eben unter, und verschwindet in der Masse des übrigen Gelichters, das hier nach Amerika kommt, und glaubt, es brauche nur die Nase herein zu stecken, schon mit offenen Armen empfangen zu werden. Wir hier in Amerika überschauen das aber mit ziemlich ruhigem Blick, und wissen, was wir von derlei Hoffnungen zu erwarten haben.«

»W i r hier in Amerika? — hm,« sagte Hopfgarten, wirklich erstaunt über die Veränderung, die wenige Monate in dem sonst so stillen und oft sogar schüchternen Chirurgen hervorgebracht — »nicht so übel, Sie sprechen, als ob Sie so viele Jahre wie Monate in Amerika wären.«

»Die Erfahrungen reifen den Mann, nicht die Jahre,« entgegnete der Doctor ruhig. —

»Sehr hübsch gedacht, besonders vom medicinischen Standpunkte aus,« sagte Hopfgarten, »aber apropos — irr' ich mich, oder habe ich irgendwo gehört, daß Sie auch schon verheirathet sind? — «

»Allerdings,« sagte Hückler, den Rauch seiner Cigarre von sich blasend — »ich kam vor etwa drei Monaten nach Wisconsin, und fand das Unwesen der Ärzte hier zu einem Höhepunkt gediehen, der wirklich nicht zu beschreiben ist. Es quacksalberte eine Anzahl von Leuten hier herum, von denen selbst jetzt sogar noch ein großer Theil seine Gifte all jenen Unglücklichen verabreicht, die ihnen in die Hände fallen, und mehre sehr achtbare Amerikanische Familien besonders, waren von solchen Betrügern wahrhaft gemißhandelt, und langsam aber systematisch nach und nach ausgemordet worden. Da kam ich hierher, und wurde in verschiedenen Fällen zu, von Amerikanischen Ärzten schon aufgegebenen Kranken gerufen. Eine bedeutende New-Orleans Praxis hatte mich dabei mit den hiesigen klimatischen Verhältnissen vertraut gemacht, ein rascher Blick, der einem tüchtigen Arzt eigen sein muß, oder er ist eben kein tüchtiger Arzt, setzte mich in den Stand, die Übel, wie die begangenen Misgriffe richtig zu erkennen, mit einem Wort ich kam — ohne unbescheiden zu sein, sah und siegte. Die Tochter eines sehr wohlhabenden Farmers ganz in der Nähe, riß ich solcher Art aus den Krallen des Todes, und der Vater, der sein Kind schon aufgegeben hatte, gab es mir, zur weiteren Verpflegung.«

Hopfgarten hatte sich, ohne übrigens von dem Besitzer des »*doctor shops*« dazu besonders aufgefordert zu sein, auf dem einzigen Stuhle niedergelassen, der in dem kleinen Raum, wahrscheinlich zur Bequemlichkeit vorsprechender Patienten, stand, und hörte, beide Daumen dabei um einander jagend und die Blicke fest auf den Erzählenden heftend, diesem Schlacht- und Siegesbericht geduldig zu. Es war ihm ein eignes Gefühl, und nicht ohne Interesse für ihn, die Verwandlung zu beobachten, die in dem ganzen Wesen des früheren Hückler, jetzigen plötzlichen *M. D.* vorgegangen, und er konnte nicht umhin dabei Vergleiche zwischen ihm und den jungen Donner anzustellen, die allerdings nicht zum Vortheil seines jetzigen Gegenüber ausfielen. Hückler aber, dessen ganz unbewußt, und so fest überzeugt geworden von seinen Talenten, daß er nicht einmal mehr selber erstaunt war, plötzlich einen so ausgezeichneten Arzt in sich entdeckt zu haben, schwatzte noch eine Weile in der obigen Weise fort, und suchte besonders seinem früheren Reisegefährten eine Idee von der ausgebreiteten sowohl wie ausgezeichneten »Kundschaft« beizubringen, die er sich hier schon in der kurzen Zeit seines Aufenthalts erworben, und ersuchte ihn endlich, ihn doch einmal Abends auf seiner »Villa« in der Nähe der Stadt zu besuchen, auch seine häusliche Einrichtung in Augenschein zu nehmen. Vielleicht wollte er dadurch seinem Besuch, den er doch wohl im Verdacht hatte, früher eine nicht ganz so gute Meinung von ihm gehabt zu haben, imponiren; vielleicht aber auch — das Wahrscheinlichere — etwas pariren, was er durch Herrn von Hopfgartens Erscheinen mit dem Reisesack, freilich unbegründet, glaubte fürchten zu müssen, daß dieser nämlich die Absicht habe sich, fremd in der Stadt, bei ihm, als einem alten Reisegefährten, einzuquartiren.

Hopfgarten dachte natürlich gar nicht an etwas derartges, hielt aber gerade den hier jedenfalls ziemlich bekannten Hückler für eine passende Persönlichkeit, das, was ihm am meisten am Herzen lag, zu erfahren. Direkt nach Henkel zu fragen scheute er sich allerdings — er wollte Alles vermeiden, was den Burschen vor der Zeit warnen konnte, und besann sich deshalb eben auf eine passende Einleitung, als ihm Hückler darin schon auf halbem Wege entgegenkam.

Dieser begann nämlich damit, seine Kunden aufzuzählen, und Hopfgarten ließ ihn darin ruhig gewähren, bis er nur fortwährend Amerikanische oder fremde Namen nannte, und Hopfgarten ihn dann endlich unterbrach und sagte:

»Nun — und wie ist es mit den Deutschen? wir scheinen doch hier eine Unmasse Landsleute zu haben, und Wisconsin soll ja, wie mir in anderen deutschen Staaten erzählt ist, überhaupt zum größten Theil von Deutschen bevölkert sein; haben Sie unter denen keine Praxis?«

»*Yes*, es sind viele hier,« sagte Hückler, anscheinend sehr gleichgültig, »mit denen ist aber wenig anzufangen, mein lieber Herr von Hopfgarten. Es kommt da eine Race Menschen von unserem guten Deutschland herüber, daß man sich seiner Landsleute ordentlich schämen möchte, und ich selber habe nicht gern — ich muß es aufrichtig gestehn — etwas mit ihnen zu thun.

Es macht Einem auch bei den Amerikanern keinen guten Namen, viel mit den *black dutch* [4] zu verkehren.«

»Nicht mit den D e u t s c h e n« rief Hopfgarten verwundert, und mußte dabei wirklich an sich halten, dem eingebildeten Narren, der sein eignes Vaterland verleugnen wollte, nicht das erste beste Glas an den Kopf zu werfen — »weshalb nicht, wenn ich fragen darf?«

»Ih nun,« sagte der selbstgemachte Doctor, die Nase rümpfend und mit den Achseln zuckend, »ich weiß nicht — man hat eben keine Ehre davon, mit ihnen umzugehn, noch dazu wenn man in Amerikanische Familien eingeführt und der Englischen, doch viel schentileren Sprache mächtig ist. Ich weiß nicht — ich spreche zum Beispiel, obgleich es mir noch manchmal etwas ungewohnt vorkommt, zehntausend Mal lieber Englisch wie Deutsch — es ist auch die Landessprache, und wir müssen uns darein finden. Übrigens,« setzte er rasch hinzu, als er an Hopfgartens Gesicht doch wohl sehn mochte, daß dieser mit den eben geäußerten Ansichten nicht so ganz einverstanden war, »giebt es auch Gott sei Dank einige Ausnahmen hier von der Regel, aber freilich wenige; so habe ich neulich wieder das Vergnügen gehabt, einen alten Reisegefährten von der Haidschnucke hier begrüßen zu können, der dabei auch schon mit mehren Amerikanischen Familien sehr befreundet ist, und in andern durch mich eingeführt wurde — Sie erinnern sich doch noch an Herrn Henkel — «

»Also er ist hier?« rief Hopfgarten ganz gegen seinen Willen schneller als es seine Absicht gewesen, und setzte erst dann wieder langsamer hinzu — »oh ja, ich erinnere mich jetzt gehört zu haben, daß er eine Reise nach dem Norden beabsichtigte.«

Hückler, so sehr er auch mit sich selber beschäftigt sein mochte, bemerkte doch, und zwar mit einem etwas erstaunten Blick, die unverkennbare Erregung Hopfgartens bei dem Namen, wenn er sich auch natürlich die Ursache nicht im Geringsten erklären konnte, oder sich etwa Mühe gegeben hätte das zu thun. Rasch auch darüber hingehend, begann er wieder von seinen Verbindungen, wie ebenfalls von seinen jetzigen Einnahmen zu erzählen, die er mit einer gewissen wegwerfenden Gleichgültigkeit wahrscheinlich noch um das zehnfache übertrieb, dem früheren Reisegefährten so viel als möglich zu imponiren. Im Laufe des Gesprächs, in dem sich Hopfgarten schon entsetzlich zu langweilen begann und auf raschen Rückzug dachte, erwähnte er dabei, daß er jetzt eben im Begriff stehe, bedeutende Gelder nach Europa zu senden, und zwar einen Theil derselben seinen Eltern, einen anderen aber, um ihn in einem gewissen Papier, zu dem er besonderes Vertrauen hege, anzulegen.

»Ich muß auch nach Europa schreiben« sagte Hopfgarten, von seinem Stuhle aufstehend, »von hier aus thut man das wohl am Besten über New-York?«

»New-York wird wohl die s c h n e l l s t e Beförderung sein,« erwiederte Hückler, »ich sende auch in diesen Tagen etwas hinüber, und zwar, da mir daran liegt, es s i c h e r hinüber zu bringen, durch Herrn Henkel selber, der gerade genöthigt ist, eine Geschäftsreise nach Deutschland zu machen.«

»Durch Herrn Henkel?« sagte Hopfgarten rasch und erstaunt »aber — aber um Gottes Willen, weshalb schicken Sie es denn da nicht durch die Post, oder durch einen hier ansässigen Kaufmann, der Ihnen — der Ihnen gewissermaßen eine Garantie für die richtige Ankunft bietet — «

»Ah, mein lieber Herr von Hopfgarten,« lachte Hückler, die Lippen dabei mit einem gewissen bedauerlichen Lächeln zusammenziehend — »Sie haben die alten Geschichten im Kopfe, Märchen und Sagen von Leuten, die Nichts von der Sache wissen und gerne klug reden wollen, daß man, einmal in Amerika angelangt, seinem eigenen Bruder nicht mehr trauen dürfe. Das mag recht gut sein für solche, die »grün« im Lande sind, wie wir hier sagen, wer aber da erst einmal seine Schule durchgemacht hat, mein guter Herr von Hopfgarten, der weiß schon, wem er trauen darf und wem nicht.«

»Ja, aber ich meine nur — «

»Wer m i c h leimen will, mein guter Herr von Hopfgarten,« fiel ihm Hückler wieder in die Rede, »der muß früh aufstehn, und dann findet er erst recht, daß es ihm Nichts geholfen — i c h kenne meine Leute; wem i c h vertraue, darauf können Sie sich verlassen, der verdient es.«

»Nun, das ist mir lieb,« sagte Hopfgarten, der sich über den Holzkopf ärgerte; »aber noch eins, Herr Hückler — Sie sind doch hier in der Stadt bekannt, und können mir gewiß ein gutes Gasthaus empfehlen, ein oder zwei Tage da zu logiren.«

»Ih nun,« sagte der Doctor, »es hat sich vor nicht gar langer Zeit ein sehr achtbarer Mann hier etablirt, dessen Frau ich behandle — ein Deutscher allerdings, und obgleich ich eigentlich nicht für die d e u t s c h e n Gasthäuser bin, muß ich doch gestehn, daß er ein sehr gutes, besonders sehr reinliches Boardinghaus hält. Es liegt in der Westwasserstraße und heißt »der rothe Drachen« — Sie brauchen nur hier gerade auszugehn — ist auch billig; drei Dollar die Woche für Kost und Logis.«

»Dort wird auch wohl Herr Henkel logiren,« bemerkte Hopfgarten vorsichtig, der dem Burschen nicht eher zu begegnen wünschte, ehe er mit dem Staatsanwalt gesprochen hatte.

»Nein,« sagte Hückler lächelnd, »Herr Henkel wohnt in einem Amerikanischen Hause in *Prairie street* — es ist aber ein Privathaus und würde weitere Boarders,« setzte er hinzu, »nur vielleicht auf die Empfehlung eines bekannten und geachteten Mannes aufnehmen — ich habe Herrn Henkel auch dorthin empfohlen. Herr Henkel wird übrigens heute Abend oder morgen früh wieder abreisen, dann bekommen die Leute Platz, und wenn Sie es wünschen — «

»Bitte, bitte,« rief Hopfgarten rasch und abwehrend, »bemühen Sie sich nicht meinethalben — aber Sie sagen, Henkel verläßt Milwaukie so bald wieder; das thut mir leid, ich hätte ihn gern gesprochen. — «

»Er wäre schon gestern abgereist,« sagte Hückler, »und ist wirklich nur in seiner unendlichen Gutmüthigkeit einigen Deutschen Familien zu Liebe noch so viel länger hier geblieben, die ebenfalls Geld nach Deutschland schicken wollten, Verwandte herüberkommen zu lassen, und natürlich keine bessere Gelegenheit finden konnten.«

»So — deshalb?« sagte Hopfgarten, »doch ich muß es mir jetzt erst ein wenig bequem im Gasthaus machen; also guten Morgen Doctor — «

»Guten Morgen Herr von Hopfgarten — ich hoffe, daß Ihnen hier Nichts passiren wird; w e n n es aber der Fall sein sollte so — «

»Passiren? — was soll mir denn hier passiren?« frug Hopfgarten sich, schon in der Thüre, noch ganz erstaunt umsehend.

»Nun, ich meine, wenn Sie vielleicht krank werden sollten — das Klima ist sehr gesund, aber k l e i n e Übel vernachlässigt — «

»Ah so? — ei ja wohl, Herr Doctor, versteht sich von selbst, daß ich dann Ihre Hülfe in Anspruch nähme,« lachte Hopfgarten. »Wahrhaftig, wenn es nicht eigentlich sündhaft wäre, könnte ich mir, nur um das Vergnügen zu haben von Ihnen behandelt zu werden, ordentlich so ein gutartiges Nervenfieber oder einen Choleraanfall an den Hals wünschen — guten Morgen Herr Doktor.«

»Guten Morgen Herr von Hopfgarten — beehren Sie mich bald wieder.«

»Holzkopf,« brummte Hopfgarten leise zwischen den Zähnen durch, als er langsam die Straße hinaufging, aufmerksam die Schilder über den Thüren betrachtete, und die Firmen las, den rothen Drachen herauszusuchen.

Mit Hülfe von ein paar Deutschen, denen er unterwegs begegnete, und die ihn bereitwillig bis zu der Thüre des Wirthshauses begleiteten, fand er diesen endlich und trat hinein. Der rothe Drachen unterschied sich im Äußeren übrigens durch Nichts, als sein Schild — einen furchtbaren rothen Drachen, der eben einen armen Handwerksburschen oder sonst ein

unglückliches Menschenkind gefangen und schon halb verschluckt hatte —
von den übrigen Gasthäusern dieser Art, »Deutsches Kosthaus zum rothen
Drachen« stand auf einem weißen Schild mit großen rothen Buchstaben über
der Thür und die kleine *bar* (der Schenkstand) unten im Haus, hatte eben das
stereotype Äußere, wie alle diese ähnlichen zahllosen Einrichtungen durch
die ganzen Vereinigten Staaten. Aber gleich nach seinem ersten Eintritt
merkte Hopfgarten einen fühlbaren Unterschied zwischen dem rothen
Drachen und anderen, mit ihm auf gleicher Stufe stehenden Gasthäusern,
die er bis jetzt betreten, und die sehr zu Gunsten d i e s e s Platzes ausfielen:
seine große Reinlichkeit, die hier die sorgsame fleißige Hand einer tüchtigen
Wirthin verrieth, und einen wohlthätigen Eindruck auf den Fremden machte.
Nicht allein das saubere Tischtuch mit S e r v i e t t e n (eine seltene
Bequemlichkeit in der Union) das den Tisch bedeckte, nicht allein die
blitzenden Scheiben der Fenster und Glasthüren, nein, auch der sorgsam
gescheuerte, und mit weißem frischem Sande bestreute Boden, die reinlichen
Gardinen an den Fenstern, das blitzende Geschirr, das hie und da stand,
gaben Zeugniß davon, und Hopfgarten, sehr zufrieden mit diesem ersten
Eindruck, frug den Barkeeper, ob er ein kleines Zimmer für sich allein
bekommen könne — vielleicht nur auf kurze Zeit, vielleicht auf länger.

Das hatte einige Schwierigkeit; Amerikanische Gasthäuser, in deren
Stuben gewöhnlich immer drei und vier Doppelbetten stehn, sind nicht oft
auf derlei Bequemlichkeiten eingerichtet, und der Wirth mußte deshalb
gerufen werden, das selber zu entscheiden.

Thuegut Lobsich hatte sich in der Zeit, in der wir ihn nicht gesehn
haben, doch bedeutend verändert; er war schwammiger, sein Gesicht röther
geworden, aber dasselbe gutmüthige Lächeln lag ihm noch in den breiten
Zügen, deren sämmtliche Färbung sich in der Mitte seines Gesichts (auf der
Nase) zu »concentriren« schien. Thuegut Lobsich wußte aber auch genau,
weshalb das geschah, denn wo er in Deutschland B i e r getrunken hatte, in
dem vergeblichen Versuch seinen Durst zu löschen, trank er hier schwere
Weine, Sherry und Madeira und Cognac und Brandy dazu, dem fehlenden
Appetit unter die Arme zu greifen, oder, wie er selber sagte, »seinen Gästen
mit einem guten Beispiel voranzugehn.«

»Der Mann da will gern ein Zimmer für sich allein haben,« sagte der
Barkeeper — ein ziemlich ungeschlacht aussehender halb Amerikanisirter
Deutscher, mit aufgestreiften Hemdsärmeln, ein gelb und rothseidenes
Taschentuch über die rechte Schulter und unter dem linken Arm
durchgebunden, indem er Herrn von Hopfgarten seinem Principale
vorstellte, »kann er eins kriegen?«

»Guten Morgen Herr Landsmann,« sagte aber Lobsich, ohne auf seinen
Barkeeper weiter zu achten, indem er auf den Fremden zuging, ihm die Hand

gab und diese derb schüttelte — »wie gehts Ihnen? — schon lange im Lande? sind doch ein Deutscher, nicht wahr? — ja wohl, sieht man Ihnen gleich an — hol der Teufel die Amerikaner — wollen also bei uns wohnen? — können ein Zimmer kriegen; was trinken Sie denn?« — und mit dieser Endfrage, auf die er, schon seinethalben eine direkte Antwort haben mußte, während der Barkeeper, kaum das Stichwort hörend, hinter seinen Schenkstand sprang, trat Lobsich mit seinem Gaste, der noch gar nicht zu Worte kommen konnte, zu der Bar, und winkte nur mit den Augen nach s e i n e r Flasche hinüber.

Hopfgarten mußte er freilich die ächt Amerikanische Frage »was trinken Sie« noch einmal wiederholen.

»Ein Glas Portwein, wenn ich bitten darf; also das Zimmer kann ich bekommen?«

»Kostet aber einen Dollar mehr die Woche,« sagte der Barkeeper.

»Der Herr hat ja noch gar nicht danach gefragt, Dickkopf!« rief Lobsich, sich rasch und ärgerlich nach ihm umdrehend — »ist mir doch was Unbedeutendes, was die Art Burschen sich immer in Sachen mischen, die sie Nichts angehn — na, krieg ich Nichts?« fuhr er dabei fort, sein eben ganz in Gedanken ausgetrunkenes Glas dem Barkeeper wieder hinschiebend, der es auf's Neue füllte.

»Noch nicht lange hier in Milwaukie?« nahm Lobsich die Unterhaltung wieder auf, als er auch sein zweites Glas geleert.

»Erst seit einer Stunde etwa,« sagte Hopfgarten, »aber dürfte ich Sie wohl bitten, mir das Zimmer zu zeigen; ich möchte mich gern waschen und umziehn, und vor Tisch noch einige Wege besorgen — Adreßkalender giebt es wohl hier nicht in Amerika?«

»Kalender? — ja — hier hab' ich einen k o m i s c h e n ,« sagte der Barkeeper.

»Der Mensch ist zu dumm,« entschuldigte ihn Lobsich — »nein Herr Landsmann, so Dinger giebts hier nicht. Hier kommt und geht Jeder wie's ihn freut; aufgeschrieben wird Niemand dabei, und von zehn Gästen, die bei mir logiren, weiß ich oft von neunen nicht einmal den Namen.«

»Ja, wohl wahr,« sagte Hopfgarten, »apropos, können Sie mir wohl sagen, ob Sie hier in Milwaukie einen Staatsanwalt wohnen haben?«

»Staatsanwalt? — was wollen Sie denn mit dem machen?« frug Lobsich erstaunt, »hören Sie, hören Sie Freundchen, wenn Sie nicht müssen, lassen Sie sich um Gottes Willen nicht mit den Amerikanischen Gesetzen ein; die kosten eben gar kein schweres Geld — und wie haben Sie Einen gleich, wenn man sie nur ganz leise anfaßt.«

»Lieber Herr Lobsich, das ist ziemlich mit allen Gesetzen so,« sagte Hopfgarten achselzuckend, »wer nicht m u ß , soll sich mit ihnen um Gottes Willen nichts zu schaffen machen; manchmal,« setzte er lachend hinzu, »kann man das aber nicht vermeiden, und dann muß man sich wohl darein fügen — Aber mein Zimmer, wenn ich bitten darf; ich bin wirklich in Eile.«

»So gehn Sie einmal mit dem Herrn hinauf in das kleine Erkerstübchen, Schmidt,« sagte Herr Lobsich zu seinem Barkeeper, den er überhaupt in diesem Augenblick gern los zu sein wünschte, »und nehmen Sie gleich Waschbecken und Handtuch mit hinauf, sonst müssen Sie die Treppen noch einmal steigen, verstanden?«

»*Ay ay Sir!*« antwortete Schmidt, der einmal Steward auf einem, den See befahrenden Dampfboot gewesen war, und wenn es anging, noch immer gern einen seemännischen Ausdruck gebrauchte. Sich jetzt zu dem Fremden wendend, sagte er zutraulich —»also Freund, wenn Sie mitkommen wollen, will ich Ihnen Ihren Bettplatz zeigen.« Die Hände dabei in die Taschen schiebend, stieß er die Thüre mit dem Fuße auf, und schlenderte langsam voraus, von Hopfgarten mit dem Reisesack unter dem Arme, langsam gefolgt.

Kaum hatten die Beiden die Schenkstube verlassen, als Thuegut Lobsich rasch hinter den Schenkstand ging, eine der Flaschen noch einmal herunternahm, sich ein Glas ganz vollschenkte, auf einen tüchtigen Zug hinuntergoß, die Flasche dann wieder an ihren Platz stellte, das Glas ausspühlte und abtrocknete und eben wieder hinter dem Schenkstand vortreten wollte, als er, in der Thür stehend, seine Frau erblickte, die ihn mit einem keineswegs vorwurfsvollen, aber doch recht ernstwehmüthigen Blicke still und schweigend betrachtete.

»Nun Kind, wie gehts?« rief Lobsich, der fast unwillkürlich nach einem der Gläser griff und den Staub anfing davon zu wischen, als ob sie ihn eben bei dieser Beschäftigung gestört hätte — »wir haben noch einen Gast zum Mittagstisch mehr bekommen.«

»Ich hab' ihn gesehn, Lobsich,« sagte die Frau, tiefaufseufzend, und sich mit der Hand über die Stirn fahrend, als ob sie sich den Schweiß abwischen wollte, in der That aber eine verrätherische Thräne rasch und unbemerkt von den Wimpern zu werfen. Der Mann reinigte indessen unverdrossen Gläser und Flaschen, und erst, als die Frau gar nicht wieder von der Thür wegging, legte er das Wischtuch nieder, steckte die Hände in die Taschen, und ging, leise vor sich hinpfeifend, langsam zu dem mit allen möglichen Getränken und Früchten verzierten Schaufenster, aus dem er hinaus auf die Straße sah.

»Lobsich,« sagte die Frau endlich mit leiser, bittender Stimme.

»Ja, Kind?« frug der Mann, ohne sich nach ihr umzudrehen.

»Ich habe eine rechte Bitte an Dich — «

»Und die wäre?«

»Sieh mich an, Vater; dreh Dich nicht weg von mir.«

»Nun, was hast Du denn?« lachte der Mann halb verlegen, aber sonst guter Laune, indem er sich nach ihr umdrehte und sie wie erstaunt betrachtete — er wußte freilich schon, was sie von ihm wollte. Salome Lobsich war aber nicht mehr die frühere, kräftig gesunde Frau, die von Tagesanbruch bis Mitternacht fast, im rothen Drachen zu Heilingen geschafft und gearbeitet, und die große lebhafte Wirthschaft in Ordnung, und wie in Ordnung, gehalten hatte. Sie war viel magerer und recht bleich und kränklich aussehend geworden; die Augen lagen ihr tief in den Höhlen und sahen verweint aus, und in die sonst so glatte, freie Stirn hatten sich viele schwere Falten gegraben, und ließen sie älter scheinen, als sie der Jahre wirklich zählen mochte.

»Trink heute nicht mehr,« sagte die Frau mit zitternder, tief bewegter Stimme, »laß die Flaschen stehn, Vater, und nimm Dir eine Warnung an gestern — Du weißt, was Du mir versprochen hast.«

»Unsinn,« brummte der Mann, den Kopf herüber und hinüber werfend, »was willst Du denn eigentlich, ich trinke ja gar nicht — wenn mich ein Fremder auffordert, darf ich doch nicht grob sein und ihn zurückweisen. — Das schickte sich schön von einem Wirth.«

»Ich sage ja Nichts darüber,« bat die Frau — »trink nur von j e t z t an nicht mehr; Du machst Dich krank Vater, ruinirst Deine Gesundheit, und — und die Leute im Haus thun nachher, wenn sie merken, daß Du nicht mehr auf sie siehst, was sie wollen. — Bitte, lieber, lieber Lobsich — trink heute nicht mehr.«

Sie war während der letzten Worte zu ihm getreten, hatte ihre Hand auf seinen Arm gelegt und sah, mit ihren Thränen gefüllten Augen, die sie jetzt nicht länger verheimlichen k o n n t e , recht ernsthaft, traurig zu ihm auf. Als der Mann aber schwieg, und den Kopf halb von ihr wandte in scheuem Bekenntniß, fuhr sie mit leiserer, dringender Stimme fort: —

»Nicht m e i n e t wegen bitt' ich Dich darum, Lobsich — ich fühle, wie ich mit jedem Tage kränker und schwächer, Dir die ganze Wirthschaft, die ganze Sorge wohl bald werde allein überlassen müssen; aber denke wie Alles werden soll wenn ich einmal — nicht mehr bei Dir bin, f r e m d e Menschen eine Angewohnheit, die bei Dir beginnt zur Leidenschaft zu werden, benutzen können — und die Gelegenheit gewiß dann nicht versäumen werden — «

»Rede nur nicht so,« sagte Lobsich, doch ergriffen, und ihr jetzt die bleiche Wange streichelnd und das Haar glättend — »rede nicht solches Zeug Salome — Du bist gar nicht so krank, wie Du selber glaubst, und wirst Dich in dem gesunden Klima hier bald genug erholen.«

»Das Klima ist wohl gut,« sagte die Frau kopfschüttelnd, »aber was ich habe, trag' ich schon in mir, und die Sorge dabei um Dich, nagt und frißt mir am Leben mehr und mehr. Ich fühle das auch stärker, als ich es Dir sagen kann, und doch ist es Dein eigner Nutzen Lobsich, Dich zu ändern — wenns wirklich nicht meinetwegen wäre — Vater — Deines eigenen Selbst wegen. Sieh,« fuhr sie lebendiger fort — »Du weißt, mit wie schwerem Herzen ich von Deutschland fortgegangen bin — wir hatten keine Ursache zu gehn, und würden uns dort immer wohl befunden haben, hätte der Mensch, der Weigel, was ihm Gott verzeihen möge, nicht immer in Dich hineingeredet, daß Du Dein Glück mit Füßen von Dir stießest, wenn Du bliebst. Aber ich klage jetzt nicht darüber; wir sind einmal hier, das alte Vaterland liegt hinter uns, und mit gutem Willen und nur einigem Fleiß, kannst und wirst Du Dir auch hier das bald wieder erschaffen, was Du in Deutschland verlassen — eine sorgenfreie glückliche Existenz. Wir haben der Beispiele hier schon mehre, wo die Wirthe solcher Gasthäuser sich ein hübsches Vermögen erworben, und es geht denen, die ihr Geschäft fleißig und ordentlich betreiben, vielleicht Allen gut. Aber etwas wird dafür auch von ihnen verlangt; sie müssen sich selber beherrschen können, und dürfen der Verführung, die rings um sie her in Flaschen und Karaffen steht, keine Macht über sich gönnen. Sonst, Lobsich — sonst sind sie verloren, und zu s p ä t e Reue macht das Verlorene dann nicht wieder gut.«

»S'ist mir doch was Unbedeutendes, was die Frau für ein Mundwerk hat,« sagte Lobsich, gutmüthig lächelnd — »aber Du hast recht Salome; ich will mich tüchtig zusammennehmen, Du — Du sollst einmal sehn — Du sollst noch Deine Freude an mir haben.«

»Du bist so seelensgut,« fuhr die Frau mit innig gerührter Stimme fort, »mochtest, wenn Du die bösen Flaschen nicht angerührt, gern a l l e n Menschen helfen, und Deine Frau, vor allen Übrigen gewiß nicht unglücklich machen; denke nur immer daran, Lobsich. Sieh, ich bin auch früher manchmal heftig und auffahrend gewesen, und habe gefunden, daß Dich das nur noch schlimmer machte — ich habe es gelassen seit der Zeit, und mir selber Gewalt angethan, bis es nie mehr vorfiel; der Mensch k a n n sich bezwingen, wenn er nur ernstlich w i l l. So lange ich lebe, werde ich Dir ja auch gern und treulich zur Seite stehn, aber — wenn ich fort von Dir bin, Lobsich — denke nur immer an d i e Zeit, wie es da werden würde, wenn Du Dir allein überlassen bliebest, und Dich nicht ändern wolltest, und keinen Menschen mehr hättest, der Dir freundlich und ehrlich riethe.«

»Du bist ein gutes Kind,« schmeichelte der Mann, »und machst Dir ganz unnütze Sorgen um mich. Hoffentlich lebst Du noch recht lange, und legst m i c h noch vielleicht hier irgend wo unter die Erde.«

Die Frau schüttelte langsam und ernst mit dem Kopf, mochte aber auch nicht weiter jetzt in den Mann dringen, und sagte, nach einer kleinen Pause, in der sie sich die Augen getrocknet und wieder ruhiger zu dem Mann aufsah:

»Ich wollte Dich noch an eins erinnern, Lobsich — Du weißt, daß heute Nachmittag die Englische Schoonerladung von Mehl und Mais verauktionirt wird, die neulich von dem Steueramt hier den Leuten, die sie hatten schmuggeln wollen, weggenommen wurde. Versäume die Zeit nicht; wir haben jetzt gerade das Geld dazu, und die Sachen werden billig verkauft werden.«

»Alle Wetter ja,« sagte Lobsich, augenscheinlich etwas verlegen, »daran hatte ich gar nicht mehr gedacht, aber — aber — Du weißt doch, der reiche junge Kaufmann, Herr Henkel, war gestern bei mir und da — «

»Um Gottes Willen Mann, was hast Du da gemacht?« rief die Frau erschreckt — »Du hattest v i e l getrunken und — «

»Nu nu, ängstige Dich nicht,« lachte der Mann, »d a s Geld ist gut aufgehoben, — ich wollte nur wir hätten halb so viel wie der — aber er brauchte gestern gerade 400 Dollar, die ihm an der Summe fehlten, eine Anzahl gekaufter Bonds zu bezahlen, und hat mir versprochen, sie mir heute Abend oder morgen früh zurück zu geben.«

»Und ist das auch gewiß?«

»Guter Gott,« lachte Lobsich, »er bekommt ja hier von einer ganzen Menge Deutschen Geld, was er für sie theils nach New-York, Colonialwaaren einzukaufen, theils nach Deutschland nehmen soll, und da er den Leuten sogar für die Zeit, die er es in Händen hält, einige Procente giebt, kann er es doch nicht indessen todt liegen lassen — er hätte ja sonst für seine Gefälligkeit noch Schaden obendrein. Bei Kaufleuten muß das Geld immer cursiren und arbeiten, und da ihm die paar Hundert Thaler gerade auf ein paar Stunden fehlten, mochte ich doch nicht so ungefällig sein und nein sagen. Nun Alte? — was hast Du noch, Du siehst ja noch so verdrießlich aus; ist Dir's nicht recht?« —

»Ich weiß nicht, Lobsich,« sagte die Frau unschlüssig und als ob sie ungern den Punkt berühre — »der Herr Henkel — er mag ein steinreicher, vornehmer und sehr braver Herr sein — ich möchte ihm nicht gern Unrecht thun, aber m i r — mir gefällt er nun einmal nicht — m e i n Mann wär's nicht, und sein Lachen besonders hat für mich etwas Unheimliches; es kommt mir immer so vor, als ob er sich dabei über Euch lustig mache.«

»Papperlapapp,« lachte der Mann — »und noch dazu des alten reichen Dollinger Schwiegersohn, von dem er einmal eine halbe Million erbt, wenn der stirbt. Er mag seine Eigenheiten haben, aber ein tüchtiger Geschäftsmann bleibt er immer und die Wirthe sollten ihm besonders dankbar sein, denn er läßt was drauf gehn wohin er kommt.«

»Aber er hat Dich noch nicht bezahlt.«

»Die Zeche — hahaha, die paar Thaler? für die bist Du doch nicht bange?«

Die Frau zögerte mit einer Antwort und sagte endlich —

»Es wäre kindisch von mir, und doch — Du magst mich auslachen wie Du willst, hat mir der Mann etwas, das mich mistrauisch gegen ihn macht, und der Mensch der immer mit ihm geht, der Amerikaner, dem ist ein schwarzer Strich ordentlich über das ganze Gesicht gezeichnet — «

»Nun ja, d e r gefällt mir gerade auch nicht besonders,« sagte Lobsich, »aber hier in Amerika kommt man mit Manchem zusammen, von denen man sich in einem anderen Lande wohl fern halten könnte und würde, und unser Herr Gott hat uns eben nicht alle gleich hübsch gemacht; sonst ist er aber gut, denn er zahlt Alles gleich baar.«

»Da kommt der Fremde wieder herunter,« sagte die Frau jetzt, »und ich will machen daß ich in meine Küche komme — in dem Aufzug kann ich mich nicht gut vor dem Herren sehn lassen; also nicht wahr Vater — Du hältst Dein Wort?«

Lobsich gab ihr die Hand und nickte ihr freundlich zu und Salome verließ rasch, und mit viel leichterem Herzen, als sie es betreten, das Zimmer, während durch die andere Thüre Hopfgarten, dem der Barkeeper wieder langsam vorausschlenderte, hereinkam, und ohne sich weiter aufzuhalten, durch den Schenkraum hindurch auf die Thüre zu ging, die auf die Straße führte. —

»Um wie viel Uhr wird gegessen, Herr Lobsich?« sagte er hier, sich noch einmal nach dem Wirthe umdrehend.

»Um ein Uhr.«

»Schön, werde mich einfinden; — noch eins — ich wollte Sie noch fragen ob Sie nicht — aber es ist schon gut, ich werde es schon finden — danke Ihnen — « und mit dem kurz abgebrochenen Satz verließ er das Haus. Er hatte sich noch einmal nach der Wohnung des Staatsanwalts erkundigen wollen, besann sich aber eines Besseren, und hielt es für eben so gut auf der Straße den ersten Besten danach zu fragen. Die Wirthsleute brauchten nicht zu wissen daß er irgend etwas Nöthiges mit den Gerichten zu thun hatte.

Hopfgarten, auf seine erste Anfrage gleich an das Court oder Gerichtshaus gewiesen, fand bald in dessen Nähe die Wohnung des Staatsanwalts, diesen aber leider nicht zu Hause. Er war ausgegangen, wurde aber gleich nach Tisch zurück erwartet.

Das war fatal, ließ sich jedoch nicht ändern, und obgleich Hopfgarten große Lust hatte, indessen zu einem anderen Advokaten zu gehn, hielt er es doch für besser zu warten, um dann durch den Staatsanwalt gleich durchgreifende Mittel anzuwenden. Der Bursche mußte endlich einmal unschädlich gemacht, und der so reichlich verdienten Strafe überliefert werden.

Nach seiner Uhr sehend, fand er, daß übrigens nur noch eine Viertel Stunde an ein Uhr fehlte und drehte eben wieder in die Straße ein, nach seinem Gasthaus zurück zu gehn, dort rasch zu essen, und keinen Augenblick seiner kostbaren Zeit zu versäumen, als ihm, eben wie er um die Ecke bog, zwei Männer begegneten und fast gegen ihn anrannten, in deren Einen er mit nicht geringer Überraschung den so sehnsüchtig verfolgten, in diesem Augenblick aber doch nicht erwarteten oder gewünschten Soldegg oder Henkel, wie er jetzt wieder hieß, erkannte.

»Hallo Herr von Hopfgarten,« rief ihm dieser freundlich und jedenfalls ganz unbefangen entgegen — »das freut mich wahrhaftig, daß wir uns wieder einmal in den Weg laufen. Alle Wetter, ich glaube wir haben uns seit unserer Landung nicht mehr gesehn.«

Hopfgarten, keineswegs ein solcher Meister in der Verstellung als der Mann, mit dem er es hier zu thun hatte, fühlte, wie ihm im ersten Augenblick das Blut in Strömen in's Gesicht stieg, und dann wieder zu seinem Herzen zurückdrängte, wußte aber auch, daß in diesem Moment Alles von seiner eigenen Kaltblütigkeit abhänge, den Verbrecher wenigstens noch auf eine Stunde glauben zu machen, daß er sich zum zweiten Mal von ihm anführen lasse, denn jedenfalls fühlte ihm dieser erst auf den Zahn, ob er mehr von ihm wisse, als sich mit seiner Sicherheit vertrug. Rasch also gesammelt, sah er dem Mann starr in's Auge und sagte dann lachend:

»S'ist doch eine tolle Ähnlichkeit zwischen Ihnen beiden; und man sollte darauf schwören, es k ö n n t e n nicht zwei sein.«

»Zwischen u n s Beiden?« lachte Henkel, auf seinen Begleiter zeigend — »das ist nicht übel — übrigens hab' ich die Herren wohl erst einander vorzustellen — Herr von Hopfgarten — ein früherer Reisegefährte von mir und sehr lieber Freund — Mr. Cottonwell, ein Pflanzer aus Louisiana — «

»Nicht zwischen I h n e n ,« rief Hopfgarten mit einer höflichen Verbeugung gegen den Fremden, »sondern mit Ihnen und Ihrem Bruder — oder h a b e n Sie keinen Zwillingsbruder, Henkel?«

»Aber woher wissen S i e das?« rief Henkel, anscheinend erstaunt, »haben Sie ihn gesehen?«

»Er hat mir einen Brief für Sie gegeben.«

»Und haben Sie den Brief?« rief Henkel lachend — der in dem Augenblick wirklich noch gar nicht wußte, w e l c h e Rolle er weiter spielen müsse, und sich durch die Frage immer noch eine Hinterthür offen behielt, das Ganze auf einen Scherz hinaus zu drehen.

»Allerdings,« sagte Hopfgarten ruhig, und jetzt wieder ganz gefaßt; »ich bin in der Zeit noch gar nicht nach New-Orleans, wo ich Sie vermuthen mußte, gekommen, und wenn Sie mit mir zu Haus gehn, kann ich ihn an seine Adresse überliefern. Ich habe Ihnen überdieß noch etwas sehr Wichtiges, und für Sie höchst Interessantes mitzutheilen.«

»Und das wäre?« rief Henkel rasch und neugierig.

»Nun hier auf der Straße,« sagte Hopfgarten mit einem flüchtigen Blick auf Henkels Begleiter, »geht das doch wohl nicht; wollen Sie mit mir essen, so können wir es zu Hause abmachen?«

»Wo logiren Sie?«

»Im rothen Drachen.«

»Ah bei Lobsich — da wird ja wohl um ein Uhr gegessen.«

»Ja — «

»Hm — das thut mir leid,« sagte Henkel, nach seiner Uhr sehend, »aber ich habe vorher noch ein kleines Geschäft in der Stadt abzumachen, das sich unmöglich aufschieben läßt. Dorthin bin ich ebenfalls gerade ein Uhr bestellt; ist es Ihnen aber recht, hol' ich Sie um zwei Uhr, spätestens halb drei im rothen Drachen ab.«

»Schön,« sagte Hopfgarten, der bis dahin Zeit behielt seine eigenen Maasregeln zu treffen — keinenfalls konnte Henkel eine Ahnung haben, daß er A l l e s wisse, und der Verbrecher lieferte sich solcher Art selber in seine Hände — »also treffen wir uns um zwei oder halb drei im rothen Drachen — es ist überdieß jetzt Zeit, daß ich zum Essen gehe, und wir bereden alles Andere dort. Auf Wiedersehn Herr Henkel!«

»Auf Wiedersehn, mein lieber Herr von Hopfgarten,« rief ihm der junge Mann noch freundlich mit der Hand nachwinkend zu, nahm dann den Arm seines Gefährten, und schritt mit ihm langsam die, mit dem Wasser gleichlaufende Straße hinauf.

»Was ist denn das für eine Geschichte mit dem Zwillingsbruder, Soldegg,« sagte der Amerikaner, als dieser vielleicht hundert Schritte schweigend und mit seinen eigenen Gedanken beschäftigt neben ihm hin gegangen war —

»Lieber Goodly,« erwiederte aber Soldegg finster — »wir haben keine Zeit mehr zu Kindereien; der Bursche, der uns eben verließ, weiß mehr als m i r und E u c h gut ist, und die halbe Stunde, die wir zum Handeln haben, müssen wir benutzen.«

»Mir? — was weiß er von mir — Donnerwetter, er sah grün und unschuldig genug aus, und von dem sollte ich denken, hätten wir Nichts zu fürchten.«

»Er war in Grahamstown und weiß, daß ein gewisser G o o d l y wegen einem sehr albern angestellten Raub und Mord steckbrieflich verfolgt wird; und was seine Unschuld betrifft, so steckt hinter dem mehr als Ihr glaubt — mehr als mir lieb ist. Habt Ihr nicht bemerkt, wie er erst roth und dann blaß wurde, als ich ihm so plötzlich in den Weg lief? Er gehörte sonst zu der ehrlich dummen Art, denen ihr eigenes Blut nicht einmal mehr gehorcht; hinter der Gewalt, die er sich aber d a n n anthat, steckt mehr als ich gerade gesonnen bin abzuwarten, und er hat für jetzt nur den einzigen Fehler begangen, daß er m i c h für eben so leichtgläubig und thöricht hielt, als e r sich früher gezeigt. N o c h, mein lieber Herr von Hopfgarten, haben Sie den Fuchs n i c h t im Bau, und er wird von jetzt an Sorge tragen, daß er Ihnen nicht wieder so leicht begegnet.«

»Tod und Teufel!« fluchte Goodly, mit dem Fuße stampfend, »das wäre eine verfluchte Geschichte, wenn wir jetzt gleich fort, und die 500 Dollar im Stich lassen müßten, die wir noch heute Mittag erheben sollten.«

»Ich lasse N i c h t s im Stich;« sagte Soldegg ruhig — »vor allen Dingen müssen wir herausbekommen, wie lange der Herr hier ist, und das erfahren wir am besten bei dem deutschen Pflasterschmierer hier gleich unten am Wasser. Kommen Sie Goodly, dort sage ich Ihnen, was wir zu thun haben.«

Den Herrn Doctor Hückler, den Soldegg vorher etwas ungenirt mit dem »deutschen Pflasterschmierer« gemeint, fanden sie gerade im Begriff, seinen Laden zu schließen, um nach Hause zum Essen zu gehn.

»Ach lieber bester Doctor,« rief ihm Soldegg schon von weitem zu — »ich habe noch eine große Bitte an Sie; thun Sie mir den Gefallen und schließen Sie noch einmal auf — ich halte Sie nicht zehn Minuten länger.«

»Ah mein guter Herr Henkel; sehr erfreut sie zu sehen, wie geht es Ihnen, — womit kann ich Ihnen dienen?« sagte der Doctor auf Englisch, dem Wunsche willig Folge leistend, und in seinen »*shop*« voran hineintretend.

»Ich habe eben jemanden getroffen den auch Sie kennen,« sagte Soldegg.

»Herrn von Hopfgarten — nicht wahr? — ja er hat mir heute Morgen seine Visite gemacht, gerade wie er ankam.«

»Er ist erst seit heute Morgen in der Stadt?«

»Etwa seit zehn oder elf Uhr; er trug seinen Reisesack noch unter dem Arm.«

»Dann hab' ich Glück gehabt, daß ich ihm gleich begegnet bin — Sie wissen, nicht wie lange er zu bleiben gedenkt?«

»Oh wohl nur sehr kurze Zeit — «

»Das glaub' ich, nachdem er m i c h gesehn,« lachte Soldegg.

»Wie so? was haben S i e mit ihm?« rief der Doctor erstaunt.

»Lieber Doctor, das ist eine lange Geschichte Ihnen die weitläufig auseinander zu setzen; ich erzähle Sie Ihnen ausführlicher, wenn wir nachher zusammen fortgehn; für jetzt muß ich Sie um eine große Gefälligkeit bitten. Wollen Sie einmal mit mir zum nächsten Friedensrichter gehn — er wohnt keine zehn Häuser von hier.«

»Mit dem größten Vergnügen, aber weshalb?«

»Nur mich zu legitimiren, um einen Verhaftsbefehl gegen Jemand auszuwirken.«

»Gegen Herrn von Hopfgarten?« rief Hückler erstaunt aus.

»Allerdings,« sagte Henkel ernst, »so leid es mir thut gegen einen früheren Reisegefährten auf solche Art einschreiten zu müssen, und so gern ich einen k l e i n e n Verlust um d e n Preis lieber verschmerzen würde; aber siebentausend Dollar bin auch i c h nicht im Stande so leicht einzubüßen, sehe wenigstens keinen Grund ein, das an einem wildfremden Menschen zu thun.«

»Siebentausend Dollar?« rief Hückler erstaunt — »also d a r u m erschrak der Herr so, als ich ihm sagte, daß Sie hier wären.«

»Er erschrak? — nicht wahr?« frug Henkel rasch, mit einem bedeutungsvollen Blick nach seinem Begleiter hinüber — »ich will es gerne glauben, aber wir haben auch keine Secunde länger zu versäumen, denn ich glaube, zu Mittag geht schon wieder ein Dampfboot nach den nördlichen Seeen ab, das er, wie ich alle Ursache habe zu vermuthen, benutzen will, mir zu entschlüpfen.«

»Oh nicht vor zwei Uhr!« rief Hückler, seinen Hut wieder aufgreifend — »da können Sie sicher sein, es ist das Postboot, und geht auf die Minute; aber ich stehe Ihnen zu Diensten, lieber Herr Henkel, Sie werden übrigens z w e i Bürger brauchen, einen Verhaftsbefehl auswirken zu können; wir hatten neulich den nämlichen Fall — der andere Herr wird wohl wahrscheinlich — «

»Nein, Herr Cottonwell ist vollkommen fremd hier — Einer der bedeutendsten Pflanzer Louisianas — entschuldigen Sie, daß ich die Herren noch nicht einander vorgestellt habe. Herr Doctor Hückler — der beste Arzt, den wir in Milwaukie haben.«

»Oh bitte, lieber Herr Henkel, Sie sind zu freundlich; da gehen wir also am Besten gleich bei Einem ihrer Amerikanischen Freunde vor, den abzuholen.«

»Nein, ich habe noch einen besseren;« sagte Henkel. »Herr Lobsich kennt mich auch schon von Deutschland aus, und überdieß muß ich auch dorthin, um die Leute im Haus zu ersuchen, das Gepäck des Fremden nicht verabfolgen zu lassen, bis ich zu meinem Recht gekommen bin. Wir gehn die Wasserstraße zusammen hinunter — Ihre eigene Wohnung liegt ja überdieß in der Richtung zu — und Sie warten einen Augenblick am Hause des Friedensrichters.«

Hückler war die Bereitwilligkeit selber, und wenn er auch unterwegs sein Erstaunen nicht unterdrücken konnte, daß ein Mann, noch dazu von Adel, solche Streiche machen sollte, kam er doch zuletzt zu der Schlußfolgerung, daß er es ihm schon immer angesehn, wie hinter dem eingebildet vornehmen Wesen nicht viel dahinter sei, und der Adel besonders schütze erst recht nicht vor solchen Sachen. D i e Leute glaubten gewöhnlich, sie wären etwas Besseres als Bürgerliche, und dürften thun und lassen was sie wollten; er selber aber halte sich für ebensoviel werth, wie der beste Adliche.

Henkel überließ es gleich darauf Herrn Goodly, seinen Freund ein paar Minuten angenehm zu unterhalten, und ging rasch dem rothen Drachen zu, in dessen Schenkstube, wie er recht gut wußte, Herr Lobsich regelmäßig zu finden war, so lange seine Gäste oben bei Tisch waren, und der Wirth benutzte die Gelegenheit dann nicht selten, seine eigenen Getränke, damit aus keiner Flasche zu viel fehle, der Reihe nach durch zu probiren.

Wie er es gehofft, zeigte es sich; Lobsich war eben wieder eifrig beschäftigt, sich, trotz dem Versprechen, das er heute Morgen seiner Frau gegeben, in seinem eigenen Schenkstand zu traktiren, und fuhr, als die Thüre geöffnet wurde, mit dem eben geleerten Glase rasch unter den Tisch in das dort zum Abspühlen stehende Wasser.

»Ah mein guter Herr Lobsich, so fleißig — der Mann ist doch immer beschäftigt, wenn man zu ihm kommt,« rief ihm Henkel freundlich entgegen.

»Ah mein guter Herr Henkel!« entgegnete der Wirth mit unverkennbar schwerer Zunge — »ungeheuer erfreut, Sie zu sehn — meine Alte hat schon — hat schon gefürchtet, daß Sie — «

»Lieber Herr Lobsich,« unterbrach ihn aber Henkel, dem Nichts daran lag, sich mit dem Mann in ein längeres Gespräch einzulassen — »Sie haben einen neuen Gast heute bekommen, nicht wahr?«

»Ja wohl, lieber Herr Henkel, ja wohl — sehr charmanter Mann,« sagte Lobsich, um den Schenktisch herumkommend.

»Dieser sehr charmante Mann, mein lieber Lobsich,« flüsterte ihm Henkel, seinen Arm dabei ergreifend zu, »ist ein Erzgauner, der, wie ich alle Ursache zu fürchten habe, mir mit 7000 Dollar durchbrennen will — wie gefällt Ihnen das?«

»Ist mir doch was Unbedeutendes!« rief Lobsich, in unbegrenztem Erstaunen.

»Ich bin eben im Begriff einen Verhaftsbefehl gegen ihn auszunehmen,« fuhr Henkel aber indessen fort, »und habe deshalb eine Doppelbitte an Sie. Vor allen Dingen muß ich Sie ersuchen, mit mir zum nächsten Friedensrichter zu gehn und meine Person zu bescheinigen — die Leute kennen mich hier nicht, und Doktor Hückler wartet schon oben in der Straße auf uns zu demselben Zweck; und zweitens möchte ich Sie dringend ersuchen, Ihren Leuten bestimmten Auftrag zu geben, diesen Herrn von Hopfgarten, sobald er zu Hause kommen sollte, nicht wieder fortzulassen, und mir augenblicklich — «

»Zu Hause kommen?« sagte Lobsich vergnügt — »er i s t zu Hause — «

»Er ist zu Hause?« rief Henkel überrascht — »beim Essen oben?« —

»Nein, nicht beim Essen,« sagte Lobsich, seufzend nach seiner Flasche hinübersehend, der auf's Neue zuzusprechen ihn jetzt der gerade verkehrt Gekommene verhinderte — »er hatte es furchtbar eilig und ging in sein Zimmer hinauf, ich glaube, einige Papiere zu holen.«

»Wahrscheinlich seinen Reisesack zu packen,« rief Henkel rasch und unruhig, denn Hopfgarten konnte da jeden Augenblick wieder herunterkommen — »ich muß Sie also d r i n g e n d bitten, mein guter Herr Lobsich, Ihren Leuten ganz bestimmten Auftrag zu geben, diesen Herrn, sobald er vor der Zeit suchen sollte zu entwischen, nicht aus dem Haus zu lassen, bis der Constable hier gewesen ist.«

»Aber e r s t trinken wir einen, mein guter Herr Henkel — was nehmen Sie?«

»Jetzt nicht, mein lieber Lobsich — nachher so viel Sie wollen — rufen Sie jetzt nur so rasch als möglich Ihren Barkeeper herunter, daß wir keine Zeit versäumen.«

»Der kommt zeitig genug,« sagte Lobsich, nichtsdestoweniger an einer kleinen Klingel ziehend, die dicht an der Thür angebracht war, und sich dann selber wieder vor allen Dingen einschenkend — »also was trinken Sie?«

»Nichts — nichts, ich danke Ihnen herzlich — ich habe keinen Durst,« sagte Henkel, mit raschen ungeduldigen Schritten im Zimmer auf- und abgehend.

»Keinen Durst?« lachte Lobsich — »ist mir doch was Unbedeutendes — gerade wie meine Frau — die hat auch immer keinen Durst — gebe Ihnen mein Ehrenwort, Herr Henkel, die Frau hat nie Durst.«

»Da kommt Ihr Barkeeper,« rief aber Henkel, der einen scheuen Blick nach der sich öffnenden Thür geworfen — »bitte instruiren Sie ihn — es ist die höchste Zeit.«

»Ah ja wohl, Herr Henkel mit dem größten Vergnügen. Sie Schmidt,« wandte er sich an diesen, indem er seinen Hut vom Nagel nahm — »wenn ich fort bin und es — und es sollte Jemand nach mir fragen, so — so sagen Sie ihm nur — daß ich nicht zu Hause wäre.«

»Ja woll Herr Lobsich,« sagte der Barkeeper.

Henkel warf den Kopf ungeduldig hin und her.

»Aber weshalb gehn wir denn fort?« frug er ihn leise.

»Ja, Sie haben auch recht,« sagte Lobsich, der das ganz falsch verstand, gutmüthig, indem er seinen Hut wieder abnahm, »wir können ja auch hier bleiben, und noch ein Glas trinken — ich denke ich nehme dießmal — «

»Was wollten Sie denn Ihrem Barkeeper wegen dem Fremden, der heute angekommen ist, sagen?« frug Henkel ungeduldig werdend.

»Alle Wetter, das hätt' ich ja beinah vergessen,« rief der Wirth, seinen Hut wieder aufgreifend — »Sie Schmidt — verstehn Sie mich, Schmidt?«

»Ja woll, Herr Lobsich — «

»Nun gut, wenn der Fremde herunterkommt, der heute Morgen angekommen ist — «

»Der mit dem Reisesack?«

»Das Maul sollen Sie halten, Schmidt — wenn der Fremde herunterkommt, der heute Morgen gekommen ist — «

»Der mit dem — «

»Das Maul sollen Sie halten, sag' ich — versteht sich, der mit dem Reisesack, der das Zimmer allein bestellt hat — wenn der herunterkommt und durchbrennen will, dann halten Sie ihn fest.«

»Erst soll er bezahlen?« frug Schmidt.

»Sie sind ein Schaafskopf,« bedeutete ihn Lobsich, »als ob Einer nicht erst bezahlen, und dann doch durchbrennen könnte.«

»Ja, aber wenn er bezahlt hat, brennt er doch nicht mehr durch,« meinte der Barkeeper.

»Ja, da hat der nun wieder recht,« lachte Lobsich gutmüthig nach Herrn Henkel hinüber. Diesem aber brannte der Boden unter den Füßen, die Zeit verstrich, und der, wenn auch nicht trunkene, doch vom Wein redselig gemachte Mann war nicht von der Stelle zu bringen.

»Wenn aber Jemand, a u ß e r seiner Zeche noch t a u s e n d e schuldig ist, kann er doch wohl noch durchbrennen, nicht wahr?« sagte er, soviel als möglich vermeidend, in Gegenwart des Barkeepers irgend einen direkten Wunsch auszusprechen.

»Donnerwetter ja — Sie haben ja recht,« rief aber auch jetzt Lobsich, der sich endlich des vorher Besprochenen wieder erinnerte, »wenn also der Mosje herunterkommen sollte und zur Thür hinauswollte — bums, Thüre zu — Nichts da, bis wir wieder mit dem Constable zurückkommen, verstanden?«

»Ich soll den Fremden nicht fortlassen?« sagte der Barkeeper, dem derartige Aufträge wohl schon öfter gekommen waren, ruhig.

»Justement die Sache,« versicherte Lobsich.

»Wenn er aber nun mit Gewalt — «

»Zu Boden schlagen,« sagte Lobsich, mit einer entsprechenden Bewegung, und sich den Hut fester in die Stirn drückend, nahm er Henkel unter den Arm, und verließ mit diesem rasch das Haus.

Der Barkeeper, der indessen vor allen Dingen die Zeit benutzte, in der er allein war, und sich aus einer, der eigentlich nur zur Verzierung auf dem Schenkstand stehenden und ganz extrafeine Liqueure enthaltenden Porcellain-Flaschen ein tüchtiges Glas vollgeschenkt hatte, trank dieses in langsamen Zügen und mit augenscheinlichem Behagen aus, wischte sich dann den Mund sauber mit der Zunge rein, und wollte sich eben wieder, nach Barkeeper Art, die gefallenen Hände vor sich auf den Knieen, sehr behaglich und selbstzufrieden auf den Schenkstand setzen, das Weitere seines Auftrags ruhig abzuwarten, als rasche Schritte auf der Treppe laut wurden, der ihm überwiesene Fremde die Thüre schnell öffnete und zum Schenktisch trat.

»Bitte geben Sie mir ein Glas Genevre,« sagte er, ein Paket Papiere dabei in seine Rocktasche schiebend — »mir ist nicht recht wohl — ein wenig rasch, wenn ich bitten darf.«

»Hm,« murmelte Schmidt, der schon sprungfertig gesessen hatte, irgend eine Bewegung des Fremden nach der Thür hin zu vereiteln, leise vor sich hin, »dagegen ist keine Ordre eingegangen,« und schickte sich dabei langsam an, dem Wunsch des Mannes zu willfahren.

»Machen Sie ein wenig rascher,« drängte Hopfgarten, »ich bin in größter Eile.«

»So?« sagte Schmidt, ihn über die Achsel, während er mit dem linken Auge zwickte, betrachtend — »ja, kann ich mir etwa denken, haben aber reichlich Zeit.«

»Zeit? ich? — was wissen Sie davon, ob ich Zeit habe oder nicht,« sagte Hopfgarten, der sich über das ungenirte Benehmen des Burschen doch ein wenig an zu ärgern fing — »kommen Sie, geben Sie mir den Genevre herunter.«

»Angenehm sein — länger Vergnügen haben — wegen warten müssen — « brummte Schmidt in den Bart, indem er Flasche und Glas auf den Tisch setzte. Hopfgarten nahm aber weiter keine Notiz von ihm, trank, zog sein Taschentuch aus der Tasche sich den Mund zu wischen, und sagte dann zu dem Barkeeper, der indessen rasch um den Schenktisch herum und der Thüre zugeschritten war:

»Schreiben Sie mir das Glas auf, ich habe jetzt kein kleines Geld bei mir, und auch keine Zeit zum Wechseln — geht Ihre Uhr da richtig?«

»Auf den Punkt.«

»Gut; w o l l t e n Sie wohl die Güte haben mir zu erlauben vorbeizugehn, Herr — S c h m i d t heißen Sie ja wohl.«

»Ja wohl, Julius Thiodolph Schmidt.«

»Thiodolph, schöner Name — Sie haben übrigens wohl nicht verstanden, um was ich Sie gebeten — ich möchte auf die Straße hinaus.«

»Ja, das soll ungefähr der Wunsch von allen denen sein, die nicht mehr hinaus können,« sagte Schmidt mit unzerstörbarer Ruhe, ohne auch nur eines Zolles Breite zu weichen.

»Nicht mehr hinauskönnen? ich glaube Sie sind verrückt, oder haben zu viel getrunken,« rief Hopfgarten, jetzt wirklich ärgerlich. »Treten Sie aus dem Weg, oder ich b r i n g e Sie hinaus; glauben Sie, daß ich Lust und Zeit habe, mich mit einem solchen Holzkopf lange einzulassen?«

»Lust? — weiß ich nicht — Zeit? ganzen Arm voll,« sagte Schmidt wieder mit derselben Ruhe. Nur erst als Hopfgarten, dem die Geduld endlich riß, und der nicht Lust hatte, sich mit dem Burschen in einen Wortstreit einzulassen, ihn am Arm ergriff und auf die Seite schieben wollte, stemmte er sich mit Gewalt gegen, klammerte sich mit beiden Händen an die eisernen Haspen an, durch die Abends ein Querstock gesteckt wurde, und begann aus Leibeskräften zu schreien.

Überall giebt es müssige Menschen, denen Nichts lieber auf der Welt ist, als eine Prügelei oder irgend einen Skandal mit anzusehn, sobald sie nur nicht selber dabei betheiligt sind. So kamen denn nicht allein, wie nur Thiodolph Schmidts erster Hülferuf erschallte, eine Anzahl Leute von der Straße heran, zu sehn, was es gäbe, sondern die »Boarder« selber, d. h. die Gäste, die an der Mittagstafel Theil genommen und größtentheils jetzt auch fertig geworden waren, sprangen, als sie den Lärm unten hörten, rasch die Treppe hinunter. Schmidt bekam dadurch natürlich Hülfe, und Herr von Hopfgarten, der jetzt empört über solche Behandlung den Barkeeper am Kragen gefaßt hatte, und allein auch wohl bald mit ihm fertig geworden wäre, sah sich plötzlich von einigen zwanzig anderen Leuten umgeben, die, des Barkeepers Hülferuf unterstützend, die Thüre sperrten, und Thiodolph von den Eisengriffen des kleinen Mannes befreiten.

Hopfgarten, außer sich über eine solche Behandlung, schrie nach einem Constable, und wollte hinaus auf die Straße, Schmidt aber rief den Anderen zu, den Mann da um Gottes Willen nicht fortzulassen, sein Herr sei eben fortgelaufen, eine Gerichtsperson zu holen. Hopfgarten fand sich deshalb auch bald von einem Dutzend Menschen umstellt und angestarrt, gegen die anzukämpfen unmöglich gewesen wäre, und die sich jetzt auch noch auf seine Kosten lustig machten.

»O je, wie er strampelte;« lachte Einer — »no you don't mein Herzchen,« ein Anderer — »Zeit war's aber, daß wir dazu kamen, ein paar Secunden später und er wäre draußen gewesen. Toddy könnte jedenfalls dafür traktiren.«

Thiodolph, dessen Name solcher Art und zugleich mit einer Anspielung auf seinen Beruf, in Toddy[5] von den Amerikanern gemishandelt wurde, fand das selber in der Ordnung und ging, die Sorge um den Gefangenen den Leuten überlassend, hinter den Schenktisch, denen, die am thätigsten bei der Sache gewesen waren, irgend ein Glas Brandy oder Whiskey, was sie gerade verlangten, einzuschenken.

»Was hat er denn gestohlen?« frug indessen Einer der Leute; aber selbst Thiodolph konnte darüber keine Auskunft geben, und alles Protestiren Hopfgartens, daß er eben selber im Begriff gewesen sei, zum Staatsanwalt zu gehn, ja einige der Leute aufforderte, ihn dahin zu begleiten, wenn sie ihm denn absolut nicht trauten, blieben erfolglos.

»Nicht wahr Herzchen,« lachte ihn Einer der Trinkenden, sein Glas in der Hand haltend über die Schulter an, »daß Du uns an der nächsten Ecke durchgingst, und wir das leere Nachsehn hätten? o ja, so dumm sind wir aber nicht.«

»Nur nicht so ungeduldig, mein Schatz,« rief ihm ein rothköpfiger Ire zu, »wenn Du Dich so nach den Gerichten sehnst; d i e kommen schon zu Dir, segne ihre Augen, d i e werden sich das Vergnügen nicht lange versagen, Deine werthe Bekanntschaft zu machen.«

Hopfgarten lief, in Ungeduld fast vergehend, mit auf dem Rücken gekreuzten Händen auf und ab, hatte aber auch keine Ahnung über die wahre Ursache seines Festgehaltenwerdens, und schrieb dieselbe natürlich einem sich augenblicklich aufklärenden Misverständniß zu. Zu jeder anderen Zeit würde er auch darüber gelacht haben, jetzt aber kam ihm das freilich gerade so ungelegen, wie nur irgend möglich.

»Na, da kommt ja ein Constable, mein Herzchen,« rief plötzlich Einer der am Fenster Stehenden aus, »nun sind wir ja außer aller Noth.«

»Gott sei Dank,« sagte Hopfgarten, diesem rasch entgegentretend, als sich auch schon die Thür öffnete, und der Constable, von einem ganzen Schwarm Menschen gefolgt, das Zimmer betrat. Lobsich, ungemein lustig und guter Laune, war mitten zwischen ihnen.

»Mein Herr,« rief jetzt Hopfgarten dem Constable entgegen, »hier muß ein Misverständniß obwalten, und ich ersuche Sie, mich ungesäumt zum Staatsanwalt zu führen.«

»Heißen Sie Hopfgarten?« sagte der Constable, ruhig zu ihm tretend.

»Ja wohl — und bin — «

»Sie sind mein Gefangener,« sagte der Constable, seine rechte Hand auf des Deutschen Achsel legend.

»Ihr Gefangener? — auf wessen Klage?«

»Geht mich eigentlich Nichts an,« meinte der Constable; »werden das wahrscheinlich besser wissen wie ich; wenn Sie's aber noch einmal hören wollen, auf eines Herren Henkel Klage, der einen Verhaftsbefehl gegen Sie erwirkt hat.«

»H e n k e l?« rief Hopfgarten, erschreckt emporfahrend, denn jetzt durchschaute er leicht genug die List des Buben — »das ist nicht übel — um Gottes Willen lassen Sie dann nur nicht diesen H e n k e l außer Augen — ich will gern mitgehen und verlange Nichts mehr — wo ist d e r aber?«

»Weiß ich nicht, geht mich auch Nichts an — « sagte der Constable, »wir können nicht die ganze Stadt arretiren — ich habe Nichts zu thun, als Sie zum Friedensrichter Oppel zu bringen, der das Weitere dann bestimmt.«

»Und dort werde ich Ihnen beweisen,« rief Hopfgarten rasch, »daß dieser Henkel der abgefeimteste Schurke ist, der auf Gottes Erde wandelt, und wenn er mir jetzt durch I h r e Schuld entwischt, mache ich das Gericht dafür verantwortlich.«

»Ist mir doch was Unbedeutendes.« rief Lobsich im höchsten Erstaunen aus; »was der Bursche noch für eine Frechheit hat. Hm, hm, hm, werden ihn aber schon zahm kriegen da oben, werden ihn schon zahm kriegen.«

Hopfgarten wollte sich ärgerlich nach dem Wirth umdrehen, besann sich aber eines Besseren und folgte dem Constable, von einigen zwanzig Neugierigen begleitet, zu dem Friedensrichter.

Diesen fanden sie jedoch schon gar nicht mehr in seiner Office — er war, wie Hopfgarten zu seinem Erstaunen erfuhr, mit den Herren Henkel und Dr. Hückler zum Essen gegangen, und wurde erst in einer Stunde zurückerwartet. Vergebens machte jetzt der Deutsche dem Constable die dringendsten Vorstellungen, sich den wirklichen Verbrecher — und die Beweise sei er jeden Augenblick bereit zu bringen, nicht entwischen zu lassen, während er selber hier festgehalten wurde; der Mann hatte weiter keine Befehle erhalten, sich auch gar nicht darum zu kümmern, welche Aussage eingebrachte Gefangene machten. Das Alles würde der *justice of the peace*, wenn er nachher zurückkam, schon untersuchen.

Hopfgarten gab jetzt, in seiner Verzweiflung und Ungeduld, einem der dort in der Nähe befindlichen Leute einen Dollar, in die Wohnung des Doktor Hückler zu laufen und diesen aufzusuchen. Er war der einzige Mensch, der ihn in Milwaukie kannte, eine volle Stunde verging aber, und weder Bote noch Doktor kam. Auch zu dem Staatsanwalt hatte der Gefangene seine Karte geschickt, und ihn dringend ersuchen lassen, augenblicklich zu ihm zu kommen, da die Sache von höchster Wichtigkeit sei. Es geht das nicht selten so in der Welt, wenn die Policey einmal wirklich nothwendig gebraucht wird, ist sie nirgends zu finden, und Hopfgartens größte Angst war jetzt, daß der schlaue Verbrecher seine Zeit benutzen, und sich aus dem Staube machen würde.

Darin hatte er sich nicht geirrt; als bald nach zwei Uhr der Friedensrichter zurückkam, fehlte der Kläger noch, der, seiner Aussage nach nur fortgegangen war, die nöthigen Papiere zum Beweis seiner Klage zu holen. Erst als Hopfgarten jetzt ernstlich darauf drang, den Staatsanwalt zu sprechen, und dabei erklärte, daß dieser sogenannte H e n k e l ein *alias* Soldegg, *alias* Holwich und Gott weiß was sonst noch sei, und das Gericht sogar wohl thun würde, auch d i e Leute zu vernehmen, mit denen er in intimer Verbindung gestanden, wurde der Richter doch stutzig und schickte vor allen Dingen einen Constabler nach dem Postdampfschiff, das zu untersuchen, ob jener Henkel nicht etwa an Bord sei, in dem Fall aber ihn ungesäumt hierher zu bringen.

Das Postdampfschiff war vor etwa einer Viertel Stunde abgefahren.

———————————

FOOTNOTES — FUSSNOTEN

1: Spottvogel, die Amerikanische Nachtigall.

2: Hilf Dir selbst.

3: Soldatenländereien, mit denen in Amerika ein nicht unbedeutender, sehr häufig aber auch höchst betrügerischer Handel getrieben wird.

4: Schwarz-Deutsche — ein Schimpfwort der ungebildeten Amerikaner für die Deutschen.

5: Toddy eine Art kalten Grogs.